圆觉经新解

荆三隆 著

陕西新华出版传媒集团
太白文艺出版社

再版说明

荆三隆教授所著的"三隆讲经堂"系列图书，包括《金刚经新解》《百喻经新解》《圆觉经新解》《佛蕴禅思》和《佛道名言品鉴》。其以简明的语言，由浅入深，由此即彼，将佛典中的精华部分一一阐释给读者。自2007年出版以来，该书系一直受到广大读者的喜爱。在此契机下，我们重新打造"三隆讲经堂"系列图书。为了在内容方面尽量保持原貌，根据作者的意见，我们保留了初版和再版时的前言和后记，以反映陆续修订的过程。我们对整套书按照现行的出版要求重新设计、加工，以全新的面貌奉献给广大读者，希望继续关注和喜爱。

目　录

导读　/ 001

序　/ 001

第一章　文殊师利菩萨　/ 001

第二章　普贤菩萨　/ 023

第三章　普眼菩萨　/ 038

第四章　金刚藏菩萨　/ 072

第五章　弥勒菩萨　/ 091

第六章　清净慧菩萨　/ 113

第七章　威德自在菩萨　/ 134

第八章　辩音菩萨　/ 151

第九章　净诸业障菩萨　/ 174

第十章　普觉菩萨　/ 204

第十一章　圆觉菩萨　/ 224

第十二章　贤善首菩萨　/ 246

后记　/ 266

导　读

　　《圆觉经》译者佛陀多罗，其名译为觉救，意指觉醒救世。《高僧传》卷三有记载，他是北印罽（jì）宾人，由于其生平及生卒年无考，虽言在唐代，但本经的译出时间颇有异说。其中最主要的是在《佛祖统记》卷三十九中记载唐高宗（李治）永徽六年（公元655年），佛陀多罗在白马寺译《圆觉经》；此外还有在唐武则天称帝，改国号为周的长寿二年（公元693年）佛陀多罗持梵本在白马寺译《圆觉经》二卷的说法。（可见《道论法师疏》）

　　罽宾，古代西域国名。其疆域多有变化，唐代称迦湿弥罗国。玄奘法师在《大唐西域记》中记有其"伽蓝百余所，僧徒五千余人"。此外，还记载有"五百罗汉僧传说"和佛教曾在这里进行过第四次结集。迦湿弥罗国也是大乘佛教的发源地。地理位置大致在今天的克什米尔地区。

　　为了便于领会《圆觉经》的基本思想，有必要就其版本、代表之宗派、宗旨以及相关的研究情况做一扼要的介绍。

一、《圆觉经》的版本与注疏

《圆觉经》的汉译为孤本，不似其他经典版本颇多。如《金刚经》自译出至唐义净，就有六种汉译本，除藏译本外，保留至今的尚有三种梵文版本。另如中国佛教经典《坛经》的各种版本也有数十种之多，故本经曾引起人们的质疑。全经文辞优美流畅，译者语言功力实在其他译经高僧之上，宋与清末均有疑此经乃汉地高僧的"作妄"之说，但终"事出有因，然查无实据"。从学术角度看，笔者以为无论是"真经"还是托伪之作，在阐述佛门义理上都属经典，从而更具研究价值。

此经于唐代译出以后，注家代不乏人，如唐报国寺惟悫撰《圆觉经疏》一卷、先天寺悟实撰《圆觉经疏》二卷、荐福寺坚志作《圆觉经疏》四卷。特别是华严宗五祖圭峰禅师对《圆觉经》用力最专，注疏本现存的有《圆觉经大疏》十二卷、《圆觉经大疏释义钞》十三卷、《圆觉经大疏钞科》二卷、《圆觉经略疏》四卷、《圆觉经略疏科》一卷、《圆觉经略疏之钞》十二卷、《圆觉经道场修证仪》十八卷，时宰相裴休常求法于圭峰禅师，深入堂奥，曾作《大方广圆觉经疏序》。宋孝宗注有《御注圆觉经》二卷，宋明注家颇多，影响越来越大。

二、代表之宗派与基本宗旨

《圆觉经》全称《大方广圆觉修多罗了义经》，不仅是中国佛教宗派中华严宗、禅宗的常修经典,也是各宗都讲习的经典,具有一定的广泛性。经名意指广大遍布各方的圆满佛性,是体悟者的经藏。经名中的大,以包含为意旨;方指方正,合乎规矩、轨迹,亦即言行所遵循的标准;广指广大,有"体极用周"之意。大方广是大乘佛教经典通称的常见用法。圆觉,就是圆满的灵觉,即佛性。圭峰圆觉略疏序中有:"万法虚伪,缘会而生。生法本无,一切唯识。识如幻梦,但是一心。心寂而知,目之为圆觉。"修多罗,是梵文音译。原意为"线",即以线穿花,使之不散乱,意在佛法如花,以言教记持为线,加以贯穿不致零落。意译可理解为经本、经典。细究则有经、契、法本、线、善说五层意思;含义也有出生、显示、涌泉、绳墨、结鬘五点。了义经,为佛教术语。针对不了解佛理而言,大乘认为小乘为不了义经,意谓"说示究竟显了之义"的经典。《圆觉经》可以简言之为:成就圆满佛性的经典。

三、《圆觉经》的作者佛陀及其传说

本经明言为佛祖所说,其场所是"神通大光明藏",是法身佛所在的寂光土,是非世俗纷扰的净土,也是非现实的。净土,按佛家法义即"圣者所生之国土也,无五浊之垢染"。《摄论》卷八云:"所居之土,无于五浊。"同于此义。是一种"界"名,可以理解为佛教的一种理想境界,这样,在这种非现实的净土世界传法的释迦牟尼就自然地放射出信仰主义的灵光。为了便于读者用冷静、思辨的态度来汲取佛教文化中可贵的营养成分，正确地理解和认识《圆觉经》这一部佛典，必须准确地评价这一经典的作者。

佛教创始人释迦牟尼，梵语的意思是"释迦族的圣者"，亦称佛陀。其传说很多，生卒年月也有多种说法。据斯里兰卡史料记载，他生于公元前563年，卒于公元前483年，享年80岁。我国学者吕澂在其《印度佛学源流略讲》一书中根据佛教制度，在安居后用戒本上加点以纪年的方法，推论佛陀卒于公元前486年，此说也很有说服力。佛陀原名为悉达多，姓乔达摩，为释迦族的王子，生于迦毗罗卫城的兰毗尼园，即今天的尼泊尔境内。迦毗罗卫城的命名有两种说法：一种认为梵语原意为黄色，迦毗罗卫即"黄城"；另一种认为该城乃数论派的创始人迦毗罗居住过的地方，故得名。两种说法皆与迦毗罗有关，如《长阿含经释论》有："释迦前世生于名为迦毗罗的婆罗门之家，后出家为梵志，至雪山下一湖畔……因住于此地，遂称为迦毗罗城。"汉译《本行集经》称作"黄头居处"，《梵纲经疏》称作"黄发仙人住处"，慧琳《一切经音义》卷四则云："谓上古有黄头仙人依此处修道，故因名耳。"可见，佛陀的出生处是数论学说的中心。

佛陀是迦毗罗卫城的国王苏图囵那，即净饭王的王子，29岁出家修行，35岁成道，80岁寂于拘尸城。其尊称很多，达270个之多，主要的有：

1. 佛陀，意为觉者，原指摆脱世间一切系缚，到达涅槃境地的人，并非专指佛教的创始人悉达多，以后随着佛教日益发展,才逐渐成为专指佛教创始人的尊称。

2. 如来,意指没有错误者。

3. 释迦狮子,意指释迦族的俊杰。狮子常喻人中之雄,故梵语中常有"人中狮子"的尊称。

4. 法王。

5. 救世主。

此外,还有常用的十种名号:

1. 如来。

2. 应供,即阿罗汉。

3. 等正觉,即具有一切正确知识的人。

4. 明行足,意为断绝肉体上的诱惑而获得一切觉行满足的人,即在知识和行为上都十分完美的人。

5. 善逝,意为摆脱世间的系缚,离开人世,永不复返。

6. 世间解,指透彻了世间因果关系的人。

7. 无上士,意为占据了一切众生最高地位的人。

8. 调御大夫,意指具有极大力量,可以制御众生者。

9. 天人师,意为人、神之师。

10. 佛陀,亦指深解一切法,简称为佛。

佛具有上述十种人的德行,受世人尊敬,故称世尊,此在《圆觉经》中反复出现。

佛陀的生平,是佛教文献中的一个极为重要的组成部分,同时也充满了离奇而美妙的传说。

据说佛陀少时的启蒙老师为选友,此人是出身于刹帝利的学者,他按照传统教育的要求教授佛陀古老的宗教诗体著作四吠陀和五明。五明即：声明，为音韵训诂之学；巧明，为工艺技术之学；医方明，为医药学；因明，为逻辑推理之学；内明，指宗乘大意的宗教之学。这种婆罗门式的早期教育对他以后创立的学说具有深远的影响。

成年后，佛陀看到生、老、病、死四种现象后，深感人生的痛苦，并由此产生了"无常"和一切皆苦的思想，从而决心出家以探寻免除人生痛苦的方法。经过许多波折，他终于在29岁时，摆脱了宫廷生活的干扰，出家以探索人生的究竟，寻求解脱的真谛。

在佛陀出家修道的过程中，他曾和数论派的学者们进行了广泛的接触，并和他们讨论了许多人生的哲理和问题。在山林中，他曾访问过数论派学者阿奈罗迦兰，请教如何断绝生、老、病、死四苦的方法。经过数月的修习，佛陀对数论派关于有我与无我的论述发生了疑问，认为如果无我，就无所谓不想或并非不想，即"非想非非想处"。若有我，则有知，而有知则有染，从而不得解脱。由于不满足于数论的学说，转而按照婆罗门教的规定，度过了六年严格的苦行生活。但是六年的苦行并未使佛陀获得解脱，从此他就否定了婆罗门教的一套教义，并感到有创立新的宗教的必要。据说佛陀净身受食，并登钵罗笈菩提山，渡尼连禅那河到达伽耶的毕波罗树下，入金刚座，敷吉祥草，静坐思维，以求正道。经过四十九天的"反观内照"，认识到世间一切痛苦皆由一系列的因果关系所造成，这就是十二缘起说，如果消灭了产生痛苦的最初原因"无明"，就可以得到彻底解脱。

传说佛陀成道后赴波罗奈城的鹿野苑，度化了随他出家的五个弟子，即怀陈如、摩诃男、跋提、婆沙波、阿说示，并俱得证阿罗汉果，连同佛陀本人，合称六阿罗汉。值此，佛阿罗汉为佛宝，四谛学说（苦、集、灭、道）为法宝，五阿罗汉为僧宝，三宝具足。这标志着佛教的创立。佛陀在鹿野苑说法时，听众并无限制。无论男女老少，不问学与不学，不分种姓，广为说法，宣扬"一切造善""皆以心为本"，又吸收了五十六名弟子，并派他们到各地宣传佛教。此时佛教的基本教义已经形成，即"诸行无常，诸法无我，一切皆苦"。

佛陀在鹿野苑停留三个月后，就单独赴摩揭陀传道，住在王舍城的杖林。其活动主要有在赴摩揭陀的途中，度化了三个事火外道的婆罗门。这是佛教初创时期对婆罗门教的首次胜利。此外，使摩揭陀的国王频婆娑罗皈依了佛教，从而使佛教成为国教。于是一切其他教派尽被排除，在这种情况下，许多婆罗门因迫于形势而改宗佛教。以后，佛陀移居于王舍城的竹园，先后度化了舍利弗、目犍连、大伽叶三人。这三人皆为佛陀"十大弟子"中的一员。

佛陀在摩揭陀宣道后就回到了故乡，开始时他受到了亲族的冷遇，最终使王族感动，由冷淡而转变为悲哀。此后佛陀便为其亲人们说法，使难陀等亲属以及佛陀之子罗睺罗等相继从佛陀出家。以后，净饭王死，佛陀率弟子为净饭王行阇维（即火葬）。不久，佛陀及其弟子又到王舍城，居于寒林。此间，富商苏达多（即给孤独）皈依佛陀，并在舍卫城建祇园精舍献佛陀。于是祇园、竹林两处就成为佛陀以后安居说法的道场。

佛陀成道后六年住舍卫城，后赴竹园精舍度化王妃舍摩。佛陀成道后九年，佛教教团分裂为两派，佛陀遂独自赴林中安居。一年后，闹分裂的弟子们到婆梨哩耶迦的树林中谒佛，表示懊悔。佛训诫弟子，并同去舍卫城。以后到过南印，并继续在恒河流域布教，经历虽多却无重大事迹。

在佛陀成道后的第四十五年，他在吠舍离城附近的波梨婆村（《长阿含》译为竹林丛，《泥洹经》译为竹芳邑）度过雨季后不久入寂，时年80岁。

四、《圆觉经》要义与结构

本经在中国佛教里代表之宗派及其思想，主要流行与影响的情况，我们在经文注译后的说明部分有所介绍。依据原文的内容，有针对性地依次介绍了佛性说、圆觉经五性差别、圆觉三观、"渐""顿"修悟之辩等要义，根据需要叙述了必要的佛教知识，以期避免不依原典，向壁虚构的泛论。其要义这里不复赘述。

在结构上，《圆觉经》全文由佛僧对话的形式展开，由一个序分即引言，正宗分即正文，流通分即结尾构成。以正宗分为主体，由十二位菩萨依据各自的不同情况，依次就如何进行修证的方法问题进行发问，由佛陀逐一解答。因此，新译《圆觉经》在结构上与原典对应，共分为十二章。全经除第一章前有一个短序，第十二章结尾处将总结性的偈颂换作散文句式的结尾外，各章均由发问、教诲、归纳形式来表述，从而在结构上看，全经布局十分整齐，且首尾相应，波澜相继。虽说是佛学经典，亦可视为理至文生、笔下生花的文学读物。

  本书是以金陵刻经处刊行的，共计13171字的两卷大字圈点本作为工作底本，参校了《大正新修大藏经》所录版本。根据文意分为序和十二章，针对全文佛僧对话的基本形式重新加以标点和分段；注释部分采用以句为主，兼顾数句一旨的方法，依次进行，有些佛教词语出现时前后在义理上各有侧重，则采用删繁就简的原则，予以复注；白话新译部分，以直译为主，在有的专有名词已有注释的前提下，兼采意译，以便于阅读。此外，考虑到本书的体例，每部分经文之前都加有题解，以引导读者了解各部分的大意；在每一个划分的段落处附有章旨，以归纳段意；在注译之后都有说明，以帮助读者分析和加深理解。应当说明的是在注释与说明部分，作者并不恪守于旧注、旧说，力图在印度和中国历史文化的大背景下进行冷静、客观的研究和评价，并根据需要采用了一些前期的工作成果，尚祈方家和读者海涵。总之，这是一本笔者从事传统文化研究工作以来，对经籍注译的又一次尝试，谬误、偏颇以及疏漏之处，虽已尽心力，仍在所难免，敬请读者教正，由衷地期望本书能得到大家的喜爱。

作　者

序

【题解】

一切佛经，都可分为三个组成部分：即序，就是向读者叙述本经发起的理由，或称作缘起部分，通常都有相对固定的内容，大体上相当于记叙文的六要素：时间、地点、人物、事件起因、经过、结果，对应于"一时""神通大光明藏""佛陀与菩萨众""如是我闻""十二位菩萨发问""依次解答"；正，指经文、正文，本经分为十二章，每一章分别由一位菩萨，即有成就的证悟者发问后，再由释迦牟尼答疑逐一展开，讲述了达到无上清净觉地的方法，佛教称为法门；流通，即总结与归纳，亦有告诫弟子将经文进行宣讲、传播、广泛流通的意旨。

【经文】

如是我闻[①]：

【注释】

①如是：指佛陀的言论和行动，亦即经典的内容；我闻：指阿难所闻。如是，又指自己闻法而言；我闻，又指坚信佛说的信徒，表明奉行。

【白话】

我曾亲自聆听佛祖的教诲。

【说明】

如是我闻,是佛教经典开头的用语。据传,释迦牟尼寂灭后,由十大弟子中以号称多闻第一,意指博闻强记、无人可比的阿难将佛当年讲经时所说的凭记忆再复述一遍,在场的高僧认同并确认无误后就整理结集成为佛经。他在诵出一切经典的开头都用此语,以表示与外道经典之间的区别。一切佛经凡明示佛说,皆用此句开头。

【经文】

一时婆伽婆[①],入于神通大光明藏[②],三昧正受[③],一切如来光严住持[④]。是诸众生清净觉地[⑤],身心寂灭[⑥],平等本际[⑦]。圆满十方[⑧],不二随顺[⑨],于不二境[⑩],现诸净土[⑪]。

【注释】

①一时婆伽婆:一时,在某一时间。婆伽婆,梵文音译。《佛地论》认为有六种含义:自在、炽盛、端严、名称、吉祥、尊贵,是赞叹功德的总称。

②神通大光明藏:指讲经的地点与场所是成就了大智、永射

常寂之光的佛之净土世界。藏，佛教名词，有蕴积、包含的意义，意即清澄自在，永射寂光的境地之中。

③三昧正受：三昧即正受，三昧、正受同意蕴而反复。前者落在"定"上，所谓定正心行处，息虑凝心，思想集中在一点而不变；正受指正心行处，使世俗之心定住于一缘。从尘世而来的凡人之心常曲不端，得正受则端直，犹如蛇行常曲，人于竹筒中则直的道理一样。三昧正受就是禅定摄心，从而心体寂静，远离邪恶。

④一切如来光严住持：一切如来，大乘佛教认为人人都有佛性，只要发愿修证，则都可成佛，是说所有证悟了佛法的众生都来到这个境地。光严，光明庄严。住持，住于守持。

⑤是诸众生清净觉地：是诸，这是。众生，指宇宙世界里一切有灵性根苗的生物。佛家把众生根据不同的诞生方式分为四种：胎生，指一切由母胎而生的动物，如人和兽；卵生，指一切由卵而生的动物。如鸟、蛇、鸡；湿生，指一切由湿气而生的生物，如虫；化生，指无所依托，自然而生者，如神、幽灵。清净觉地，清澄纯净的智慧境地。

⑥寂灭：是梵文涅槃的译文，即身心寂静，在对象、客体面前无任何心念的状态，也可理解为已开悟远离一切外部形态的心境。当人已断绝一切烦恼，从而使产生未来生死的因果已消灭，但肉体尚存时，称为有余涅槃；当人连其肉体也不复存在时，称为无余涅槃。

⑦平等本际：佛家平等的含义有：共通、通用、同等的人、人之间无高下与尊卑之分、超越憎恶爱好的超然境界、无差别的

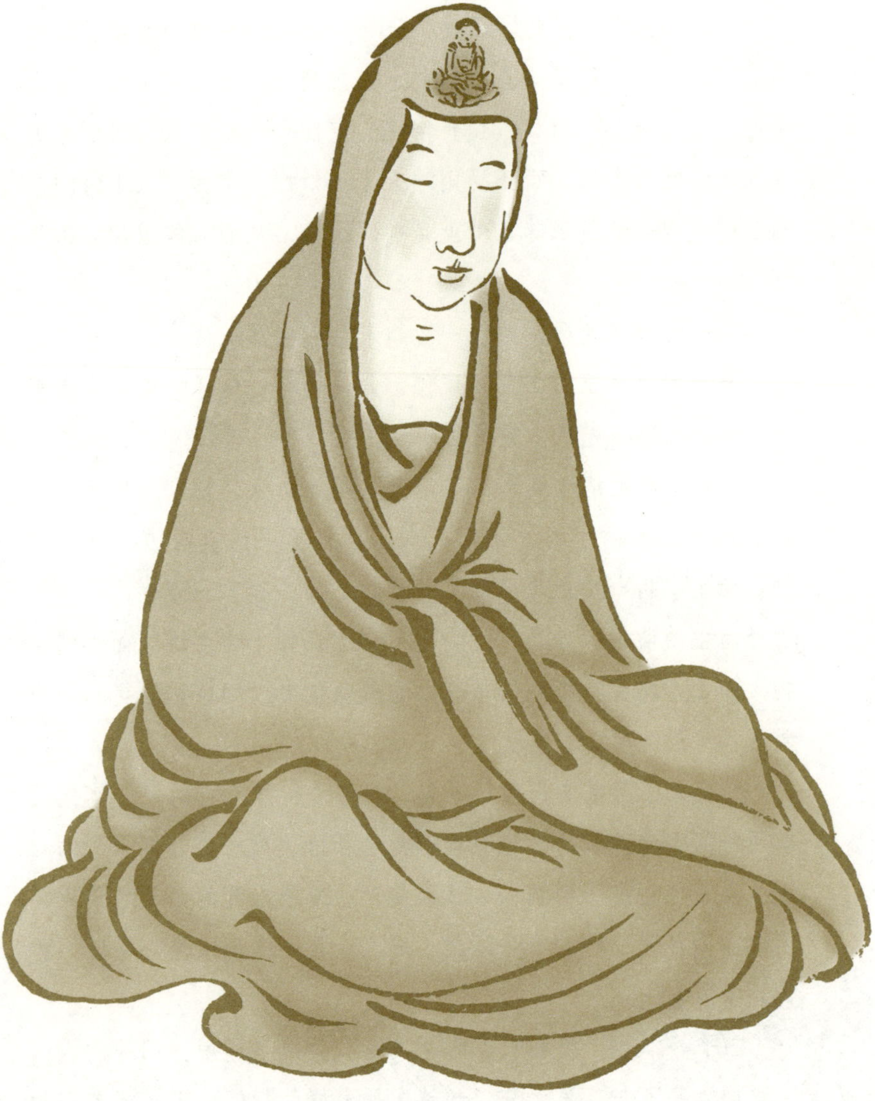

世界和贯穿于各种现象中的绝对真理。其底蕴深厚，不乏认识价值。本际，指穷极之始修，即一切生灵的自性之根。可理解为一切生灵从最初的本质来看，都是完全平等的。

⑧十方：十个方位，佛家指东、南、西、北、东南、西南、东北、西北、上、下，合为十方。圆满十方，各方面都圆满无缺。

⑨不二随顺：不二，只此一个。一心一意地追随顺从于法界。

⑩于不二境：指处于独一无二的圆满灵觉的境地之中。

⑪现诸净土：现诸，呈现出。净土，佛门指修行得道的圣者居住的地方，没有劫浊、见浊、烦恼浊、众生浊、命浊这五种污浊垢染的清净世界，亦称为佛界、佛地、佛国、净刹等。在中国佛教中，有发愿修净土之业的宗派"净土宗"，其创教始祖，相传为普贤。佛陀、文殊、普贤，一佛二菩萨，华严之"三圣"。东土《净土论》最早是晋之道安述，净土宗之祖，是东晋慧远。

【白话】

在那个时候，世尊来到了清澄自在、永射寂光的境地中，息虑凝心，心体寂静，一切证悟了佛法的众生灵都安住和护持着。这是一切有灵性根苗的生物都置身其间的清净、纯洁、智慧的境地，进入了没有任何意念的状态，从自性根本上完全平等。各方面都圆满无缺，一心追随并顺从于法界，处于独一无二的境地之中，呈现出没有污染的清净世界。

【说明】

佛教在创立时期,是在与婆罗门神权斗争中逐渐发展起来的,它的无常学说从根本上否定了永恒的支配一切事物的神的权威,这是历史的进步。佛陀的众生平等的思想也同样是十分可贵的,对古代印度等级社会的产物——种姓制度,是一种大胆的反叛。他放弃了尊贵的太子身份,去如实观察人生的苦难,探究解决人苦难的方法,显现出一位伟大的先行者、思想家的光辉。如果我们在考察佛教这一古老宗教的历史时,不能充分理解和认识其产生的合理性,就会失之于简单化和表面化。

【经文】

与大菩萨摩诃萨十万人俱①,其名曰:文殊师利菩萨、普贤菩萨、普眼菩萨、金刚藏菩萨、弥勒菩萨、清净慧菩萨、威德自在菩萨、辩音菩萨、净诸业障菩萨、普觉菩萨、圆觉菩萨、贤善首菩萨等而为上首②,与诸眷属皆入三昧③,同住如来平等法会④。

【注释】

①菩萨:为菩提萨埵的简称,意译为觉有情、大心众生、大士、高士等。在中国佛教中,菩萨的主要含义包括:立志修持大乘教义,以智慧上求觉悟,下利众生,求证佛果的修行者。此外,历代朝廷也赐名给有声望的大德高僧以菩萨的称号。

②上首：指在十万众的聚会上，处于主要地位的十二位高僧，大体上每四位菩萨与佛陀的问答构成一个议题。一为"佛性"论，二为修行"方法"论，三为归于"证悟"说。可谓渐次推进，层层深入。对十二位菩萨，在各章中将逐次介绍。

③诸眷属：这里主要指佛门的忠实追随者与信众。由于都归于心体寂静的状态，因而从佛教的角度看，都可以称为修行有道的"众菩萨"。佛教在创立之初，也是从释迦牟尼的亲属中和身边的人开始进行教化的。例如，在号称佛陀的"十大弟子"之中，就有三个人是他的亲属，都属于王族。他们分别是甘露王之子阿弩楼陀，是佛陀的堂弟，号称"天眼第一"；阿难陀，佛陀的堂弟，号称"多闻第一"；罗睺罗，佛陀之子，号称"密行第一"。

④法会：佛教为讲经说法，施僧供佛而举行的集会。

【白话】

有成就的证悟者和修行的众生十万人都来到这里，以称为文殊师利菩萨、普贤菩萨、普眼菩萨、金刚藏菩萨、弥勒菩萨、清净慧菩萨、威德自在菩萨、辩音菩萨、净诸业障菩萨、普觉菩萨、圆觉菩萨、贤善首菩萨等为代表，他们和广大信众都进入了清澄寂静的状态中，共同安住于自在的、自性完全平等的佛门集会之中。

【说明】

以上是全经中第一部分序分的内容。包含着信、闻、时、主、处、众，以证明《圆觉经》确属佛说。佛教称之为"六成就"，这里"佛"代表着主成就，是大觉者，所谓"三觉圆满"。自觉，除去了世俗的无知，超越了自我；觉他，就是利用各种机缘，针对不同的根业即对象，随处显现，使众生度脱于苦海；觉满，就是超越了其他的修证者，具备了无上的智慧。如果用儒家的处世哲学来比喻，可以理解为三个层次的境界：自觉，相当于"独善其身"；觉他，相当于"推身利以利人"；觉满就相当于"宁苦身以利人"了。佛陀舍王位而尝苦辛，此世人之难为。以十二位菩萨为首的十万信众及众眷属代表着"众成就"。接着就导入全经的正宗分，十二位菩萨与佛陀的问答。

第一章　文殊师利菩萨

【题解】

本章由文殊菩萨发问佛陀，怎样才能心自清净，远离烦恼、无明。佛教认为，人生痛苦的根本原因就是由爱欲引起的。这种爱欲表现在三个方面：首先是情欲，主要指肉体方面的要求与享受，具体来说，就是对性欲的追求与渴望；其次是有欲，指生存的欲望；第三就是繁华欲，指追求权力、名利的欲望。由于对这种人生现象的不理解，不能正确认识事物，从而萌发妄念，带来无数爱而不得的烦恼。这种烦恼之因，就是无明。《俱舍论》有："痴谓无明。"与"惑"相通，就是对自己的身心皆由因缘而生，一切无常、无我的道理不能认识，所以形成内心的混乱、苦恼。消灭了无明就消灭了产生一切苦恼的根本原因。

【经文】

于是文殊师利菩萨[1]，在大众中，即从座起顶礼佛足[2]，右绕三匝[3]，长跪叉手而白佛言[4]：

【注释】

①文殊师利：简称文殊菩萨。文殊是美妙的意思，师利梵文

意为头、吉祥、德等。统称"妙吉祥""妙德"，意即德无不圆，累无不尽。

②顶礼佛足：古印度一种最尊敬的礼节。头、双手、两足着地，俯伏佛陀足下叩首。后人常用"顶礼膜拜"来形容极度的崇敬。

③匝：环绕周边。三匝，环绕三周。

④叉手：原指两手交叉，佛教指合掌交叉十指。将两手相合于胸前，以表示对佛陀、神灵的虔诚和信赖，是印度、斯里兰卡、缅甸、泰国等国信众自古以来的礼节。印度人认为右手是神圣的，左手是不洁的，两手相合则表示把人神圣的一面和不洁的一面合在一起，从而完整地体现人的真实形态。

【白话】

于是代表智慧的文殊师利菩萨，在信徒中间从座位上起来，五体投地俯伏在佛陀脚下叩首后，从右边环绕三周，跪着将两手合掌于胸前对释迦牟尼说：

【说明】

在佛教造像上，文殊掌管着智慧，头顶结有五髻，并以此为本体，以表示大日之五智，即法界体性智、大圆镜智、平等性智、妙观察智、成所作智。手中持剑，表示能断除众生的一切烦恼；骑着狮子，代表着智慧的威猛和无敌。文殊被尊为佛弟子中的德之首，故本经中由其率先发问。中国佛教认为：五台山是文殊修行的道场，也是他显相、说法的地方。《华严经》中有"清凉山""现有菩萨文殊师利""常在其中而演说法"。清凉山，五台山之别名，在山西五台县东北，方圆约五百里，由东、南、西、北、中五座山峰环抱而成，其峰顶均平坦，若垒土之台，故称五台山。这里从北魏至今，佛教塔庙林立，青黄二庙共处（青庙为汉传佛寺，黄庙主要为藏传佛寺）约一百二十座。一进五台，其浓郁的佛教文化气息就会迎面而来。每年的农历六月初六至十五，这里都要举行规模很大的"大誓愿会"，自唐以来，中外信众与游客络绎不绝，平时亦香火不断。笔者曾投宿五台"风波府"阁楼，虽经年仍不能忘怀。白日访香火缭绕之山寺，夜晚拂习习之山风，听阵阵之佛号，发绵绵之心绪，使人有置身于通灵境地之感。五台山被列为中国佛教四大名山之首。

这里文殊菩萨的顶礼佛足，右绕三匝，长跪叉手所行礼节在以下十一位菩萨的发问时，都依法而行，无一例外。这并不是一个单纯的礼节问题，礼节只是一个表象、一种形式，更重要的是表现出一种"理念"，即追求真理的信念，是一种信仰主义者虔诚之心的体现。佛教在长期的发展和演化中，把信仰的理念用极其庄严的形式表现出来。诸如在佛寺里香火不绝，烟雾缭绕，其本意是要信奉者精进不止，不断追求真谛；点燃烛光意味着照亮黑暗，在光明的指引照耀下渡达到彼岸世界。在漫长的历史岁月中，其诸多的表现形态已经形成了珍贵的文化遗产,如辉煌的敦煌壁画、遍布大江南北的造像艺术,以及那"南朝四百八十寺,多少楼台烟雨中"的暮鼓晨钟,都仿佛在召唤着人们,奔向那清澄、欢乐的净土。一种形式,总是要反映出一定的内容来,而深刻的内容,也往往呈现出一种蔚为壮观、令人叹为观止的形态。

【经文】

"大悲世尊①,愿为此会诸来法众②,说于如来本起清净因地法行③,及说菩萨于大乘中发清净心④,远离诸病,能使未来末世众生求大乘者不堕邪见⑤。"作是语已,五体投地,如是三请,始而复始。

【注释】

①大悲世尊:大悲,救人于苦难之心谓之悲。悲心广大,称之为大悲。《涅槃经》卷十一有"若无大悲者,是则不名佛",是说无广大的度人于苦难之心,就不能称其为佛。世尊,本经特指佛陀。

②法众:出家修行者,也指信仰佛教的人。法,佛教重要的理论范畴。有质的规定性,并为人认识的一切事物就称为法。

③因地法行:因地,修行佛道的果位,本来心境。法行,如法而行,即法门、方法。

④大乘中发清净心句:大乘,梵文音译为"摩诃衍那"。意谓广大的运载一切众生到达涅槃境地的舟车。所以,凡能够使

人们获得解脱方便的，佛教皆称为"乘"，意指"运载""乘载"，或通向解脱的"道路"。"乘"在实质上包含着四方面的内容，即所诠之"教"、所诠之"理"、所修之"行"、所得之"果"。大乘是在早期佛教、部派佛教之后，于1世纪左右形成的佛教派别。此派形成后，认为能乘载无量众生，由生死轮回之此岸，到达菩提涅槃的彼岸，从而成佛，故称为大乘。同时，把早期佛教、部派佛教贬称为小乘。小乘佛教在大乘佛教看来是一种低层次、低水平的度脱于苦海的运载工具，因为它关于涅槃的终极行为充其量只不过是一种个人的修证，而大乘佛教则是一种广大的、更高层次的运载众生度脱于人生苦难的舟车，它追求的不是个人的解脱，而是追求一切在苦难之中挣扎的所有众生得脱苦海的大悲悯之心。汉地佛教，是以北传的大乘佛教为主体的佛教。从总体上看，大乘与小乘之间的区别，从教、理、行、果四方面来看，都有深浅的不同，但从思想上来看，二者的区别可以集中概括为以下三点：

一、大乘主张法空，诸法的存在如幻如化；小乘否认诸法皆空，而最多只承认人空法有。

二、大乘以成佛为目的，小乘则以达到阿罗汉为目的。大乘认为人人皆有佛性，皆可成佛，所谓"放下屠刀，立地成佛"；小乘认为佛是凡人不可企及的。

三、大乘不主张一开始就出家修行，而很重视在家的施财；小乘却很强调出家修行的必要，认为只有过禁欲生活才可以实现自己的理想。

清净心，纯粹、脱离烦恼；心地清澄。

⑤未来末世：未来，佛教认为有过去、现在、未来三世，与过去、现在相对应。未来末世，指现未存在的生灵，但却是现世存在的因缘的果报。

【白话】

"大慈大悲受世人尊敬的佛祖，期望您为参加听讲的信众，解说成佛清净果位方法的修持，以及有成就的证悟者在大乘道路中，如何产生清澄之心，远离一切痛苦和烦恼，从而使在未来世界和末法时代的生灵在追寻大乘路上，不会堕于邪妄的见解之中。"文殊师利菩萨问了这些话后，又五体投地，接连三次，恭请佛陀解说。

【说明】

大乘佛教是东方哲学史、文化史研究中的难点之一，它的起源至今尚未有一个明确的结论。对大乘佛教的研究必须依靠汉译佛典来进行，这是其特点之一。大乘思想一方面表现出了把唯心主义"万法唯心"的认识推向了神秘主义的信仰高度，另一方面又具有世俗化的人皆可成佛，往生极乐世界的思想内涵。从而无论是在印度哲学史的探究方面，还是在中国哲学史、佛教史乃至文化史的研究领域，都是一个需要厘清的认识环节。其通俗性的特征，使之在中国的传播中表现出了极强的适应性，并且运用了各种文化形式，如音乐、绘画、雕刻、建筑以及声播四海的武术与气功，补充和诠释了佛

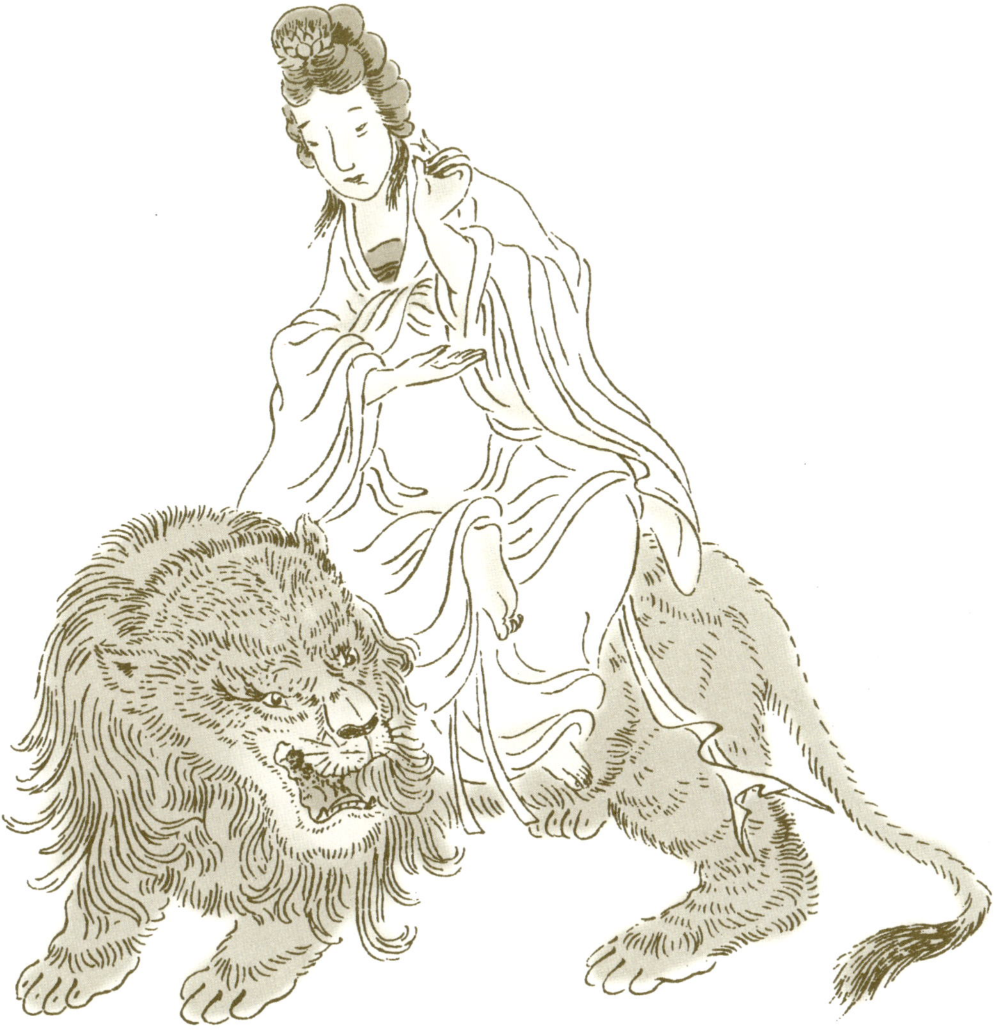

教的义理，形成了蔚为大观的佛教文化体系。在当代，可以毫不夸张地说，其文化影响已经超过了佛教本身，在我国形成了专门的佛学，成为历代文人的传统学问。它有益于开启心智，自我调节，疗治心理病痛；那普度众生的教理，已变成千百年来千百万人追求的理想境界。放眼神州大地"天下名山僧占多"，好去处几乎都让佛门抢了先，即使是流连山水之中仍有"夜半钟声到客船"的清幽余韵。义理与实践的巧妙结合，二者并行不悖。大乘佛教的义理使雅俗众生，各取所需，代有传承，延续至今。因此，如果忽视佛教文化现象和文化心态的研究，仅仅只在义理旨趣上探究，虽能透悟其玄机，却难得其妙处。而世俗生活是一条永无尽头的路，佛教文化现象则是一本写不尽、道不完的书。

【经文】

尔时[①]，世尊告文殊师利菩萨言："善哉[②]，善哉。善男子[③]，汝等乃能为诸菩萨，咨询如来因地法行，及为末世一切众生求大乘者，得住正持[④]，不堕邪见，汝今谛听，当为汝说。"时文殊师利菩萨奉教欢喜，及诸大众，默然而听。

"善男子，无上法王[⑤]，有大陀罗尼门[⑥]，名为圆觉。流出一切清净、真如[⑦]、菩提[⑧]、涅槃及波罗蜜[⑨]，教授菩萨。一切如来本起因地，皆依圆照清净觉相[⑩]，永断无明[⑪]，方成佛道，云何无明？

【注释】

①尔时：这时，在那个时候。

②善哉：是老师对学生表示赞成或称赞的用语。此语直到今天仍在印度使用；善哉，又为感叹词，梵语为aho，见《百五十赞》四十九颂。

③善男子：《金刚经》中有"善男人、善女人"的称谓，原指良家子女，特指在家的男女信徒或具有正确信仰的男女。

④住：住守持有。常有以下几种含义：存在；安住；执着；生命的存续；住于母胎；宇庙的存续；四有为相或三有为相之一，即表示存续的真理。四有为相为生、住、异、灭；三有为相为生起、存续、坏灭。此外，在禅籍中与动词结合，表示加强语气。如把住、擒住。参见《俱舍论》卷五。

⑤法王：指佛陀本人，《维摩经·慧远疏》称"佛于诸法得胜自在，故名法王"。

⑥陀罗尼门：陀罗尼是梵文音译，意指"总持""总摄"，即把握一切修证的方法，故喻为门，若进清净地，必从此门入。

⑦真如：真相，与如如同，指无生灭变化之物。五法之一。五法为名，即事物的假如；相，指事物的色相；妄想，即分别虚妄的想念；正智，正见之智；如如，不变不异之真如。

⑧菩提：指释迦牟尼经过六年的刻苦修行后，在迦耶山附近的一棵菩提树下，经过四十九天的静默思索，终于证悟了"无明"的烦恼、人生世事的无常，成为大彻大悟的佛。以后往往用菩提借指了悟缘起、断除无明、清澄宁静的智慧。

⑨涅槃及波罗蜜：涅槃，原意在梵文和巴利文中为"消散"，也就是痛苦、烦恼和无明完全消除的境界。在早期佛教文献中，又把涅槃称作"渴爱灭""无明灭""不死""绝对寂静""清凉"等。以后随着佛教的发展，各派对涅槃的解释也各不相同。涅槃是早期佛教的最高理想和人生的最终目的，是摆脱了一切外界物质的束缚和理念与感觉的影响，达到永恒寂静的一种境地。它是完全摆脱了轮回之苦的彻底解脱的境地，因此与"解脱"同义。从无常、无我到寂静涅槃，是早期佛教理论发展过程中的几个重要的阶段，也是佛教的几个重要的特征。开始它充满了辩证法的思想，以缘起论为理论基础，提出了无常和无我的学说，否定了天国和神的教义，否定了主宰一切的梵和灵魂不死的学说。但是当它一接触到轮回和解脱的问题时，它的辩证法就走进了死胡同。它把缘起论运用到人生的问题上，形成了十二因缘的学说。最后，以涅槃论完成了它的体系。所谓"永恒寂静"的涅槃学说是与无常论和无我论相矛盾的。因为根据佛教的无常学说，一切事物无不在生、住、异、灭的变化中，无一永住，而涅槃却是"永恒""绝对"的寂静。从人类的生死出发分析一切痛苦和烦恼产生的根源，从无明进而提出了涅槃。可以这样认为，涅槃学说是早期佛教庞大的唯心主义体系的终结，在其整个学说中占有重要地位，它的形成标志着佛教的确立。涅槃一般分为两类：有余涅槃，是指已断绝一切烦恼，从而使未来生死的原因业已消灭，但肉体尚存；无余涅槃，指无制约的涅槃世界，完全真实的涅槃，完全脱离了肉体束缚的状态，消灭了烦恼而获得永远平安、寂静的境界，具体地说，就是不仅已断

尽一切心惑，而且连肉体也已消灭的状态。亦即在完全无迷的状态中死去，而与永恒的真理归于一体。波罗蜜，梵文音译，意谓到彼岸，通常指六波罗蜜，又称六度、六到彼岸等，即到达彼岸的涅槃世界的六种方法，分别是：布施、持戒、忍、精进、定、智慧。

⑩相：佛教专有名词。"相"指事物的外部形态。佛教认为：无论从空间还是从时间意义上看，一切事物都处于一个聚合、分离和演化的过程中，并无一个实在的形态。中国禅宗认为：能离于相，才能法体清静。《金刚经》提及了四种相，即我相、人相、众生相和寿者相。认为"我"只是一个虚幻的东西，永恒的"我"并不存在，它的存在只是身体的感觉以及在不断变幻着的心念。既然无我，当然从根本上看也就无相、无物，只不过是称呼为"我"，称呼为"相"罢了。

⑪无明：即"惑"，指对佛教基本教义缘起、无常、无我的不理解。在说明部分，将依次进行扼要的介绍。

【白话】

这时，受世人尊敬的佛陀对文殊师利这位有成就的证悟者说："问得好，很好。有教养的男信徒，你能够为有成就的修行者求教成佛的修行方法，并且为未来世界的一切众生寻求广大的度脱苦难的道路，得到和持有正确方式，不会堕入邪恶的认识之中。你现在认真地聆听，理当为你解说。"这时文殊师利这位有成就的证悟者，听到佛陀要为他讲解教义，十分欢喜，所有到会的人们都安静地听讲。

"有教养的男信徒，佛有开启一切修行之门的方法，名叫圆觉。它产生一切清净、真实、彻悟，渡到无烦恼的彼岸，并引导有成就的修证者。一切本初的心地，都是圆满清净的形态，只有永远断除无明，才能成就佛果，那么什么是无明呢？

【说明】

在理解本段经文的时候，我们有必要了解一些佛教基本教义的内容。《圆觉经》读到这里，认真的读者已经初步领略了佛门义理的缜密、玄妙，同时也会感觉到其义旨所在，往往是从关注人生的各种现象并对其分析后得出的认识。佛教的作用，就在于直指人心，使人们从"痴迷""疑惑""烦恼"的无明中解脱，那么为什么会产生无明呢？这就涉及佛门的"缘起"学说。在他们看来，世界上的一切现象皆由因缘而生，所以因缘一旦不存在了，任何事物和现象也就不复存在了。既然一切现象皆由因缘而生，因缘灭则现象灭，所以任何常住不灭的现象是没有的，一切现象皆如流水、瀑布、旋转火轮似的变动不已。这种排斥了一切现象由某种力量创造或由自己创造出来的学说，也排斥了有我论的学说。从缘起论出发，观察人生有情的肉体组织及精神和意识的活动，就形成了早期佛教的十二因缘论。

一般把因缘所发生的作用称作缘起，所以十二因缘论从其发生的作用方面来说又称作十二缘起。十二缘起的序列有两种：往观（亦称逆观）和还观（又叫顺观）。往观是由果求因，还观是由因求果。按还观的次序说十二因缘为：无明、行、识、名色、六入（眼耳鼻舌身意）、触、受、爱、取、有、生、老死。老死以及由此产生的一切痛苦的最终原因是无明。无明这种处于蒙昧状态的意志，本能的冲动就是产生痛苦的终极原因。因此消灭无明也就消灭了一切痛苦的根源，达到涅槃的境界。应当看到，这个缘起学说的产生，本身就具有一定的历史合理性，有理论意义和认识价值，十二缘起是环环相扣、层层相因的，有其自然与社会原因的。如关于"老死"，佛教认为老死以及由此产生忧悲、苦恼皆为人生难以避免的遭遇，因此把老死当作观察人生、寻其究竟、求得解脱的出发点。在泛论人生的情况下去寻求脱离生活的解脱，从每一个人都不可抗拒的自然出发，把老死当作最大的痛苦，并由此来追寻老死的原因，就必然要将人们引向信仰主义。同时也应当看到，这种人类历史上最古老的宗教，从其诞生之初，就表现出了对人类终极关怀的极大热忱和关注，表现了对人精神世界的探求。尽管在客观上，人死亡的直接原因是衰老、疾病以及灾难，如洪水、地震、火山、战争、车祸等，但面对死亡时，是惊恐、痛苦还是坦然面对，毫无疑问，后者是理性的选择。它体现了人所需要的最终的慰藉，反映了善的愿望。宗教能随着社会的发展而发展，随着科学脚步的前行而足音不绝，对人终极的关注是不能忽视的原因。

【经文】

"善男子,一切众生从无始来①,种种颠倒,犹如迷人,四方易处②,妄认四大为自身相③,六尘缘影为自心相④,譬彼病目见空中华及第二月⑤。

"善男子,空实无华,病者妄执,由妄执故。非唯惑此虚空自性⑥,亦复迷彼实华生处。由此妄有,轮转生死⑦,故名无明。

"善男子,此无明者,非实有体。如梦中人,梦时非无,及至于醒,了无所得。如众空华,灭于虚空。不可说言,有定灭处⑧。何以故?无生处故。一切众生,于无生中,妄见生灭,是故说名轮转生死。

"善男子,如来因地修圆觉者,知是空华,即无轮转,亦无身心受彼生死,非作故无,本性无故。彼知觉者,犹如虚空。知虚空者,即空华相。亦不可说无知觉性。有无俱遣,是则名为净觉随顺。

"何以故?虚空性故,常不动故。如来藏中⑨,无起灭故。无知见故。如法界性⑩,究竟圆满遍十方故。是则名为因地法行。菩萨因此于大乘中发清净心,末世众生,依此修行,不堕邪见。"

尔时世尊,欲重宣此义,而说偈言⑪:
　　文殊汝当知,一切诸如来,
　　从于本因地,皆以智慧觉。
　　了达于无明,知彼如空华,

即能免流转。又如梦中人，
醒时不可得。觉者如虚空，
平等不动转。觉遍十方界，
即得成佛道。众幻灭无处，
成道亦无得，本性圆满故。
菩萨于此中，能发菩提心。
末世诸众生，修此免邪见。

【注释】

①无始：无明生于妄念只在瞬间，无明不再求其因果，没有最初的各种形态，故称无始。

②四方易处：东南西北迷失了方向。

③四大为自身相：四大指地、水、火、风，身相有两种含义：一种指身体的特征、特相，特别是指佛陀身体的三十二种特征，即三十二相。另一种指肉体的形骸。全句指虚妄地认为由地（即肌肉骨骼）、水（即体液）、火（即体热温度）、风（即呼气与吸气）构成了自己的身体。佛门认为"相"只是各种因缘的合和，缘灭则相灭。

④六尘句：六尘亦称"六境"，与六根合称"十二处"。指与"内六处"（即六根中眼、耳、鼻、舌、身、意）所对应的和感觉认识的"外六处"（即六尘中的色、声、香、味、触、法）这六种境界。此六境界被认为是产生物欲的基础，如尘埃能污染人的思想和行为。故又称"六妄""六贼"。六尘缘影，指六尘形成的认识成为幻影，形成心理（即思想）上的妄念，自以为是

真实的形态。

⑤空中华及第二月句：空中华、空华。第二月，指病眼看月，产生重影，以为有两个月亮。

⑥虚空自性：虚空，有以下几种含义：首先是空间、太空、空中。虚、空皆为无的别称。由于它既无形质，而且其存在也不妨害其他事物，故称。在佛教文献中，在某些表示无限和遍在的场合，常用虚空作为譬喻。其次是具有空间和以太两种意义的自然界的原理；无为法之一，物质存在的空间。自性，指三自性。即遍计所执，指认为世间有实物、实我；依他起，指依因缘而生之事物；圆成实，圆满成就的真实。如花，妄情痴迷是实有，是遍计所执性；从因缘而成花之相，是依他起性；花的实体，是圆成实性。佛家认为，物与我都是虚幻皆空的。

⑦轮转生死：佛教认为众生因其生时所为，即业力死后可往六种去处。一地狱趣，受八寒八热之苦；二饿鬼趣，与乞食的饿鬼同处；三畜生趣，成为禽兽；四阿修罗趣，怀愤怒争斗之心与人隔绝；五人趣，往生人类居住之处；六天趣，身处光明而快乐的人们之中。从而如车轮转动，周而复始。

⑧定灭：定，止心于一境，不使散乱。灭，有消灭了生、老、病、死等肉体上的痛苦，渡越了欲、有、见、无明、死亡、悟的境地，渡到彼岸世界等含义。

⑨如来藏：如来，如实而来，所谓真实平等、体离虚妄，是佛的称谓之一；藏指包含、库藏。如来藏，意指一切众生本来就如实包含着真实无妄的佛心，在《佛性论·如来藏品》中称：藏有三义，所摄之义，众生含有如来之性，"是善不善因"，能遍

造一切众生；隐覆之义，是烦恼"隐覆如来之性德"；能摄之义，"真如在烦恼中，含摄如来一切果地之功德"。

⑩法界性：单称为法界、法性，合称法界性，又叫实相真如、涅槃，与如来藏、真如、佛性，义理相通，本心自天然，本自清净，未显现谓之藏，显现则是真如、如来，法性。

⑪偈(jì)：即"颂"，是佛典中的唱词，往往是前述义理的复述性归纳。

【白话】

"有教养的男信徒，一切众生灵从根上本无生死，在因缘的聚合后，产生了各种失却本性的迷惑以及各种错误的认识，就好比迷失了道路的人，分辨不出东、南、西、北，虚妄地认为由地、水、火、风这几种物质构成了自己的形体，把由眼、耳、鼻、舌、身、意念反映出来的色、声、香、味、触、法等各种现象认为是真实可信的，这就好比有眼病的人看见空中有繁花似锦和在重影的作用下看到有两个月亮一样。

"信徒们，要知道，空中并没有花朵，是有眼病的人被虚妄所迷惑，由错误的判断而导致的结果。由于不能认识到从本原看一切都是空的，人们的迷惑就在于把由因缘合和而成的事物当成实有的存在，就好像眼疾者看到空中有花的道理一样。由于有了心念的迷失妄有，从而在苦海似的生死轮回中不能度脱到彼岸的极乐世界，这就被称为迷惑。

"有教养的男信徒，这种迷惑并非在实际上有一个真实的存在。好比梦中之人，一切事物都是真实的，到醒来时却无一存在。又比如空中虚幻的花朵，消失在无限的太空。但不能认为花的消失是真实的。为什么呢？因为在空中并没有真实的花。一切世俗中的人们，在并非实有的形态上，以迷惑的见解认为看到了事物的产生和消失，因此就会在产生与消亡的认识中如车轮旋转般在生死的路上周旋。

"有教养的男信徒，如佛陀那样从本初之心修证圆满觉悟的人，知道一切法即现象界的各种形态都如空中之花，这样才能摆脱生死轮回，也不会有身体和心念、有产生和死亡的妄念，这也并非是由人产生和制造出来的空幻，是一切事物本初于无的原因。那些懂得了空幻的人，就好比虚无与空幻。知道了虚无与空幻的道理，就如在空中呈现的花朵，只是一种表现的形态。但不能够说没有认识，也没有觉悟的本性。把有的想法、无的概念，都不保留而加以遣散，那么这就是澄清觉悟随缘顺性的状态。

"为什么这样说呢？是由于无始之心性原本虚空无物，以及其心境并不受尘缘而牵动的原因。是在觉悟了的如来心中，并无念起念灭地缘故。这就被称之为从本心开始的修行。好比真实心性本自天然，不增一物，不减一分，究竟圆满遍布于各个角落的缘故，这就叫作本初之心的修行方法。有成就的证悟者因此在自觉和觉他的证悟中产生清澄纯净的心愿，以后的众生灵，依照这种方法进行修行，就不会堕入错误的见解之中。"

这时佛陀又复述义理，用诗句归纳说：

　　文殊悟者你应知，
　　过去现在未来佛，
　　修悟始于本初心，

皆以智慧得觉悟。
认识通达于妄念，
洞察此想若空花，
这样就能绝轮回。
譬如梦中见蝶人，
梦醒时节无一物。
觉悟之心若虚无，
事物平等不起念。
觉悟遍及时空界，
如此即能成就佛。
妄想心念地处觅，
证悟佛果本无果，
初始心性自圆满。
成就证悟在此理，
生发大悲清凉心。
未来世界众生灵，
如此修证免错误。

【说明】

　　这一部分对人生疑惑痴迷的无明进行了进一步地分析，表现了"我相""幻相"的具体特征，十分巧妙地用比喻论理，阐发性自本空的观点。佛教认为人（即主体）并非本质，也如梦若影一般。要"外不着相，内不动心"。所谓的我或本体，只是一定时空意义的组合

莊周夢蝶

而已,由"因缘"而生。生是众多因素的合成,身是众多机缘的聚合,即有合之时,必有分之日,一切"无常"。此时此刻的身,并不等于彼时彼刻的"我",不过是称之为"我"罢了。这样就要破除关于"自我"的偏见,追寻"无我"的清纯境界。《圆觉经》是圆满的觉悟,因此不仅是"无我",而且是本自于空,本无实有,亦无所谓无,即不落"二边",于有和无之间有所偏执。一切既然凭借因缘而生,合成后表现为一个具体的事物,因此称之为有、有边;但一切事物原无自性,本自清净,呈寂灭形态,称之为无。即本自不生,所言灭,也就无从谈起。本经起始就是本自清净无染,证悟无明的佛性立意,断有无二边,性本自无,以智慧开宗明义,将万法唯心,止于心念的大乘义理推出。具有圆满佛性的释迦牟尼,也是由净而染尘缘,至二十九岁出家,经六年苦行,终无所得后,方经"反观内照"的思维,证悟人生,三十五岁才得道。如此根苗,至圆满觉悟亦必须证悟,怎能是一部《圆觉经》"本性圆满故"所能代替?从因缘学说来看,虽言性自清净,然一落世出生,必染尘缘,而返染归真,也不能了脱"机缘"。也许正是由于"圆觉"开篇经义的成熟性,使后世学者、门人疑此经是"托伪之作"。在有深厚儒家传统思想影响的国人来看,孔夫子也只称"四十而不惑",了断"无明"又何其难也!我等俗人,活到老,学到老,又岂敢谈"不惑"?尽管如此,必须能够看到,本经所述圆满觉悟的心性，反映了人类在精神追求上的可贵的品质，是一种推动人们不断自我完善的力量，这种精神力量对于世俗社会所产生的作用是难以估量的。佛教对于人们认识人生与社会的要求是"大彻""大悟"的"般若"智慧，这是佛门在认识上的高明之处，它不是把人"不死"的希望全部寄托到未来的"天界"，而是转向现实中的人生，摆脱自我、透视"我见"到"无所见""无所有"乃至"无所谓无"，从而顿悟人生达到"不死的死"。通过信奉佛法僧"三宝"，由实践、修养、理念构成了完整的体系。

第二章　普贤菩萨

【题解】

本章承前述圆满觉悟的清净心而发，由普贤提问如何修行，又如何"以幻还修于幻"。换言之就是一切现象、意识，都是空中花，为何还要反悟修行也是虚幻？修行的主体又是谁呢？普贤在这一连串的发问之后，又接着呼应了第一个问题——用什么方法来修行及其"作何方便""渐次修习"，把问题向更深一步展开，从"渐次"逐步地由浅至深、由因至果，步步推进。佛陀对这些提问加以概括，对"幻"的由来，修证"幻"的目的、方法进行了宣讲，接着运用以木取火，本无而生，生而尽燃，归于寂灭来比附本然之心原清净，因缘起而幻性生，经修证而幻灭。涉及渐修与"顿悟"的方法，肯定了一目了然、一通百通的修证。

【经文】

于是普贤菩萨，在大众中，即从座起，顶礼佛足，右绕三匝，长跪叉手而白佛言："大悲世尊，愿为此会诸菩萨众，及为末世一切众生修大乘者，闻此圆满清净境界，云何修行[①]？

世尊，若彼众生，知如幻者，身心亦幻[②]，云何以幻，还修于幻？若诸幻性一切尽灭，则无有心③，谁为修行？云何复说，修行如幻？若诸众生本不修行，于生死中常居幻化④，曾不了知如幻境界，令妄想心云何解脱⑤？愿为末世一切众生，作何方便⑥，渐次修习⑦，令诸众生，永离诸幻。"作是语已，五体投地，如是三请，终而复始。

【注释】

①修行：指佛教徒根据教义进行学习和实践活动的内容，包括"三学"即戒、定、慧。戒，即持戒律，以取得身心的清净，身心清净才能获得对人生的彻底悟解。其实质是实行对自我意志的征服，以后发展成为佛教徒必须遵循的法律。其目的在于止恶行善，排除世间现象的干扰与影响，以获得解脱的智慧，到达涅槃的境界。一般讲，对比丘尼有三百四十八戒，对比丘有二百五十戒。定，就是禅定，禅定分为四个阶段，称为四禅。初禅，即禅定的初步阶段，这时沉思于专一，排除情欲，消除不善之心，即"离"。由此渐进，即生喜乐。但此时尚有思考思虑之念，故曰初禅。这就是说，初禅只是"离欲"的阶段。二禅，由初禅进而安住一想，达到表象方面的沉静，产生一种更高的喜乐，称为二禅。三禅，由二禅进一步修养，舍离喜乐而趋于完全安静的境界，于是达到轻安的妙乐。这时已经产生了智慧，但由于还有身体妙乐的感觉，所以离涅槃境界尚有一段距离。四禅，由三禅再进一步，完全超脱苦乐，连自身的存在也已忘却，从而达到舍念清净的境界，即止观平等之定，达到解脱的境界。慧，概括起来就是有厌、无欲、见真。排除一切世间现象的影响，专

思四谛、十二因缘，从而窥见"法"，即反映物质与精神世界的普遍规律，就可得到最高的智慧和解脱。说明慧的还有四念住、十念、十想、八智、十智等说，讲的都是修炼智慧的方法，不再赘述。总之，三学的内容及其关系极为复杂，在以后的发展中又具体为三十七项修行的途径，大乘佛教将其概括为六度学说。

②身心亦幻：指人身实无，依缘而生，缘灭则灭；心念思想亦如幻，心识由缘而起，毕竟无实。

③心：按佛教的一般说法，心是与色（即物质）、身体形态相对的精神。可分为心、意、识三种，小乘佛教中的说一切有部把这三种视为同一的东西，没有什么区别。大乘瑜伽派则认为，心为宇宙间各种现象形成的原因的总集，亦即产生各种现象的根本原理，并特指八识（指眼识、耳识、鼻识、舌识、身识、意识、末那识、阿赖耶识）中的阿赖耶识，意为思量或思维作用，特指末那识；识为了有别于认识作用，特指八识中的前六识。若把心又从主体和从属作用两方面来分时，则主体称为心王，从属作用称为心所。阿赖耶识为心王，其余随阿赖耶识而生起的各种精神作用则为心所。

④幻化：由人妄念产生的，本无而虚有的事物。

⑤解脱：佛教术语。指摆脱各种人世间的烦恼而无所羁绊。有诸多说法，如从三界即欲界、色界、无色界中有分别对应的"解脱"；把能深刻理解佛教义理，从而能从迷惑中解脱出来就称之为"慧解脱"或"有为解脱"，与其对应的以"涅槃"为根本的解脱，称之为"无为解脱"；此外把禅定也称为解脱。

⑥方便：梵语意译为"善巧""权略"，所谓"正曰方，言

巧称便，即是其义深远，其语巧妙。文义合举，故云方便"。一般有两种解释，一是对般若智慧而言，二是对真实而论。虽论释甚多，但究其实质，是说为了"自利利他""慈悲喜舍"可进行教化或度脱的一切方法。故又常用"门"来喻指，有"门路"则通，无"门路"则阻。

⑦渐次：指由初至浅、由浅至深的修行过程，如登楼台，逐渐上升。

【白话】

于是代表发愿修行的普贤这位证悟者，在信徒中间从座位上起来，五体投地俯伏在佛陀脚下并叩首后，从右边环绕三周，跪着将两手合掌于胸前对释迦牟尼说："大慈大悲受世人尊敬的佛祖，期望您为参加听讲的有成就的证悟者，以及未来世界一切修行大乘佛理的信众，讲解圆满觉悟的澄明境界，应当怎么修行呢？

世之尊者，如果众生灵，已知一切如幻，身体与心念也是幻梦，为何一切如幻梦，还有何幻要修行呢？如果各种虚幻都是空与灭，那么也就没有心念了，既无心念又是谁还要修行呢？为何又说修行如幻觉呢？如果众生灵本来没有修行，在生死轮回中，常处于虚妄的幻境中，并不知道处于虚幻之中，怎样使妄念之心觉悟呢？期望为未来世界中的一切众生，解说采用什么方法，由浅至深修证真理，使人们永远脱离各种幻境。"普贤这位有成就的证悟者问了这些话后，又五体投地，反复三次，恭请佛陀解说。

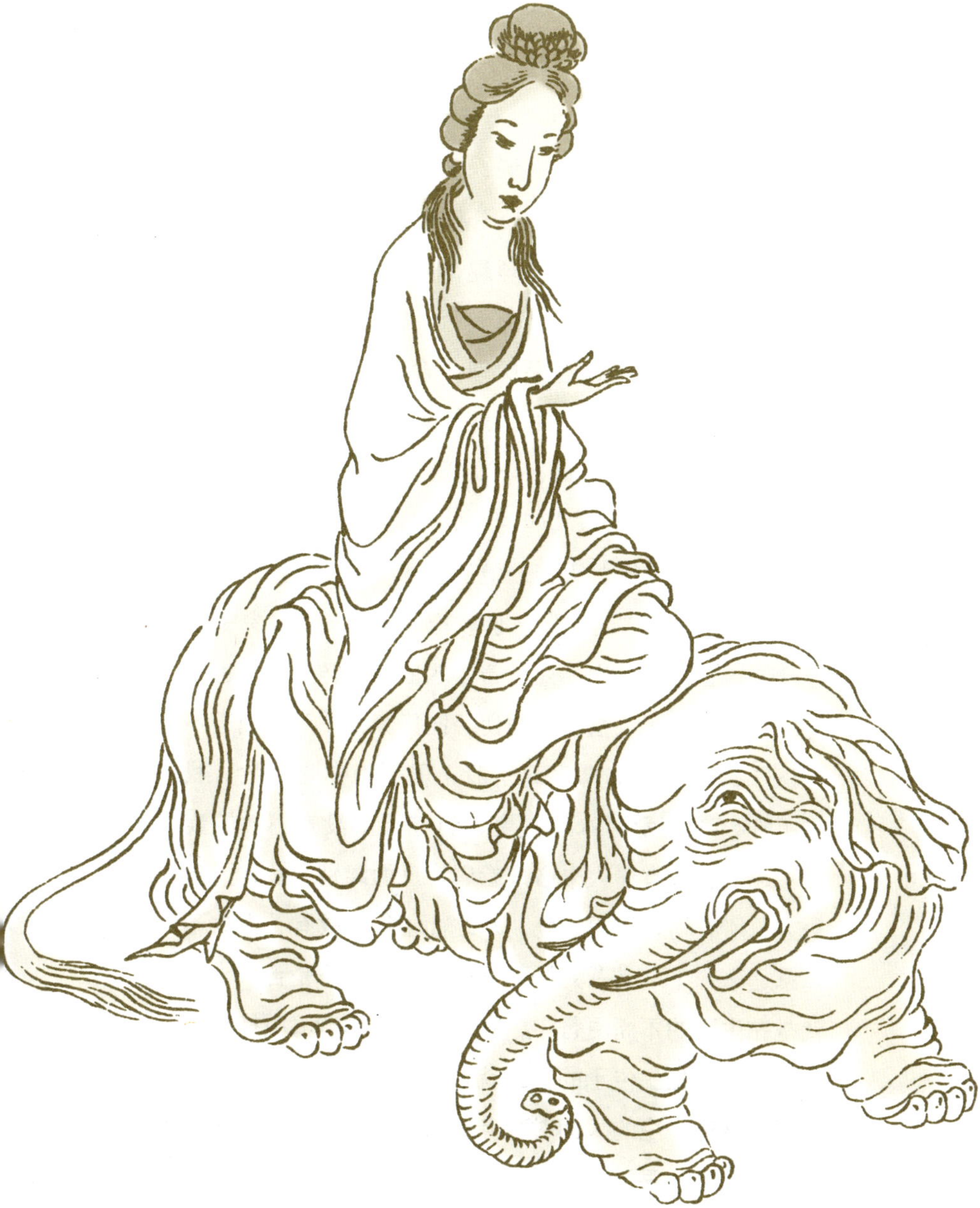

【说明】

　　普贤是中国佛教中的四大菩萨之一,四大佛教名山之一的峨眉山,是他的道场,千百年来虽几度兴衰,至今香火隆盛。文殊与普贤分别是佛陀的左右胁侍,前者代表智慧,后者代表理趣,是慈悲与觉悟集于一身的实践者,因而又叫大愿大行。因此由他以修行为中心,向佛陀发问,也是顺理成章的事。在佛教修持的"三学"中,最主要的是慧,戒与定都是获得慧的必要手段,而认识四谛、十二因缘这些基本教义是获得解脱的根本。所谓"四谛",即四条真理、真谛,分别是苦谛、集谛、灭谛、道谛。

　　我们先说明"苦谛"。佛教把人生的一切现象都认为是苦,生、老、病、死是苦,怨恨憎恶乃至相聚也是苦。原本想远离怨憎,反而使怨憎集聚,"对面相逢不相识",以至于如乌眼鸡一般,恨不得你吃了我,我吃了你。对亲爱者本想常聚,但"天下没有不散的宴席",以至于有情人未必成眷属,反而离别分散,天各一方。所有切切思得之物,求之而不得。故有"人生不如意之事,十之常八九"。凡此种种,无不是苦。人生就是在生死的不断更替中,在茫无涯涘的苦海中挣扎与轮回,这种生生传承的轮回就是蒙难的人生。在屈辱、贫困中度过一生的人面对衰老、疾病、死亡时,对人生的回顾无疑是艰涩的;而在海味山珍、锦衣玉食中终其一生的人，在面对死亡时恐怕更多的是对生命的留恋、对死的恐惧与无奈。这并非是一个"苦"字所能涵盖的。佛教对于造成人生苦难的自然原因和苦在人身体上的直接表现所进行的观察和描述是十分精细、十分客观冷静的。对"八苦"的分析，对自然所造成的人生苦难的叙述，不可谓不详尽。如讲老病之苦时说老者"头白齿落""身曲脚戾""肌缩皮缓"，俨然勾画出一位老翁弓腰挂杖、步履蹒跚、行将就木的垂老相。既有外表的描述，表现出体衰而行、气息奄奄的情态，还渲染了"老苦"的沉重感，把一个"苦"字赫然刻画在脸上。对于因疾病而带来的痛苦，则采用了具体叙述的方法，归纳为"九痛"，使"痛"这一概念，准确地落实到了人体的具体部位。在《分别圣谛经》中还连续列举了"十二病"，涉及人的身体各个器官，表述十分细致，罗列精详。"苦谛"说对于苦难的社会和人生无疑是否定的，只要还存在着苦难，"苦谛"说就不会消失。反映民生苦难，为民请命也成为中国文人心怀苍生、忧国忧民的情结，所谓"三日不书民疾苦，文章辜负苍生多"，并产生了以"苦"为识，指向幡然改异的文化心态，如"吃得苦中苦""苦尽甘来""苦其心志"以受任，"梅花香自苦寒来"等。

【经文】

尔时，世尊告普贤菩萨言：

"善哉，善哉。善男子，汝等乃能为诸菩萨及末世众生，修习菩萨如幻三昧①，方便渐次，令诸众生得离诸幻，汝令谛听，当为汝说。"时普贤菩萨奉教欢喜，及诸大众，默然而听。

"善男子，一切众生种种幻化，皆生如来圆觉妙心②，犹如空华从空而有，幻华虽灭，空性不坏③。众生幻心，还依幻灭。诸幻灭尽，觉心不动④。依幻说觉，亦名为幻。若说有觉，犹未离幻。说无觉者，亦复如是。是故幻灭，名为不动。

"善男子，一切菩萨及末世众生，应当远离一切幻化虚妄境界⑤，由坚执持远离心故⑥，心如幻者，亦复远离⑦。远离为幻，亦复远离⑧；离远离幻，亦复远离⑨。得无所离，即除诸幻⑩。

"譬如钻火，两木相因，火出木尽，灰飞烟灭。以幻修幻，亦复如是。诸幻虽尽，不入断灭⑪。

"善男子，知幻即离，不作方便；离幻即觉，亦无渐次。一切菩萨及末世众生，依此修行，如是乃能永离诸幻。"

尔时世尊，欲重宣此义，而说偈言：

> 普贤汝当知，一切诸众生，
> 无始幻无明。皆从诸如来，
> 圆觉心建立。犹如虚空华，
> 依空而有相。空华若复灭，
> 虚空本不动。幻从诸觉生，
> 幻灭觉圆满。觉心不动故。

若彼诸菩萨，及末世众生，
常应远离幻，诸幻悉皆离。
如木中生火，木尽火还灭。
觉则无渐次，方便亦如是。

【注释】

①如幻三昧：所谓如幻是指一切事物皆由因缘而生，并非实有，"万法如幻"。三昧，即定，正定即"四谛"学说中的"道谛"，是到达寂灭涅槃的途径和方法中的"八正道"之一，仅将"八正道"略述如次：正见，指端正信仰，始终不离四谛的真理；正志，又称正思维，即就四谛的真理进行思维分别；正语，即远离妄语、绮语、恶口、两舌等罪过；正业，即远离杀生、盗窃、邪淫等恶行；正命，即不追求过分的生活享受；正方便，又称正精进，指勤勉努力，止恶行善；正念，即端正意念，远离邪恶；正定，即排除杂念，专心禅定。除了在前述的四禅定外，还有四无色定的说法，这就是：空处定，又称空无边处定，就是排除一切世间现象的观念，专想无限之空间；识处定，又称识无边处定，即脱离了无边际的空想，专想识之无限；不用定，又称无所有处定，即脱离无限之识想而排除空与识之想。达到消除一切存在的境界；有想无想定，又称非想非非想处定，就是脱离前述之三想而达到彻底洞察一切的境界，亦即达到有想亦非有想的境界。在早期佛教中，关于禅定的修养，其中心是止与观。四禅偏重于观，而四无色定则偏重于止，而本文的圆满觉悟主述于离。止是相对静态的修养方

法，观是积极的修养方法，离则是完全超然的修行方法。

②圆觉妙心：指万法，一切事物，皆为虚幻，由缘而生，法及事物本无，一切在于心识，而心识本自如幻。妙心，无上觉悟之心。

③空性不坏：空性即真如，就是人无我、法亦无我，人与法皆依空而显实质，空本实质，不由人心识中的幻有或幻无而改变。

④觉心不动：觉悟的心性并不随心念中的幻有或幻无而有所波动、变动。

⑤虚妄境界：万法皆无，一切物质皆为幻，"色即是空，空即是色，受想行识，亦复如是。"现象界的形态都要脱离，是修行的第一步。

⑥由坚执持远离心故：由此发愿、坚持脱离心念中的"幻心"。

⑦心如幻者，亦复远离：进一步强调要离"幻心"。

⑧远离为幻，亦复远离：即连"远离"也要舍离，因有想处，就是幻，这是第三个步骤的修行。

⑨离远离幻，亦复远离：即所有的心念、幻念、离念全部休止，连修行也不存在了，这就是第四步骤。

⑩得无所离，即除诸幻：指无所谓幻与离的境地，无修亦无行，这就是圆满的清凉，这是全段所述的总结，也是分析幻有的第五个步骤。

⑪不入断灭：断灭，寂灭、无，不入断灭，既不中断也不寂灭于无。指如来修行的圆满，是一种无需言说的境界。

【白话】

这时受世人尊敬的释迦牟尼对普贤这位有成就的证悟者说：

"问得好，很好。有教养的男信徒，你们能为有成就的修行者以及未来世界的众生灵，求教修行本无的定念观止，认识逐渐深入的方法，使所有生灵能远离一切虚幻，你现在要仔细听，应当为你解说。"这时普贤这位证悟者，听佛要为他解说教义，十分欢喜，所有到会的人也都安静地听讲。

"有教养的男信徒，一切众生灵的各种幻化形态，都生自圆满觉悟的美妙心中，好似空中之花从虚空中产生。幻觉中的花朵虽然消逝，但空的本质不变。众生灵的幻念之心，还要随着觉悟而幻灭。各种虚幻灭除之后，觉悟之心并未改变。只是依据产生了幻念，才称为觉悟，这种觉悟也称之为虚幻。如果说有觉悟，那仍然没有脱离幻念。如果说没有觉悟，也同样未脱幻念，因此说幻灭，称为不动。

"有修养的男信徒，一切有成就的证悟者和未来的众生灵，应当远离一切虚妄幻念的境地，由此发愿要修行并远离幻心，这种心愿也是幻念，同样要远离。而远离之心也是幻，也要远离；脱离那远离之心也是幻，还是要脱离。直至本无所谓离的境界，才除去了各种虚幻。

"好比钻木取火，一根木头在另一块木头上用力旋转，两木摩擦生热产生出火来，火燃尽，木头化作烟尘。以觉悟的方法修行一切如幻，也是如此。各种虚幻虽然消失，但既不中断也不寂灭于无。

"有教养的男信徒，用觉悟来脱离幻念，无须用什么方法；脱离了幻念就是觉悟，也没有深浅、先后。一切证悟者及未来世界的人们，以此来修行，就能够永远脱离各种虚幻。"

这时世之尊者佛陀，又复述义理，用诗句归纳说：

> 普贤悟者你应知，
> 世间一切众生灵，
> 长久虚幻总迷惑。
> 终将追随彻悟者，
> 建立圆满觉醒心。
> 犹如虚幻空中花，
> 本无之中显形态。
> 空幻之花如消失，
> 清澄虚空并未动。
> 幻念皆由感觉生，
> 虚幻消亡觉悟成。
> 觉悟之心本寂静。
> 所有发愿修证者，
> 以及未来众生灵，
> 心识常应离虚幻，
> 幻念形态皆远离。
> 犹如钻木产生火，
> 木成灰烬火亦无。
> 觉悟本身无先后，
> 修行方法深浅无。

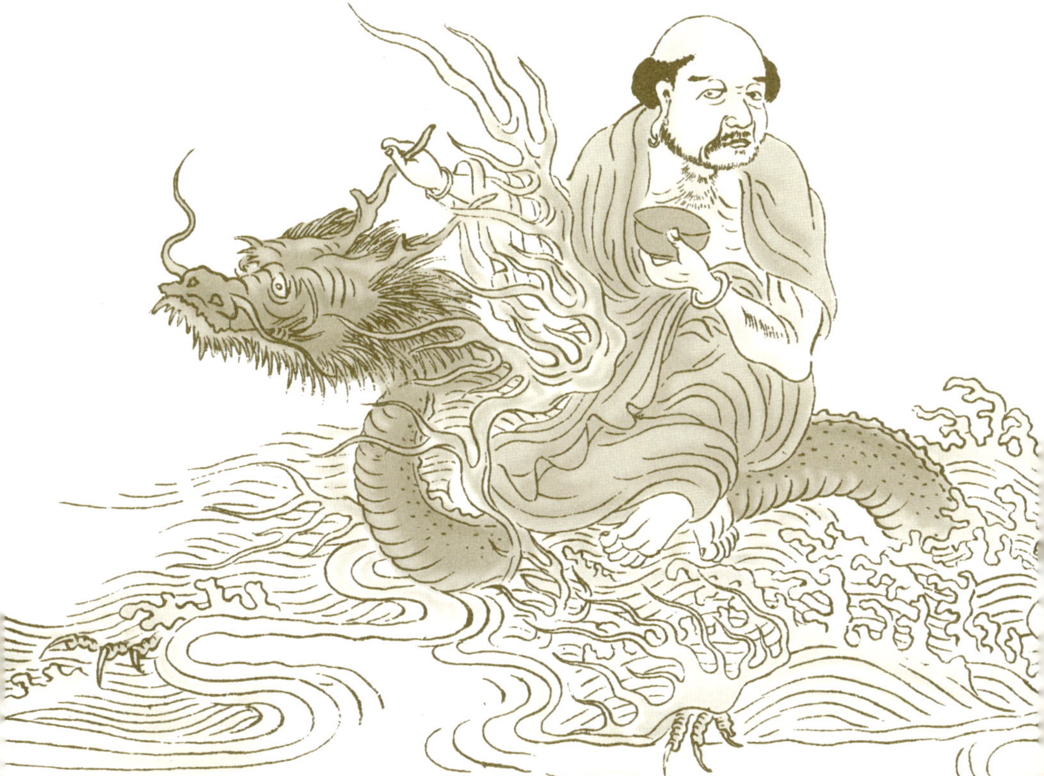

【说明】

　　本章论述了一切现象界，本身虚幻，实归于无，一切心识亦为虚幻，必须用觉悟（即智慧）加以认识，随幻随除，运用于心，"万法唯一心"。这种理论的基础，就是"四谛"学说，前面对"苦谛"略做介绍，这里再把"集谛""灭谛""道谛"进行浅析，以知大乘圆满觉悟之心的由来，并加以体味。

　　集谛，就是对世界一切现象形成原因的辨析。所谓一切现象皆依因缘而产生、消失，那么现象世界以及人生的一切痛苦又是怎样产生的呢？佛教把产生痛苦的原因归结为"欲"，并以组成人身体的"六界"（地界、水界、火界、风界、空界、识界），"五蕴"（色、受、想、行、识），"十二处"（眼、耳、鼻、舌、身、意六根所对应的色、声、香、味、触、法六境），这一系列的学说来分析爱（即欲）是一切痛苦和烦恼的原因。关于烦恼，在佛教的基本教义中，是从八个不同的角度做了十分精细的分析、分类，如第八个角度分析的烦恼为"百八烦恼"。一方面反映了人类认识过程中高度的智慧和理性，另一方面佛门义理在大乘佛教之初就表现出经院哲学的雏形。欲望产生的原因是无明，是对自己的身心皆由因缘而生，一切如空中之花，皆为虚幻的不理解，只有消灭、远离于无明，觉悟一切源于心中之妄，才能消灭一切烦恼。由此，就推出了"灭谛"，就是幻灭的真理。

灭谛，其本质是指消灭欲望、无明，从而脱离产生痛苦的原因，达到绝对寂静的涅槃境地，即本经所说的"不动"境界。以辩证的万物皆流来论证万物皆苦皆灭，这种思想的核心是"灭"，没有更新和发展的概念。这一点也是不应忽视的。所谓忧患、烦恼不在于外界，而在于要通过止观，觉悟于本自清净的内心。佛教到大乘时期，把心性、幻灭学说推向了极为精密的阶段，为人类理念、思辨的贡献是十分巨大的。本自空幻的义理在文化意义上也不可低估。那种反省自心，反观自身的种种妄想不实的思维方法，在纷扰和物质至上的世界中，对于教化、培养健全的人格独有其特殊的意蕴。诸如"青山不老，为雪白头；绿水无忧，因风皱面"。使人反观人心本净，因欲而生忧，而烦恼不除，人何以安？这就有"无欲则刚""心无妄念天地宽"的有益格言，并永存世间。

道谛，是超脱"苦""集"的世间因果关系，达到涅槃的理论和方法。以上二章侧重于理论的探究，下面就修行的方法进行了讨论。

第三章　普眼菩萨

【题解】

文殊与普贤两位证悟者从智慧、理趣两个方面分别进行了求索,而佛陀的解答把大乘佛教的心识学说、幻空义理都展现出来,颇难于理解。其原因在于,从一立意就定位在真如、佛性、圆满智慧、觉悟清净、空幻本无、不著有无等学说上,使人难以分辨,更不易把握。因此不能不对佛门基本教义有所涉猎,否则虽言及幻虚境界,但实如雾里观花。本章就由上而下,具体讲述了佛教修行的内容和方法,显得细密、精致,从四大、十二处、十八界、二十五有、十力、四无所畏、四无碍智、佛十八不共法、三十七助道品,到八万四千修法,真所谓铺天盖地,滚滚而来。但我们在初步辨析了"四谛"学说之后,再进一步了解上述问题,也就难中见易、繁中知简了。

【经文】

于是普眼菩萨,在大众中,即从座起,顶礼佛足,右绕三匝,长跪叉手而白佛言:"大悲世尊,愿为此会诸菩萨众,及为末世一切众生,演说菩萨修行渐次,云何思惟①？云何住持？众生未悟②，作何方便，普令开悟？世尊，若彼众生，无正方便及正思惟③，闻佛如来说此三昧，心生迷闷，即于圆觉不能悟入，愿兴慈悲，为我等辈及末世众生，假说方便④。"作是语已，五体投地，如是三请，终而复始。

尔时，世尊告普眼菩萨："善哉，善哉。善男子，汝等乃能为诸菩萨及末世众生，问于如来修行渐次思惟住持，乃至假说种种方便，汝今谛听，当为汝说。"时普眼菩萨奉教欢喜，及诸大众，默然而听。

【注释】

①思惟：指区别思想中的对象、事物。对于定心念于无之前，一心之思想，称之为思惟。

②众生未悟：指众生并未认识佛教的义理。悟，指觉之意。对迷而称，即从迷途幻梦中清醒，与觉悟同义。

③正思惟：佛教八正道之一，又作正思、正志，指对"四谛"的正确认识。

④假说：假，佛教名词，指借助。借助常理、比喻等阐发义理。

【白话】

于是代表遍观世俗的普眼这位证悟者，在信徒中间从座位上起来，五体投地俯伏在佛陀脚下叩首后，从右边环绕三周，跪着将两手合掌于胸前对释迦牟尼说："大慈大悲受世人尊敬的佛祖，期望您为参加听讲的有成就的证悟者，以及未来世界一切众生灵，演讲解说发愿证悟者如何由浅至深地修行，什么是思维？怎样安住和持有不动？人们不能领悟佛理，用什么方法使他们普遍醒悟？世人之尊，倘若人们没有正确的方法以及正确的认识，即使听说了圆满觉悟的境界也不能使他们领悟。愿您大兴慈悲之心，为我们以及未来世界的众生灵说明一种方法。"问了这些话后，又五体投地，反复三次，恭请佛陀解答。

这时，世之尊者佛陀对普眼这位证悟者说："很好，好得很。有教化修养的男信徒，你们能为诸多证悟的人以及未来世界的众生灵，请教关于礼佛的修行，如何渐渐地使思维守持住，乃至于说明各种不同的方法，你们现在要认真听，应当为你们解说。"这时普眼这位有成就的证悟者，听到佛陀要为他讲解教义，十分欢喜，所有到会的人都安静地聆听。

【说明】

如果在论及佛教时，仅以一个"空"字了结，那么就会失之于天真。在超脱这个现象世界的同时，往往又是以对人生与社会的深刻认识作为其理论的出发点。如果说，前两章的内容集中在圆满的觉悟，以及对万法（即万物）的幻念的扬弃上，这一章就是对各种法门（即修行方法）的介绍。应当看到每一种方法都对应着一种现实世界的形态和表现，因此佛教在传播过程中，是以出世观而入于世的。在理论上的极力追究，可以引起人们无穷的思考；凭借各种方式来教

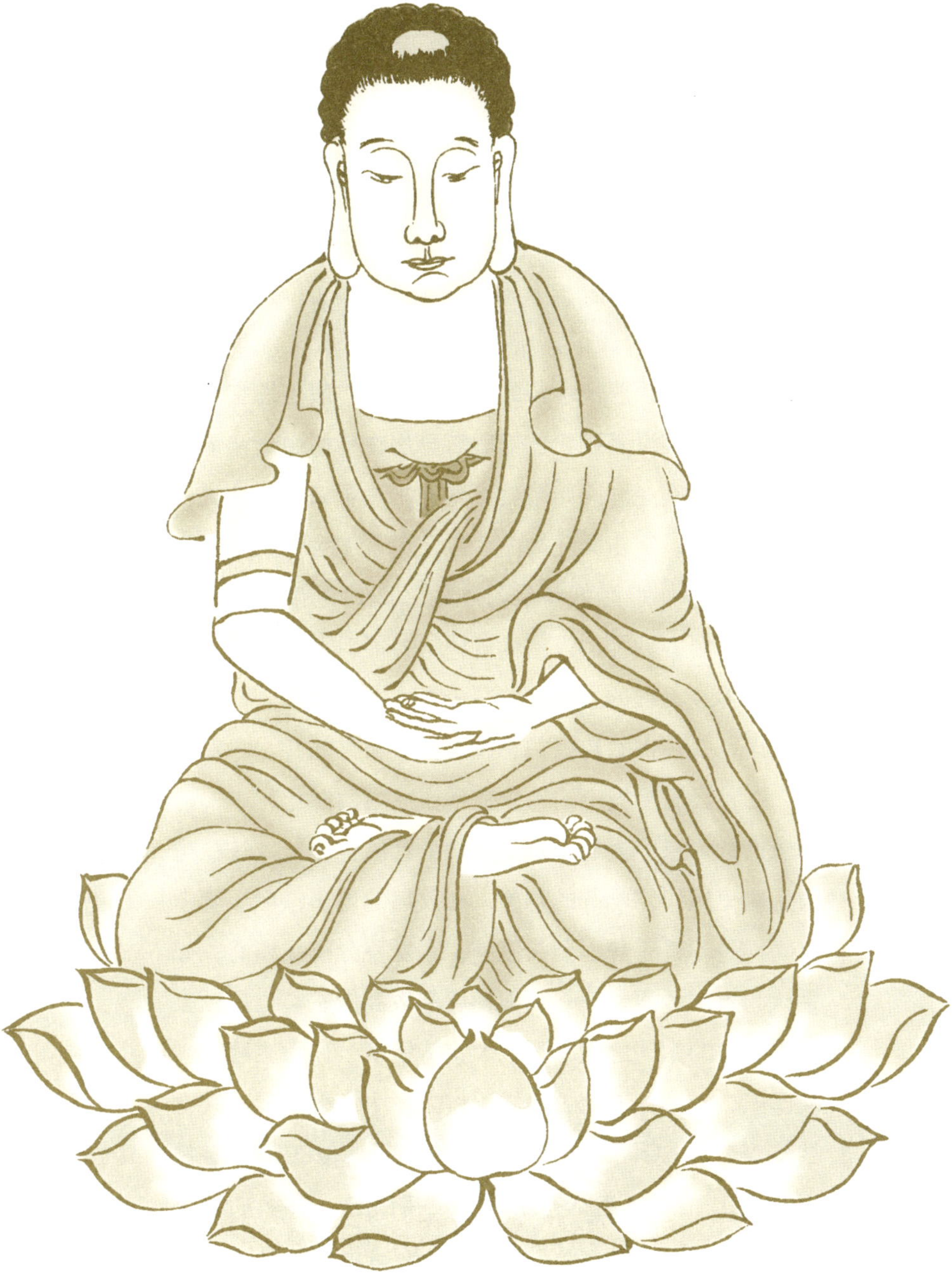

化人们，并指出人皆可成佛，这无疑是吸引信众的号召。哪怕只会一声声佛号，只要真诚，也可到西方净土世界。这是中国佛教中俗谛与真谛、义理与教化修持实践的结合。

有人也许会讲，佛教在现实生活中是消极避世、遁迹山林、与世无涉、与人无争，那么我们可以说，这是一种幼稚肤浅的认识。所谓"人争一口气，佛争一炉香"绝非妄言。脱离世俗的烦恼，宣扬"般若性空"是大乘佛教的理论基础。作为般若思想在传播中影响最大的经典《金刚经》的结尾处，释迦牟尼苦口婆心地说："如果有人以宇宙间无数的珍宝，用来施舍于人所得到的福分也不如那些能够学习本经，即使只接受了四句话，但只要心领神会，阅读背诵，并能对别人进行讲演解说、传授义理的人所得的福分多。"其抓住人们祈福的心理，关注佛教传播的思想是显而易见的。

在我国流传极广的佛教文学作品《西游记》中，对于唐僧的形象，人们会感到呆板、迂腐、无能，往往是被妖魔鬼怪们"吃"的对象，在改编的电影、电视剧中也同样是不善言辞、傻头傻脑、人妖不分的呆和尚。如果认为唐僧的原型——我国初唐佛教高僧玄奘也是一位不善言辞的木讷之人，那就大错特错了。作为旅行家、翻译家，玄奘是前无古人的；作为一个佛教学者，其博学雄辩，在中印诸国享有极高的声望。他在印度游学十七载，在佛学首府那烂陀寺主持讲经，在参加者数千、听讲者五万的各教派"无遮"辩论大会上,十八天无人诘难,名震五竺。印度君主戒日王依惯例,请胜利者玄奘骑白象绕场一周,并当场授予他"大乘天"这一印度最高的荣誉称号。他"孤行大漠,程计五万",回长安时,人们"罢市"出迎。李世民在与玄奘交谈后称他"词论典雅""非唯不愧古人,亦乃出之更远"。由此可见,在佛教发展史上,中印佛学界对于辩才要求之高,绝非等闲。至于中国历代佛学高僧在讲经说法时的"机锋""慧巧"更是不胜枚举。

【经文】

"善男子,彼新学菩萨及末世众生①,欲求如来净圆觉心,应当正念远离诸幻②。先依如来奢摩他行③,坚持禁戒,安处徒众,宴坐静室④。恒作是念⑤,我今此身,四大和合⑥,所谓发、毛、爪、齿、皮、肉、筋、骨、髓、脑、垢、色⑦,皆归于地;唾、涕、脓、血、津、液、涎、沫、痰、泪、精、气、大小便利⑧,皆归于水;暖气归火;动转归风。四大各离,今者妄身⑨,当在何处?即知此身,毕竟无体,和合为相,实同幻化。四缘假合⑩,妄有六根⑪。六根四大,中外合成。妄有缘气于中积聚,似有缘相,假名为心。

"善男子,此虚妄心若无六尘⑫,则不能有,四大分解,无尘可得。于中缘尘各归散灭,毕竟无有缘心可见。

"善男子,彼之众生,幻身灭故,幻心亦灭;幻心灭

043

故，幻尘亦灭⑬；幻尘灭故，幻灭亦灭；幻灭灭故，非幻不灭。譬如磨镜，垢尽明现。

"善男子，当知身心，皆为幻垢，垢相永灭，十方清净。

"善男子，譬如清净摩尼宝珠⑭，映于五色⑮，随方各现。诸愚痴者，见诸摩尼，实有五色。

"善男子，圆觉净性，现于身心，随类各应。彼愚痴者，说净圆觉，实有如是。身心自相，亦复如是。由此不能远于幻化。是故我说，身心幻垢，对离幻垢，说名菩萨。垢尽对除，即无对垢及说名者。

【注释】

①新学菩萨：指刚发愿证悟无上智慧的修行者，意指产生了大悲悯之心的人，即觉者。觉悟之心由自觉，走向觉他，以度脱人们于苦海为己任。

②正念：前述"八正道"之一。佛教指保持正确的认识。

③奢摩他：梵文音译，译为"止寂""禅定""止"，是指对所观察的对象和一切事物，都能够"住心于内"专心致志，不受外界影响。作为一切修行方法，往往概括为"止观"，中国佛教中的天台宗就有"止观双修"的要求。观，意为"智慧"，把禅定与智慧结合，就谓之"止观"。观，也指观察，是止的基础。中国佛教中的禅宗认为："禅定"是"慧之体"，"智慧"即观是"定之用"，二者之间是"体用"结合的关系。

④宴坐静室：宴坐，自在安坐。静室，佛教比喻。对禅定而喻。《智度论》卷十七有："常乐涅槃，从实智慧生。实智慧从

一心禅定生，比如然灯，灯难能照，在大风中不能作用。若置之密室。其用则全。散心中智慧亦如是。若无禅定静室，虽有智慧，其用不全，得禅定则实智慧生。"可见静室是指因禅定而得智慧。此外，静室，亦指"远离处""寂静处"，意指安坐于寂静处，以修止观。

⑤恒作是念：恒，指恒常之义，全句指持久经常地这样心想。

⑥四大和合：指地、水、火、风四大的合成与聚集。

⑦色：梵文有"作形"的意思，具有形状的含义。此外还有"坏"，意指可变、可坏之物。总之，凡具有形体而又有产生、变化的一切物质现象，皆称之为色。在佛教术语中不同情况含义有别，大致上有：一、颜色。二、颜色和形状，即眼睛可见到的具有色彩和形体的客观物质存在，亦为眼根的对象，为六境之一，又称色尘，意指肉眼可见之物。三、形状，物体的形状、形态，如液态、固态、气态。四、物质，一般物质现象，构成了世界的一切物质，与色蕴义同。五、心之对象。六、五位之一的色法，五蕴之一的色蕴。七、有形之物。八、佛身在众生心中映现的种种形象。九、色界，由清净物质构成的世界。此外，还有肉体、形骸、容貌、面色、情态、色欲、执着等不同用法。本文指身体的有形之物。

⑧大小便利：指排泄的大小便。

⑨妄身：虚妄不实的身体。佛教认为人的身体由因缘和四大集聚而成，无时不在变化，此时非彼时。如果认为有一个实际的身体的"我"，那就是妄念中不实之我。

⑩四缘假合：由四大，地、水、火、风的暂时的并且在不断

变化的组合，因此是假有，故称之为、权且叫作构成。

⑪六根：佛教名词，被视为"心所依者"，又称"六情"，指眼、耳、鼻、舌、身、意。这中间前五根是身体器官，而第六根是"意识"。"根"指能生之意，如眼根对于色境而生眼识，意根对于法境而生意识。

⑫六尘：佛教名词，色、声、香、味、触、法之六境，即上述六根所感觉认识的六种境界。这六种境界在佛教看来像尘土一样能污染人的情感意识，因此称"六尘"；同时也能引人迷妄，所以又叫"六妄"；又会"令善衰灭"，故又叫"六衰"；还会劫掠一切诸善法之资财，故也叫"六贼"。

⑬幻尘：佛教认为六尘的意境，均为不实的"假有"，故称。

⑭摩尼宝珠：珠宝的总称。"摩尼"梵语意为"如意"，因此又有如意玉珠的称谓，指随意而为，有求必应。

⑮五色：为青、黄、赤、白、黑，又叫五大色。

【白话】

"有教养的男信徒，你们这些刚立志证悟的人以及未来世界的众生灵，要求证得真实清净圆满觉悟的心，就应当保持正确的认识远离各种妄想的幻念。先修行真实的禅定智慧，坚持严守佛门戒律，安详地与众信徒相处，安心打坐在寂静的场所，以修禅定智慧。长久地在心中想着，我现在的身体，是由地、水、火、风四大元素构成的，被称为头发、体毛、指甲、牙齿、皮肤、肌肉、韧带、骨架、骨髓、脑袋、垢污、手足等，都可以归于地所组成；唾液、鼻涕、脓液、血液、津液、汗液、涎水、口沫、痰、泪水、精液、呼吸的湿气、屎尿等，都归属于水；体温归属于火；行动与出息入息归属于风。地、水、火、风各有区别，现在看自己的身体，应当是在哪一处呢？从而认识组成的身体，并没有真实的整体，由各个元素构成为身的形态，在实际上与虚幻的事物等同。只是凭借地、水、火、风的组合，虚妄地形成了眼、耳、鼻、舌、身、意。眼、耳、鼻、舌、身与地、水、火、风内外组合构成身体。在虚妄的身体中由于有气作为因缘在体内集聚与运行，好似有一个物体在运作，可以权且把它称之为心。

"有教养的男信徒，这本质虚无妄有的心如果没有色、声、香、味、触、法的作用，就不能存在，把地、水、火、风分开化解，也就无身体和感觉了，于是由因缘结合的身体与感觉都消散幻灭，终究没有可称为作用于人的心可以存在。

"有教养的男信徒，你们众生，在虚幻的身体消灭以后，虚幻的心也消失；由于虚幻的心消失了，虚幻的感觉也就消失了；由于虚幻的感觉没有了，所说的虚幻消失也就不存在了。因为虚幻消失了都不存在了，那么真实的心性，本自于无，不存在消失。好比磨去铜镜上的脏东西，除净污垢后明亮可见。

"有教养的男信徒，应当知道身体、意识，都好比是幻念污垢，把污垢般的身心形态永远灭除后，才能随处表现出清净来。

"有教养的男信徒，好比清净的如意宝珠，照亮了青、黄、赤、白、黑各种色彩，放到哪里都能呈现出光彩。那些愚昧的人，看见宝珠照亮了各种颜色的背景，就认为如意宝珠本身有青、黄、赤、白、黑五种色彩。

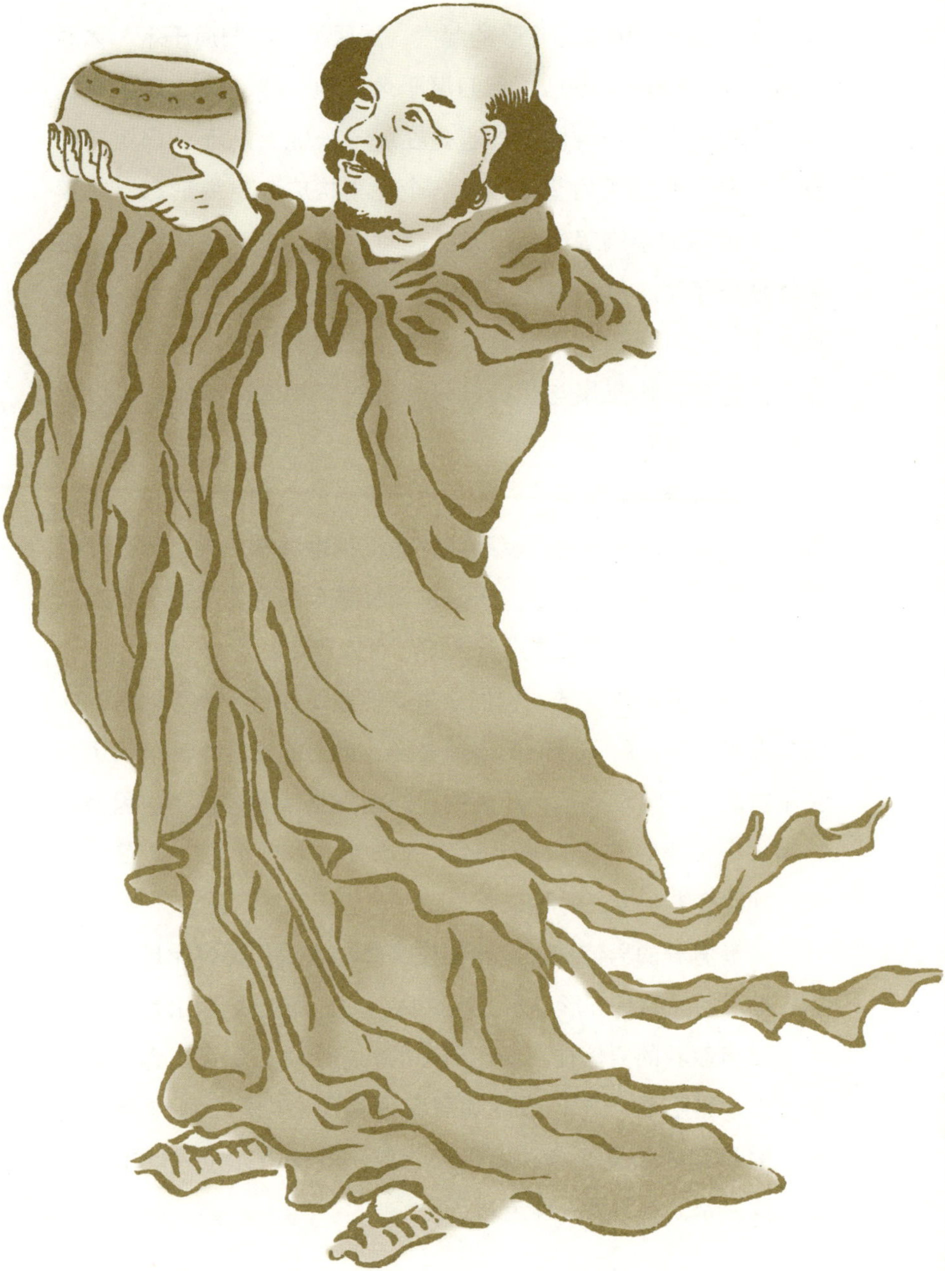

"有教养的男信徒,圆满觉悟清净的自性,呈现在人的身体与意念中,随着不同的形态表现出来。那些愚昧的人说,清净圆满觉悟,是真实具有的。身体与意识的自我形态,也是真实存在。由于有了这种认识就不能远离幻有与虚妄。因此我说,身体、意识是虚幻污垢,能面对虚幻污垢而远离,就可以称为有成就的证悟者。把尘垢消除了,也就无所谓针对污垢以及什么称谓了。

【说明】

这一节文字反映的是佛教对于人这一认识主体的基本看法,是认识论的阐发。佛教认为,对于外界包括自身的一切现象与形态都应保持清醒的认识,这就是"正经"。要确立起坚定的"万法皆空"的信念,一切都是人们意识的虚幻罢了。要树立这种认识,其方法就是要通过禅定智慧来辨析。要能悟出现象界、自身都不是本来实有的,是人心的妄念。要能够静坐于一室,止定观照,看得透自身都是由各种因缘的组合而构成,只是一个在不断变化的短暂现象,一死方知万事皆化空。来时了无一物,去时一物了无。身心不过是由四大元素地、水、火、风聚合而成,具有了眼、耳、鼻、舌、身、意六种根识,并由根识产生相对应的境地,即色境、声境、香境、味境、触境、法境,称为六境。人们往往对于由六根认知的六境幻以为真实、本质,从而六境又称为"六尘"意指六种迷惑。如果能认识到六境出于六根,六根源于由四大合成后的身心，心实无存，归于妄，那么最终一切为无。所以佛教常讲明心见性，要"观心无常"，正所谓"心如平原走马，易放难收。"人对主观世界和客观世界的认识皆归结于心。

应当指出，关于"四大"地、水、火、风的学说，并非佛教的独创，在印度古代的哲学思想中早就有关于"五大"的论述，这就是地、水、火、风、空。佛教沿用了传统的四大物质说，加以改造。在六根中，眼、耳、鼻、舌、身的肉体，是由物质（即四大）构成，而意是精神因素，是一种在本经中"似有"的由缘气积聚的形态。从这里我们不难看到，佛教对于身体、物质与精神、意识的认识是完整而细致的，具有唯物的内核，充满辩证因素。它与佛教的人生论和对世界的看法联系在一起，认为世界是客观的，依因缘而生，并通过眼、耳、鼻、舌、身意至色、声、香、味、触、法，形成心识，亦即从各种感官到意识，反映到人的主观世界中。这其中包括心理的机制，进而通过"止观"，即禅定智慧，通过主观的意识俯视透析客观世界，完成对主体、客体的"反观内照""如实观察"，从而认识客观世界的无常、主观世界的无我，达到彻悟人生的境界。这种境界不仅否定了历史上的婆罗门神权，连人的意识和存在都一同否定了，即"幻身灭故，幻心亦灭"，从而否定了整个世界。这种境界从认识上讲是唯心的，从社会发展看，对于动荡的社会、冷漠惨淡的人生，又何尝不是持有一种冷眼相看的否定呢？人类不就是在由一个否定上升到另一个否定的过程中，不断发展和完善的吗？或许正是佛教义理中具有的这种否定的态度，在千百年的流传中逐渐得到了人们普遍的认同。

【经文】

"善男子，此菩萨及末世众生，证得诸幻①，灭影像故②。尔时便得无方清净。无边虚空，觉所显发③。觉圆明故，显心清净。心清净故，见尘清净；见清净故，眼根清净；根清净故，眼识清净；识清净故，闻尘清净；闻清净故，耳根清净；根清净故，耳识清净；识清净故，觉尘清净。如是乃至，鼻、舌、身、意，亦复如是。

"善男子，根清净故，色尘清净，色清净故，声尘清净④，香味触法⑤，亦复如是。

"善男子，六尘清净故，地大清净；地清净故，水大清净；火大风大，亦复如是。

"善男子，四大清净故，十二处⑥、十八界⑦、二十五有清净⑧。彼清净故，十力⑨、四无所畏⑩、四无碍智⑪、佛十八不共法⑫、三十七助道品清净⑬。如是乃至八万四千陀罗尼门一切清净⑭。

"善男子，一切实相性清净故⑮，一身清净；一身清净故，多身清净；多身清净故，如是乃至十方众生圆觉清净。

【注释】

①证得：《俱舍论》中有"如实觉知四圣谛，故名为证。"证得，指以正确的智慧如实证悟真理。

②影像：指物体遮挡光线而产生的形态，形态虽然可以分辨，但体物为空。因此比喻诸法无自性。本处指由妄念在心中产生的各种形态，犹如随身之影、镜中之像，实为空幻。

③显发：显要地表现、呈现出来。

④声：本处指声音，耳的对象。六境之一。

⑤香味触法：香，鼻的对象，本处的香味触法均为六境之一。香还有以下几种含义：一、香，从香木或香木皮中提取的香料，以之涂身或在室内烧香，以除异味。佛教在对佛的十种供养中就有香、抹香、涂香、烧香四处。二、根据用途分为涂香、烧香两类。涂香中分香水、香油、香药；烧香中分丸香、抹香、散香、线香等。密教中由于修法种类的不同，在用香上也有区别。有时也把法的功德譬作香，称为戒香、闻香、施香等。又称佛殿为香室、香殿等。味，舌之对象，指味道，佛教认为有六味，即甜、酸、咸、辛、苦、涩。触，身的对象。指可触物或感触、接触，有七种，即粗、滑、重、轻、冷、饥、渴。法，本处指意之对象。本经中一般指事物、存在、对象，即现实世界和佛教所想象的彼岸世界存在的一切现象。对此，佛教各派说法有别，具有代表性的有小乘说一切有部所认为的五位七十五法和大乘瑜伽行派所说的五位百法，以及大小乘都承认的三科分类法，即把一切诸法分为五蕴、十二处、十八界。

⑥十二处：指六根眼、耳、鼻、舌、身、意与对应的六境

色、声、香、味、触、法，合为十二处，与心与心所产生的地方。《俱舍论》称："心、心所法生长门义是处义，训释词者，谓能生长心心所法，故名为处。"

⑦十八界：是佛教以对人的观察为中心，对客观世界的现象界进行的分类。指能产生认识作用的"六根"，作为"六根"对象的"六境"，以及由此产生的"六识"即眼识、耳识、鼻识、舌识、身识、意识，共十八界。界意指分别，十八种自性各有不同，故称十八界。

⑧二十五有：佛教把所指的世俗往来的世界分为"三界"。分别指欲界、色界、无色界。欲界，是处在生死轮回之中，有淫欲、食欲的有情众生所在的地方。共十四有，分别指四恶趣：地狱、饿鬼、畜生、修罗四种去处；四洲：东胜神洲、西牛货洲、南赡部洲、北俱庐洲；六欲天：欲界有六重天，四大王天、忉利天（此天又称三十三天，以帝释天为中央，四方各有八天）、夜摩天、兜率天、乐变化天、他化自在天。色界，为有形的物质界，在欲界之上，离淫食二欲，美好精妙。按照禅定深浅分为四个等级（即四禅天），共七有：初禅天、大梵天、二禅天、三禅天、四禅天及净居天和无想天。无色界，唯以心识住在深妙的禅定之中。在色界之上，有四天，又称四空边、四有，即空无边处、识无边处、无所有处、非想非非想处。三界中欲界十四有，加上色界七有，以及无色界四有，共计二十五有，故称。

⑨十力：佛教名词，指佛陀具有的十种智力。一、知觉处非处智力，处指道理，即知道有理与无理的智力。二、知三世业报智力，即知道人们三世因果报应。三、知诸禅解脱三昧智力，知

禅定、解脱、止观的智慧。四、知诸根胜劣智力，即知慧根等的差别。区分能力、作用的智力。五、知种种解智力，如实认识人们理解能力的智力。六、知种种界智力，知道人们素质和如实认识不同境界的智力。七、知一切至所道智力，知人间、天上以及到涅槃等因果的智力。八、知天眼无碍智力，以天眼普遍认知人们生与死以及善恶报应的智力。九、知宿命无漏智力，知人们宿命以及无漏涅槃的智力。十、知永断习气智力，于一切妄惑习气永远断绝、不生，都如实了知的智力。

⑩四无所畏：指传教说法无所畏惧。有佛四无畏和菩萨四无畏。佛四无所畏是：一、正等觉无所畏，是已成佛的信念。二、漏尽无所畏，具有断一切烦恼的自信。三、说障法无畏，指对已说明障碍修道的"愚阇法"的自信。四、说出道无畏，指对已脱离苦难的自信。菩萨四无所畏是：一、能持无所畏，是对能诵记解说佛法的自信。二、知根无所畏，即对认识人们根机深浅并相应说法的自信。三、决疑无所畏，是对解决人们疑问的自信。四、答报无所畏，指圆满解答信众问题的自信。

⑪四无碍智：一、法无碍，于教法无滞，一切诸法、名句皆能解说。二、义无碍，对佛法义理都能解释。三、辞无碍，各种语言都能通达自在。四、乐说无碍，又称辩无碍，答对应辩，因人而异，解说教化无碍。

⑫佛十八不共法：佛陀独具的十八种功德，不同于二乘菩萨，因此称不共法。一、身无失，佛历度久远以来用戒定慧慈悲以修身，功德圆满，一切烦恼皆尽除，称之为身无失。二、口无失，指佛陀有无量智慧、辩才，所说之法，随听众之机宜而使皆

得证悟。三、念无失,即禅定甚深,心不散乱,诸法之中,心无所著,是最无上的安稳。四、无异想,普度众生,一切平等。五、无不定心,即总不离于定观。六、无不知已舍,没有知道的法不告之于信众。七、欲无减,佛陀具众善,常欲度脱众生于苦海至彼岸,心无厌足。八、精进无减,为众生,不知疲倦。九、念无减,过去、现在、未来三世诸佛之法,一切智慧,相应满足,没有退转。十、慧无减,有一切智慧,不可估量。十一、解脱无减,远离一切执着,一切烦恼尽除。十二、解脱知见无减,一切解脱中,知见明了,分别无碍。十三、切身业随智慧行,显现出各种形态,有引导众生的智慧,使人们对佛法觉悟、修证。十四、一切口业随智慧行,以微妙清净之语,随智而转,引导利益一切众生。十五、一切意业随智慧行,以清净意业随智转入众生,为其说法,除惑。十六、智慧知过去世无碍,知过去的一切,遍知无碍。十七、智慧知未来世无碍,遍知未来一切。十八、智慧知现在世无碍,遍知现在的一切。

⑬三十七助道品:指三十七种帮助修行,通达涅槃的修证内容。四念处:身念处、受念处、心念处、法念处,亦称四念住。四正勤:对已生之恶使除断为勤精进;对未生之恶使其不生为勤精进;对未生之善使之生为勤精进;对已生之善为使其增长为勤精进。亦称四正断。四如意足:欲如意足、念如意足、精进如意足、思惟如意足,亦称四神足。五根:信根、精进根、念根、定根、慧根。五力:信力、精进力、念力、定力、慧力。七觉支,原指觉察心术偏正的方法,因方法有别,故称之为支,此处的七觉支,指七种觉悟法。即择法觉支、精

进觉支、喜觉支、轻安觉支、念觉支、定觉支、行舍觉支,又称七菩提分。八正道,参见前述,为正见、正思惟、正语、正业、正命、正精进、正念、正定。以上四念处、四正勤、四如意足、五根、五力、七觉支、八正道,共计三十七种内容。

⑭八万四千陀罗尼门:烦恼妄念极多,称为八万四千,依此相应有八万四千个方法总括,使之持住清净,破除烦恼。陀罗尼,意为持,有使恶法不起,善法不失之力。

⑮实相:与无相、法性、性空、真知、涅槃等意义相通。佛教认为一切现象皆为幻有的"假相",只有去妄存真,才能显现诸法的真实形态,故称。

【白话】

"有教养的男信徒,这些有成就的证悟者以及未来世界的人们,经过修行证悟知一切形态如幻,并除灭了如身影镜中像的妄念。这时就得到了无处不在的清净境地。无边的虚空,在觉悟后就会明显呈现。由于觉悟圆满和澄明,显示出心境的清澄明净。由于心境的清澄明净,见到的物质形态也清澄明净;由于所见的清澄明净,产生视觉的眼也清澄明净;由于产生视觉的清澄明净,眼反映的事物也清澄明净;由于反映的东西清澄明净,闻听事物也清澄明净;听到的东西清澄明净,产生听力的耳也清澄明净;因为所听清澄明净,耳反映的事物也清澄明净;由于反映的事物清澄明净,一切听到的事物也清澄明净。这样乃至于鼻、舌、身、意,产生的、反映的、认识的一切事物,也同样都清澄明净。

"有教养的男信徒，产生感觉的东西清澄明净，那么反映的事物也清澄明净，由于事物清澄明净，听到的事物也清澄明净，以至于闻到的、尝到的、接触到的、认识到的一切事物，也都是清澄明净的。

"有教养的男信徒，由于反映感受事物的色、声、香、味、触、法清澄明净，构成人体的四大元素之一，地清澄明净；地清澄明净，水也清澄明净，火与风，也同样都清澄明净。

"有教养的男信徒，由于组成人体的四大物质地水、火、风清澄明净，产生感觉的眼、耳、鼻、舌、身、意，感觉到的色、声、香、味、触、法，这十二处，以及在十二处的基础上加上由眼耳鼻舌身意产生的六种认识，即十八界，还有欲界的十四有，色界的七有，无色界的四有，共二十五有都是清澄明净的。由于上述都是清澄明净的缘故，"十力""四无畏""四无碍"、佛陀的"十八不共法"、修行的各种方法"三十七助道品"也都是清澄明净的，同样乃至于除灭八万四千烦恼的方法全部都是清澄明净的。

"有教养的男信徒，一切真实的形态本身是清澄明净的，所以一个人的自身也清澄明净；一个人自身清澄明净了，许多人的自身也就会清澄明净了；许多人的自身清澄明净了，那么乃至于一切地方的所有的人都会圆满觉悟、清澄明净。

【说明】

　　读完本节文字的人，对于大乘佛学缘起性空的义理，应当有了一个大体上的认识。但是如果简单地认为一切是空，不过了了罢了，那么，通过上述的义理，耐心地读下去，从"十二处"到"十八界"，就会发现，这是唯物的反映学说，从产生作用的物质形态"六根"到反映或感觉物质的"六尘"或"六境"乃至于进一步到理解、认识事物的"六识"，是以物质世界为基础的，将客观世界与主观世界结合为一体。佛教哲学的博大、细密、严谨在本节的讨论中可以初见端倪。何以这样做结论呢？

其立论是广博而宏大的，从缘起性空，一切本自于幻，是虚而不实的"空"开始，就展现出辽阔的理论空间。所谓海阔凭鱼跃，天高任鸟飞。房子大了、空了，才好往里面放东西；一张白纸，好画图。佛理之博不仅在"空"，同样广博在"有"，所谓谈"空"不碍论"有"。不仅是"有"而且有得"邪乎"，看一看佛教对世界的描述，可谓百态纷呈，多彩多姿。把世界分成三大境界，其本身就是创造，用人类有限的生命去联想无限的世界，不仅需要智慧，其胆识也是非凡的。因为这种联想必须是同它的基本教义吻合的，又必须具有内在的逻辑联系，否则就是零散、杂乱的，经不起世人的诘难和推敲。其欲界世界的构想十分严密。仅欲界的天的概念就极为有趣，把天设想为六重天，各有不同，天外天的构想使人神思无限，同时在天内尚有天，如忉利天中，以帝释天为中，四方各有八天，可谓别有洞天。把现实中的人，如何跟构想中的天国、人间、鬼道、地狱、畜生联系起来呢？佛教把人与其一生的所作所为结合在一起，这就构成了环环相因的因果关系，在这种因果关系中可以涵盖一个人一生的言行，乃至于一投足、一起念，都会有所验证，这对于人的教化和感召作用是难以估量的。那些根据因果轮回学说创造的大量的佛教故事和传说，也早已广泛流传。如果收集整理一下，又何尝不是皇皇巨著呢？更重要的是这种义理学说已经深深根植在民族的文化心态之中，获得了一切善良人们的广泛赞同。所谓"善有善报，恶有恶报""积善之家必有余庆""善不积不足以成名""愿好人一生平安"，不仅有来世报，还有现世果报，这种认识积淀在人与人交往的关系准则中，起着净化人的心灵、规范人的道德观念的作用，在当今世界多元文化冲撞、并存的环境中，将永远保持着它独特的东方气息。这使我们想起一句古老的格言："光明来自东方。"古老东方思想文化的光辉映耀千秋，会与人类相伴共存。

【经文】

"善男子，一世界清净故①，多世界清净；多世界清净故，如是乃至尽于虚空，圆裹三世②，一切平等，清净不动。

"善男子，虚空如是平等不动，当知觉性平等不动；四大不动故，当知觉性平等不动；如是乃至八万四千陀罗尼门平等不动，当知觉性平等不动。

"善男子，觉性遍满，清净不动。圆无际故，当知六根遍满法界③；根遍满故，当知六尘遍满法界；尘遍满故，当知四大遍满法界；如是乃至陀罗尼门遍满法界。

"善男子，由彼妙觉性遍满故④，根性尘性，无坏无杂。根尘无坏敌，如是乃至陀罗尼门无坏无杂。如百千灯，光照一室，其光遍满，无坏无杂。

【注释】

①一世界：根据古代印度人的世界观来看，他们把整个宇宙称作三千大千世界。人类所居住的世界，称为一世界、一小世界，它以须弥山为中心，周围有四大洲，其周又有九山八海。它所包括的范围，上至白色界的初禅天，下至地下的风轮，其中有日、月、须弥天、四天下、四天王、三十三天、夜摩天、兜率天、乐变化天、他化自在天、梵世天。集一千个这样的小世界称为一小千世界，集一千个小千世界称为一中千世界，再集一千个中千世界称为一大千世界。因大千世界包含大、中、小三种"千世界"，故称三千大千世界。佛教沿用此说，并认为一大千世界为一佛教化的范围，亦称一佛国。

②圆裹：圆，周遍。圆裹，圆满包含。

③法界：佛教术语，为梵文意译，又称法性、实相等。法界用法颇多，多用二类义理解释。一就事物而言，法诸事物，界指分界，泛指一切现象界，如三界、十八界；二就义理而言，指真如理性、法性、实际。自隋唐佛教中国化以来，各教派对"法界"的解释各有不同，如华严宗持四种法界说；天台宗持观门十

法界说；密宗持密教十法界。本文指第一类义理，指物质世界。

④妙觉性：妙觉，指自觉觉他，觉行圆满而不可思议，故称。小乘止于自身觉悟，大乘菩萨虽自觉并觉悟他人，但并未圆满。只有佛二觉圆满，觉体不可思议。妙觉性，为不改的妙极觉满。

【白话】

"有教养的男信徒，一小世界清澄明净，三千大千世界也清澄宁静；三千大千世界清澄明净，同样乃至于无限虚空，圆满包含过去、现在、未来的世界，一切都平等，都清澄宁静而不变动。

"有教养的男信徒，无限虚空本自平和宁静，应当知道觉悟的心性也是平和宁静的；地水火风四大元素不变动，也应知道觉悟的心性同样平等宁静；如此以至于八万四千除灭烦恼的方法也平等不变动，应当知道觉悟的心性也平等宁静。

"有教养的男信徒，觉悟的心性遍布圆满，清澄明净不变动。圆满周全没有边际，因此应当知道眼耳鼻舌身意布满整个物质世界；由于眼耳鼻舌身意布满了现象世界，所以应当知道色声香味触法也布满了物质世界；由于色声香味触法布满了现象的世界，所以应当知道地水火风四大元素布满了物质世界；同样如此，乃至于除灭烦恼的方法也布满了物质世界。

"有教养的男信徒，由于你们证悟到妙极圆满的境界，所以眼耳鼻舌身意的本性、色声香味触法的本性，既不损坏也不杂乱。由于眼耳鼻舌身意与色声香味触法不损坏，同样乃至于除灭烦恼的方法也既不损坏也不杂乱。譬如在室内点亮了成百上千只灯，它们的光芒虽只照在一室中，但光芒遍布，并不相互损坏或杂乱。

【说明】

上一节与本节关于修行义理的讨论中，佛陀采用了两种不同的推理和认识大千世界的方法，从今天的哲学角度分辨，分别采用了归纳和演绎的方法。从认识论的角度看，归纳是由特殊推到一般，演绎是由一般推到个别，二者是相互联系、相互补充的。本节正是由世界清静逐步推论到根尘、无坏无杂，主要运用了演绎推理的方法。它恰恰揭示了一个重要的知识问题，就是应当认真地整理和发掘，乃至于总结尘封已久的佛教因明学。研究佛教逻辑的工作，也应该随着对传统文化精品的整理不断深入，被人们重新加以认识。印度古老的因明学经过佛教的充实和改造，在大乘佛教的经论中得到充分体现。在印度首先由印度佛教新因明学家陈那作《因明正理门论》，商羯罗著《因明入正理论》，在我国由玄奘将二论传译，其弟子文轨、窥基等均有疏注。近现代以来，太虚大师有《因明学概论》、支那内学院吕澂有《因明纲要》、虞愚有《因明入正理论讲义》。所谓"因明"是指原因的学问。经过中国佛教的改造，被称为佛教逻辑学。其论证中确立的是三支做法，即"宗、因、喻"。宗指论题，因指理由，喻指例证。这是一种由结论再推及原因、例论的逻辑论证方法。如立论即宗：有情众生皆可成佛；因：一切众生皆有佛性的缘故；喻：如佛祖释迦牟尼。与三段论法有相同之处，如大前提：释迦牟尼是佛；小前提：一切众生皆有佛性；结论：有情众生皆可成佛。从中不难看出佛教的宗与喻都有归纳的内涵，而因则表现为演绎推理的形式。佛教逻辑中，运用归纳和演绎二种综合推理形式以悟他、教化众生为目的，始终都是以佛与众生之间的讨论展开教义，是信仰、哲学、逻辑、语言学的高度结合体，因此在客观上给我们对它的认识增加了一定的难度。但是无论是从佛教史、文化史、哲学思想史的角度看，还是从理解现实生活中的佛教，以及弘扬传统文化的优秀成分、启发心智、训练思维能力等方面看，从事佛教逻辑的学习、整理乃至研究都是一项有深远意义和现实价值的工作。

佛教逻辑学的最大特点，在于它是一种辩论的艺术，在立论中，也有破敌的功效，对于思维能力和表达能力的提高颇有实际效果，玄奘在印度的辩论大会，就是以立真唯识量而享誉中印诸国的。

【经文】

"善男子，觉成就故，当知菩萨不与法缚[①]，不求法脱；不厌生死，不爱涅槃；不敬持戒，不憎毁禁；不重久习，不轻初学。何以故？一切觉故，譬如眼光晓了前境，其光圆满得无憎爱[②]。何以故？光体无二，无憎爱故。

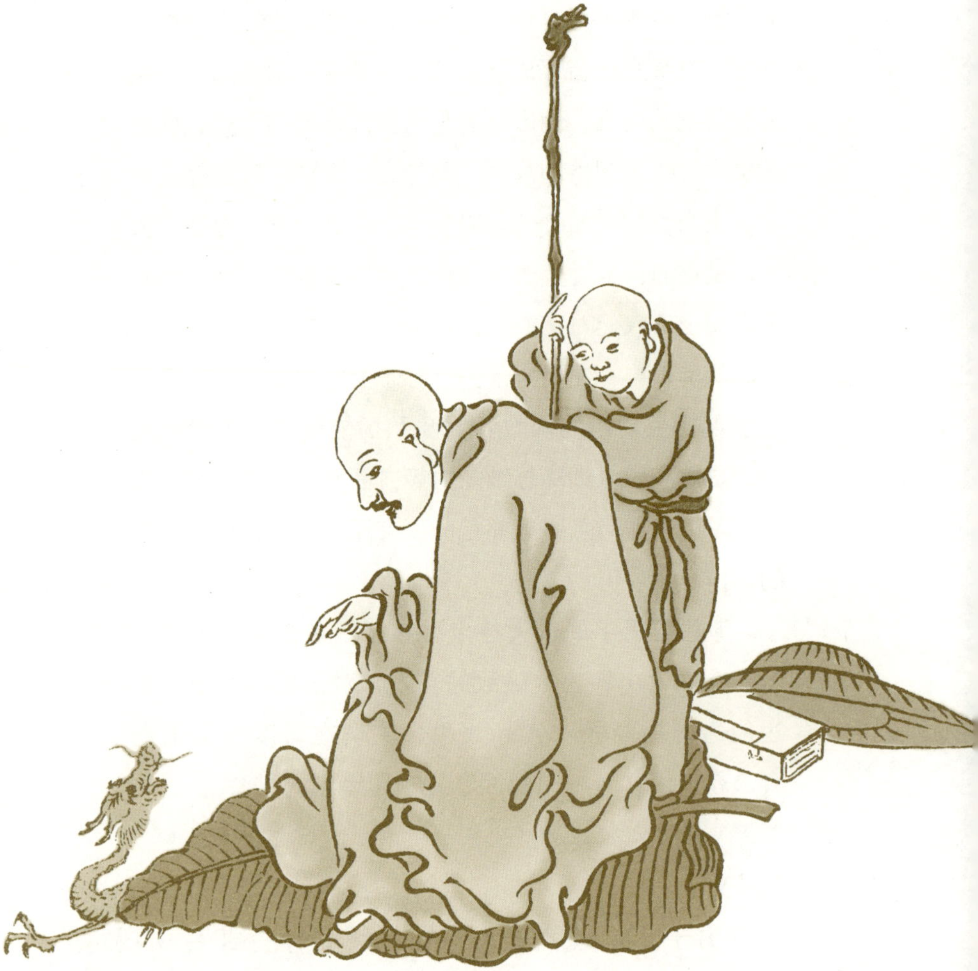

"善男子，此菩萨及末世众生，修习此心得成就者，于此无修，亦无成就。圆觉普照，寂灭无二，于中百千万亿阿僧祇③，不可说恒河沙诸佛世界④。犹如空华，乱起乱灭，不即不离，无缚无脱。始知众生，本来成佛，生死涅槃，犹如昨梦。

"善男子，如昨梦故，当知生死及与涅槃，无起无灭，无来无去⑤。其所证者，无得无失，无取无舍⑥。其能证者，无作无止，无任无灭⑦。于此证中，无能无所，毕竟无证，亦无证者。一切法性，平等不坏。

"善男子，彼诸菩萨如是修行，如是渐次，如是思维，如是住持，如是方便，如是开悟，求如是法，亦不迷闷。"

尔时世尊，欲重宣此义，而说偈言：

　　普眼汝当知，一切诸众生，
　　身心皆如幻。身相属四大。
　　心性归六尘。四大体各离，
　　谁为和合者？如是渐修行，
　　一切悉清净。不动遍法界，
　　无作止任灭。亦无能证者。
　　一切佛世界，犹如虚空华。
　　三世悉平等，毕竟无来去。
　　初发心菩萨，及末世众生，
　　欲求入佛道，应如是修习。

065

【注释】

①法缚：佛教术语，指染著于法，即被现象形态迷惑，认为实有不虚。

②憎爱：憎怨、爱之所亲。爱，十二因缘之一。佛教认为贪染为爱，指贪物和染著，本经有轮回"爱为根本"，《楞严经》中有"异见成憎，同想成爱"。

③阿僧祇：梵文意译为无数，无量可言，"极数不复能知。"百千万亿阿僧祇，无限时空。

④恒河沙诸佛世界：恒河，是横贯印度的一条大河，其源头处是释迦牟尼出生的地方，在今尼泊尔，佛陀在世时，常在恒河两岸讲经说法，常以恒河沙为喻，譬物之多。恒河沙，简称恒沙，又作恒河沙数，以沙为喻，是佛典独有。《金刚经》有"如恒河中所有沙数，如是沙等恒河，于意云何？是诸恒河沙，宁为多不？"是说如果把恒沙的每一粒沙子都化为一条恒河，如此数量的恒河沙，是不是很多呢？佛教徒，乃至今天的印度教徒皆以恒河为福德吉祥之河。入河中洗浴，所有污垢、罪恶都有尽除，所以至今人敬此河，皆成共识。此外，在历史上其他河流的名称，多有更改，此河数千年未变，故以恒河沙为喻，不取余河。佛世界，佛所住国土，有秽土、净土，至于一世界有一佛出世或多佛出世，多有异说。大乘持有无量世界，同时有无量之佛出世。

⑤无来无去：是指欲界烦恼已灭除断绝，故不再来迷惑的世界。早在古印度的《奥义书》中就已有彻底认识真理的人不再还

归此世的说法，佛教继承此说，称已断尽欲界的圣者未来将生于色界和无色界而不再回欲界，故谓不来、不去。

⑥取：有常用义二：一是追求执着，并表示人与对象之间的关系，即主体为"能取"，对象为"所取"，小乘佛教中以"烦恼"称之为取。二是指十二因缘中引生烦恼，占有的欲望。把世界和人存在的原因归结为取，就是把人的欲望作为世界存在的原因。如果没有欲望，世界也就不存在了，从而一切痛苦也就消失了。这是佛教向人们宣传的一个重要的信条。

⑦任：指自然，任法自动而不加人之造作，正所谓"人所至处，任运界起"。

【白话】

"有教养的男信徒，由于觉悟并取得了成就，应当知道证悟者不会被各种事物所束缚，不求什么方法解脱；既不厌生也不恶死，不爱于寂灭；不敬于持守戒律，不憎于毁坏禁律；不看重长期的修行，不轻视初学佛理的人。为什么呢？因为一切都觉悟了，好比眼睛光亮看清了前面的东西，其光圆满得并无所谓憎恶或偏爱。为什么呢？眼光本身并无区别，没有憎恶或偏爱的缘故。

"有教养的男信徒，有成就的证悟者以及未来世界的众生灵，修习无染之心就能得到成就；不能修无染之心，就没有成就。圆满觉悟的光能普照世界，静寂幻灭如一，在无可限量的时空，有不可计量的如恒河沙那般的诸多佛住国土。犹如空中花朵，幻念纷乱而生，纷乱而灭，既不亲近也不脱离，既没有束缚也无所谓解脱。这时才知众生灵性自本来成佛，对或生或死或寂灭，都如昨日幻梦，本自无存。

"有教养的男信徒，如昨日的幻梦一样，应知道生与死以及寂灭，既没有生起也没有寂灭，既没有来也无所谓去。那求证境界的，既没有得到什么也没有失去什么，既不索取也不舍弃。那证悟的，既没有作用什么也没有休止什么，没有造作什么也没有灭除什么。因此证悟之中，既没有主体也没有客体，终其究没有证悟什么，也不存在什么证悟的人。一切事物其本性，平等而无所谓坏灭。

"有教养的男信徒，你们有成就的证悟者，应当这样修行，这样逐步进行，要这样思索，这样定住持有，就是这些方法，就这样打开证悟之门，只要照此方法，也不会迷惑不解。"

这时佛陀又复述义理，用诗句归纳说：

普眼悟者你应知，
世间一切众生灵，
身体心念皆如幻。
地水火风成肉体，
色声香味触法显。
地水火风各分离，
由谁聚合在一身？
由此逐步来修行，
一切形态都清净。
宁静遍布于现象，
无造作休止任灭。

也无能够证悟人，
无量一切佛国土，
犹如虚幻空中花。
今昔未来皆平等，
终究并无去与来。
初发心愿证悟人，
以及来世众生灵，
要候修行入净土，
应当这样去修行。

【说明】

由修止观智慧，知身心如幻，由因缘经地水火风组成的身体污垢不实，眼耳鼻舌身意与感觉到的色声香味触法，皆为幻梦，知人与现象界皆本自于空，以至于无修行主体的人，无修行对象的事，从而心念不起、不灭，修悟空门，大致依此方法逐步修悟，佛陀从总体把握到具体内容，又从微观叙述到宏观把握，在这种佛门思维逻辑的运用中，回答了普眼这位有成就的证悟者的问题。在以上三章的内容中，我们已经初步接触到了佛教基本教义十二因缘论中老死、生、有、取、爱、受、触、六入、名色、识、行、无明，对这一由果求因逆观顺序里的果（老死）与始因（无明）进行了分析，并介绍了其中的相关概念。在了解了有关佛教思维逻辑的特点往往是由果探因后，不难看出我们接触的概念也大致与这个顺序吻合。这里将已讨论的概念连接起来，以便与下一章的以"无明"为中心议题的论答形成一个整体。

老死，是自然不可抗拒的规律，对它的分析，表现佛教对人的终极关怀。

生，佛教认为老死的原因是生。有生必有死，每生存一天就意味着向死亡走近一天，若无生则无死的痛苦，从老死探究痛苦之因，就已经把人开始引向彼岸世界，以后每走一步就是走向彼岸世界的一个阶梯，从而也更加远离了现实。死与生相因。

有，有即存在。佛教认为，有表现了三种情况：欲有，即欲望的存在；色有，即现象的存在；无色有，即欲有、色有以外的一切存在。这三种有亦称"三界"。

取，占有的欲望。把世界和人存在的原因归结为取，就是把人的欲望作为世界存在的原因。欲望是痛苦之源，舍此即可解脱，这是其教义中最重要的一点。

爱，取之因是爱，亦即迷恋和追求。这是对欲望再做进一步分析的结果，他们认为爱是产生欲望的原因。"爱为秽海"，一切贪求财物、异性之恋都由此而发，从而"众恶归焉"。

受，即感情，爱之因是感情。这是从精神上进一步对欲望产生的原因进行分析的结果。因缘论，主要论及的就是这些精神现象之间的联系。

触，即感觉，佛教认为感情源于感觉。但其承认感觉是为了消灭感觉，进而消灭欲望、感情，消灭精神，乃至于消灭整个物质世界。当然，这并不是指通过物质手段完成的，而是通过精神世界的海洋来淹没整个物质世界的。

六入，即眼耳鼻舌身意六根，前五根是感觉器官，意根是理解、摄取感官材料的精神现象，材料依赖于摄取，于是意在六入中占主导。

第四章　金刚藏菩萨

【题解】

　　这一章把问题进一步引向了人们本自心清澄明净。为什么会产生迷惑的无明呢？既有无明，又何言有佛性？有佛之真实本性的人们，又是于何时产生了一切人间的烦恼呢？这是对于人们在修行证悟一切皆法于空，能否彻底断除迷惑，不至于再生，能随起随灭，永驻于虚空义理的进一步印证。释迦牟尼针对发问，解说了从"迷惑"即无明，生之于"妄念"；妄有之"心念"，穷究则本自"虚幻"，但虚不代实，本性犹真；到若知其缘由，发愿修行，除心之"浮"之"虚妄"，圆满觉悟的清澄明净之心就能如实显现的义理。在三个问题的解惑之中，佛陀都用了比喻，如"目摇湛水""舟行岸移""荧火烧山""空华""空果"，寓意颇含哲理。

【经文】

　　于是金刚藏菩萨[①]，在大众中，即从座起，顶礼佛足，右绕三匝，长跪叉手而白佛言："大悲世尊，善为一切诸菩萨众，宣扬如来圆觉清净，大陀罗尼因地法行，渐次方便，与诸众生，开发蒙昧[②]。在会法众，承佛慈诲，幻翳朗然③,慧目清净。世尊,若诸众生本来成佛,何故复有一切无明?若诸无明,众生本有,何因缘故④,如来复说,本来成佛?十方异生,本成佛道,后起无明,一切如来,何时复生一切烦恼?惟愿不舍无遮大慈,为诸菩萨开秘密藏,及为末世一切众生,得闻如是修多罗教了义法门,永断疑悔。"作是语已,五体投地,如是三请,终而复始。

【注释】

①金刚藏:金刚即金刚石,物质中最刚硬,色如紫英,百炼不销,至坚至利,可以切玉。藏,包藏。金刚藏,包藏着摧毁一切邪恶妄念,无往而不胜的金刚利剑。

②蒙昧:启蒙愚昧。

③幻翳朗然:翳(yì),眼病,遮挡视力。全句指使看事物如幻影不清的眼睛豁然明朗起来。

④因缘:指因果和缘起,"因缘合,诸法生",起直接作用的为"因",起促进作用的叫"缘"。本章因涉"无明",故指十二因缘这一佛教的基本理论,认为要脱离生死轮回、烦恼痛苦,就在于通过修行摆脱十二因缘的束缚。

【白话】

于是代表能摧毁一切烦恼的证悟者金刚藏,随即从座位上起来,五体投地俯伏在佛陀脚下叩首后,从右边环绕三周,跪着将两手合掌于胸前对释迦牟尼说:"大慈大悲受世人尊敬的佛祖,善于为一切有成就的证悟者宣扬成佛圆满清澄明净的境界,总揽一切不同内容对象修行的方法，由浅至深逐渐递进的方式，对众生灵开发和启迪心智。使与会闻法的人们传承佛陀慈悲的教诲，让如幻被遮住的病眼豁然开朗，用智慧生发清澄明净的目光。世之尊者，倘若人们本自可成佛，又为何会有迷惑呢？倘若诸多的迷惑，人们随出生就具有，又是什么原因，且您还又说，本来就可成佛呢？所有的一切众生灵本自成佛，以后才产生了迷惑，一切如来，又是从何时产生了这一切烦恼呢？期望你不舍弃广大无遮挡的大慈大悲之心，为所有发愿修行的人们打开包藏着深奥理义的法门，从而为未来的一切人们讲解这一觉悟圆满经典教理的方法，永远断除疑难和追悔。"金刚藏证悟者问完了以后，又五体投地，反复三次，恭请佛陀解答。

【说明】

这一节是针对性本无染，又何生妄，何成佛，妄从何时生等有关佛门基本义理，进行发问。对其原因的讨论涉及十二因缘的学说，我们追溯有关这一教义，进行说明。在分析了老死与生、有、取、爱、受、触六入之后，我们继续沿着层层相因的义理去了解和认识佛教关于无明，即迷惑的原因。这就是继六入之后，由名色、识、行，以至于无明。

名色，是指人的身与心这两方面的结合。名、色分别指精神和物质现象。是主、客观的统一，它包括了五蕴（即色、受、想、行、识）的总体。色是由物质元素的地、水、火、风构成的一切物质现象，包含了五根（即眼耳鼻舌身），以及与之相对应的五境（即色声香味触）。受即感情，分苦、乐、不苦不乐三种。想即表象，即由五根反映五境的知觉与唤起记忆再现对象的形态。行指包括意志在内的促成行为的心理活动，识在五蕴中指意识或悟性。识与其他四蕴相对为主观，而其他四蕴为客观，但从五蕴的物质现象与精神现象来说，色是物质现象，其余四蕴为精神现象，并将四蕴通称为"名"。名，意指要通过语言概念的名称来认识的精神现象。佛教认为名与色是相互联系、相互依存的关系，犹如两束相依而立的芦苇，如果去掉其中一束，另一束必然倒地。二者不可分离，无名则无色，反之无色则无名。它体现了精神与物质、主观与客观的统一性，有理论价值，但另一方面在无形之中将主观与客观之间的分别取消了，从而也取消了物质的独立性，于是乎人类生命组织的整体来源只能在精神中去寻找了。由于在认识上对"名色"的理解不同，形成了大小乘佛教之间的对立。小乘认为色是空幻不实的，由此合成之身心亦空，从而认为"人无我"；大乘认为不仅"人无我"，而且"五蕴皆空"，进而认为"法无我"，就是说无论是精神还是物质现象皆为幻化。

识，为名色之因，名色缘于识，实际上二者的关系上识处于主导地位，反映了主体与客体之间是前者支配后者的关系。

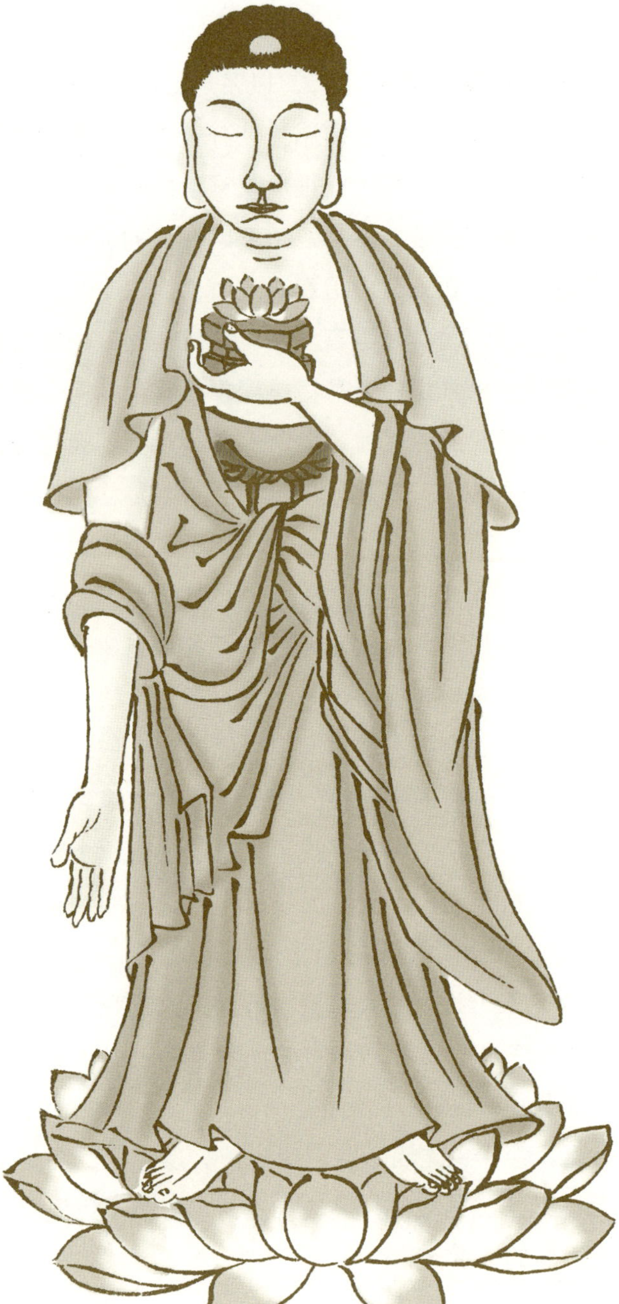

行，是包含着意志的心理活动。识由行起，也就是由意志的推动而产生识，这是古印度时的意志论，但佛教在此基础上进一步分析，于是无明之说便随之产生。

无明，是本能的冲动。由于它是无始的，所以无法再对无明做进一步分析。行起于无明，无明是痛苦、烦恼的终极原因。本来缘起、无常、无我学说与轮回和解脱理论是不融合的。所谓我归于无，何以要轮回与解脱？为此加进了行与无明，行即有，有之反复，即轮回，其因是对自身由因缘而生无"觉"而惑，故形成烦恼。

佛教的修悟，就在于了解烦恼之因，从而用止观之法修心，因此说十二因缘是义理基础。

【经文】

尔时，世尊告金刚藏菩萨言："善哉，善哉。善男子，汝等乃能为诸菩萨及末世众生，问于如来，甚深秘密，究竟方便，是诸菩萨，最上教诲。了义大乘，能使十方修学菩萨，及诸末世一切众生，得决定信，永断疑悔。汝今谛听，当为汝说。"时金刚藏菩萨奉教欢喜，及诸大众，默然而听。

"善男子，一切世界①，始终生灭，前后有无，聚散起止，念念相续②，循环往复。种种取舍，皆是轮回③。未出轮回而辨圆觉，彼圆觉性即同流转④。若免轮回，无有是处。譬如动目,能摇湛水⑤。又如定眼,由回转火⑥。云驶月运,舟行岸移⑦,亦复如是。

"善男子,诸旋未息⑧,彼物先住尚不可得,何况轮转生死垢心,曾未清净,观佛圆觉而不旋复,是故汝等便生三惑⑨。

"善男子,譬如幻翳,妄见空华,幻翳若除,不可说言此翳已灭,何时更起一切诸翳。何以故?翳华二法非相待故⑩。亦如空华灭于空时,不可说言虚空何时更起空华。何以故?空本无华,非起灭故。生死涅槃,同于起灭,妙觉圆照,离于华翳。

【注释】

①一切世界:一切指所有过去、未来、现在的有情世间;世,佛教指有烦恼的人们依止的国土(亦称迁流);界,指方位、东西南北上下界限。一切世界,三世的所有众生依靠、生存的地方。

②念念相续:念,对所见事物形态不忘,而又常常深思,如念我金银财宝、妻子儿女等。又指心念升起,迁流三世,如前念、后念、念念。念念相续,所起心念,长居而不散,念后继前。如《楞枷经》曰:"譬如心意,于无量百千由旬之处,忆先所见种种诸物,念念相续,疾诣于彼。"本文指见到一切事物,所生出的原本无实的虚幻妄念,层出不穷。

③轮回:梵文意译,异名有轮回、轮回转生、流转、轮转等,意指如车轮,旋转于六道生死转世,以至于无穷。所谓"六

道",亦称"六趣",即根据生前所作之善恶,死后往生的六种去处:地狱、饿鬼、畜生、阿修罗、人间、天上。轮回学说是古代印度婆罗门教的基本教义,主张不同地位的人,在轮回中永不改变。佛教认为轮回是众生一切平等,轮回到何处,由现在之因,得未来之果。因此不仅使这一古老的学说焕发出新的思想光芒,而且动摇了婆罗门神权的基础,获得了广泛的认可。

④流转:反复不止,生生不息,亦指轮回。

⑤动目摇湛水:是由两句构成的比喻,深寓义理。字面上是说,眼睛转动,可以使原自清澄宁静的水面泛起涟漪。这是由错觉产生的。比喻眼见的一切事物皆起于妄念之心,并无实有,本自如幻。说明由眼动而水摇,由心动而物生,皆为错觉、妄念。这一组句子与以下两组比喻句互为补充,各有意趣。

⑥定眼、转火:与上一比喻句同义,但角度变换。此处是定眼,即专注于一,不转动眼睛。用一火把在眼前旋转,一眼看去,犹如火轮旋转,错把一处作一圈。说明一念虚妄,念念皆不实,一处见物则处处见物,从而如旋火轮,念念不息。同义递进,别具深意。

⑦舟运岸移:这一组比喻互文见义,各自独立。云霓月影,小船河岸,天上地下,相映成趣。日出日落,月升月没本自于动,然相比之中,云彩随风飘移,本自云飞,而非月亮运行,错觉之中是月亮走而非白云飘。比喻动中有静,静中寓动,动用于相对运动,却意在人为眼识所惑,妄念萌生,耐人寻味。舟行岸移,如车动而物退一般。小船划动,船与船中人相对不动,而船中人看两岸,亦成错觉。岸边景物往后而行,亦为幻、为错,岸

上舟中所见有所不同。意蕴双味，大有"不识庐山真面目，只缘身在此山中"之内涵。三个比喻景境、意境周全，美妙绝伦，精警动人，实为千古不易之佳句。

⑧诸旋：指一切事物如旋火轮，生灭不止，变幻不实，而人的心念意识也随之变幻生发，无止无休。

⑨三惑：惑为"行"识，以形态的世界为有，从而产生烦恼、得失，因此"惑"与"无明"同义。三惑，本文指由金刚藏提出的三个疑问。

⑩非相：幻相，实无相，本自于无的幻觉形态。

【白话】

这时，世上之尊佛陀告诉有成就的证悟者金刚藏说："很好，问得好。有教化修养的男信徒，你们能够为了发愿的证悟者以及未来世界的众生灵，请教佛陀这样深奥、秘密并且是最根本的方法，这是对你们这些证悟者能进行的最无上的教诲内容。这是真正觉悟了的大乘义理，能够使一切地方发愿的修证者，以及未来世界的一切众生灵，得到不可动摇的信念，永远断除疑惑和追悔。你们要认真听，应当为你们解说。"这时金刚藏这位有成就的证悟者，听到佛陀要为他宣讲教义，十分欢喜，所有到会的人都安静地聆听。

"有教养的男信徒，在过去、现在、未来的世界中，自始至终都是在生与灭、前与后、有和无、聚合与消散、升起运动和静止休停之中的妄想心念中连绵不断，周而复始、循环往复。在各种各样的索取和舍弃之中做选择，从而在地狱、饿鬼、畜生、阿修罗、人间、天上六种生死道上轮流回转不止。没有从生死轮回中摆脱，想分辨圆满觉悟，那么这所谓的圆满觉悟就等同于在生死轮回的道路上流转不止。倘若要免除在生死之路上的流转，是不可能的。譬如转动的双眼，看平静澄清的碧水一样，水波不止；又好比眼睛专注不动，取一火种飞转，以为是一转动的火转轮一样。又好似看浮云飘行时，月动而云不动；行舟河里，两岸后行，船与人不动的道理一样。

"有教养的男信徒，一切事物如转火轮，生灭不已变幻不实，让某一事物静止不动都不可能做到，更何况那如轮转不止的在生与死之路上的那不能清净的污垢之心，未曾有过清澄明净。从而看到佛陀圆满觉悟，而不起如旋转不息、生灭不止的妄念，所以生出本自佛性，何出无明之惑？既从无始即有惑，何以是佛性？众生本自佛心，又在何时生出烦恼？这三个疑惑。

"有教养的男信徒，就好比患有眼疾，虚假地看见空中之花一样。如果除去眼疾之后，不可以说眼疾不存在了，更何况还会再产生其他各种眼疾。为什么呢？眼疾与空中之花并非实有的形态相伴而起的缘故。又好比空中之花消失在空中时，不可以说出存在于虚空中的花会在什么时候再产生。为什么呢？由于空中本自无花，并非有生出和消灭的缘故。所谓修悟生死，求证涅槃，与空中花生或灭的道理一样，本自于空，妙极觉悟的圆满光芒普照，远离于如眼疾中的空花幻境。

【说明】

在本节中，释迦牟尼针对三个疑问，初步涉及佛教认识论中关于轮回问题的看法。这为更进一步的讨论开启了一扇通往无法证明的神秘之门。这就是生前与身后的问题。佛教认为一切无常，事物都在因缘的作用下，随生随灭，永无止休，人是由各种物质因缘而成，是短暂的聚合，处在生灭之中，由本能而起的心念受虚幻不实的形态所染，妄称有我，从而以我之心而生烦恼、痛苦，并由业力与现世所为，在生死之途反复回旋、流转，因此所有的虚幻之心皆如空中花，摆脱、修证之心，也是虚中妄念，是错觉，一切唯心，心自本无。应当引起人们足够重视的是释迦牟尼在讲述义理时，所运用的比喻手法。佛门喻理比事，确是百态纷呈、精彩动人。这种方法往往使原本深奥的玄机变得形象生动，人皆可解，达到其"寄浅训深"的效果。喻语，是佛教六语之一。在《涅槃经》中列出的有顺喻、逆喻、先喻、后喻、先后喻、遍喻、现喻、非喻八种，其精微细致可见一斑。在《弊宿经》中记叙了佛教在与婆罗门教派论争中，对来世学说的辩护，于关键处，七处用"诸有智者以譬喻得解，今当为汝引喻解之"以避开锋芒。更有《百喻经》用九十八个比喻故事，说明了佛教基本义理和人间百态之间的各种关系，其涉及内容之广泛，表现教义之深刻都是使人过目难忘的。在百喻经中，全部采用叙事与教义相结合的方式。第一步是讲一个生活故事，是引子；第二步是比喻，阐述一个佛教义理。两者既结合,又各有其妙。前一步内容浅显易懂,学童可解;第二步是义旨所在,直令"鸿生巨儒""瞠目结舌,不能诠解"。雅俗共赏,可以说是它的特点。此外,诸如《金刚经》六譬,《法华经》七喻,《般若经》《维摩经》《如来藏经》的各十喻皆可称为上乘的文学精品。其表现手法,很有借鉴意义。如"三兽渡河"喻,用兔浮水过河,马或游或蹄触底过河与大象蹚水过河,来比喻人们修行证悟的深浅有别,体验也不同,并分别对应声闻、缘觉、佛三个层次,既浅显易懂,又意蕴醇厚,发人深省。

另外,应当审慎提及的是,在佛教理论中,凡在涉及一切由心而发、轮回、果报、三世等彼岸世界时,常以喻代论,这一点是应当注意的。

【经文】

"善男子,当知虚空非是暂有,亦非暂无。况复如来圆觉随顺,而为虚空平等本性。

"善男子,如销金矿[①],金非销有,既已成金,不重为矿。经无穷时,金性不坏。不应说言本非成就。如来圆觉,亦复如是。

"善男子,一切如来妙圆觉心,本无菩提及与涅槃。亦无成佛及不成佛,无妄轮回及非轮回。

"善男子,但诸声闻所圆境界[②],身心语言皆悉断灭,终不能至彼之亲证,所现涅槃。何况能以有思惟心,测度如来圆觉境界。如取萤火，烧须弥山，终不能著。以轮回心生轮回见，入于如来大寂灭海，终不能至。是故我说一切菩萨及末世众生，先断无始轮回根本。

"善男子，有作思惟③，从有心起，皆是六尘妄想缘气，非实心体，已如空华。用此思惟，辩于佛境，犹如空华，复结空果，辗转妄想④，无有是处。

"善男子，虚妄浮心，多诸巧见⑤，不能成就圆觉方便。如是分别，非为正问。"

尔时世尊，欲重宣此义，而说偈言：

　　金刚藏当知，如来寂灭性，
　　未曾有始终。若以轮回心，
　　思惟即旋复。但至轮回际，
　　不能入佛海。譬如销金矿，
　　金非销故有。虽复本来金，
　　终以销成就。一成真金体，
　　不复重为矿。生死与涅槃，
　　凡夫及诸佛，同为空华相。
　　思惟犹幻化，何况诘虚妄。
　　若能了此心，然后求圆觉。

【注释】

①销金矿：冶炼销蚀金矿石，以提纯金子。

②声闻：梵文意译，指听闻佛陀教导、观察四谛而得道的觉悟者，后与缘觉、菩萨二乘相对，为三乘之一。指能够遵照佛说

修行，以达到自身解脱为目的的修行者。以修四谛，达到"灰身灭智"的无余涅槃境地。所谓三乘，乘是指引导信众求证修悟的方法，由一乘到三乘的区别，中国佛教各宗派对此持不同看法，主要有四种论说：一、大乘佛教主张的三乘说。一声闻乘，又称"小乘"，即能接受佛门的教义"声教"，悟出四谛，得证阿罗汉果者；二缘觉乘，又称"中乘"，即能自觉接受佛陀教义感飞花落叶之"觉缘"，悟得十二因缘的理趣，得证辟支佛果者；三菩萨乘，又称"大乘"，即皈依佛门、勤修精进，得所有智、自然智、无师智、佛智，度脱一切，归于涅槃。二、小乘佛教主张的声闻、缘觉、菩萨三乘，归于涅槃，运出三界。三、一乘说，认为人人皆有佛性，"立地成佛""见性成佛"，三乘归于一乘。四、将大小乘佛教合论为"声缘菩"三乘。除此之外，佛门密宗将三乘说归结为"三密"。一声闻依口传声教而证悟，因此配合以"语密"；二缘觉以内心得悟十二因缘，因而配备以"意密"；三菩萨以大慈大悲，身体力行，普度众生，从而配之于"身密"。三者中身兼意口，统之以身，以身密最为重要。

③有：生死轮回，因果相续称之为有。常指三有（即三界），分为欲有、色有、无色有，亦即欲界、色界、无色界。意指世俗、脱俗但仍有物念和超俗三种境界，虽处不同层次，但都属于未脱生死轮回的众生界，即"迷界"。只有跳出三界外，进入"涅槃"才是修行的目的所在。

④辗转：指转动反复，"辗转相因"而"世世累劫，无有出期"。心中分出各种不实的形态。

⑤巧见：原意指巧妙之见解，此处指乖巧，自以为是。

【白话】

"有教养的男信徒,应当知道虚空并不是暂时的有,也不是暂时的无。何况佛心圆满觉悟随心顺意,而且心与虚空平静如性,本于一体。有教养的男信徒,好比冶炼黄金,但黄金并不是冶炼后才具备的,但既已将矿石冶炼成黄金,金子就不再是矿石了。即使经过无穷尽的岁月,黄金的特性不会变。不应说金子原来是矿石时,没有其性,即没有成为金子的金属性。无上证悟者的圆满觉性,也同样是这样。

"有教养的男信徒,一切无上证悟者美妙圆满觉悟之心,本来就没有烦恼和永恒的寂静,也没有成佛以及不成佛,没有妄念中的轮回和不轮回。

"有教养的男信徒,就是那些求自身解脱的证悟者所谓的圆满境界:身心语言的烦恼之业全部都断除寂灭,最终也不能到达他们要通过自我修行,证悟到涅槃即永寂的境界。更何况用思维之心,忖度无上觉悟者的圆满觉悟的境界之人。这就好比用萤火虫的萤火,去烧位于欲界中心的万仞高山须弥山,终究是不可能的。以轮回之心生出的轮回见解,就好比一个人游不出大海一样,永远也不能渡到永脱烦恼的广大无边的清澄永寂的彼岸。因此我说一切证悟者以及未来世界的众生灵,要首先断除从无始以来产生的永远轮回的根本性错误见解。

"有教养的男信徒,所有的思维、意念,都是从有之心生发的,都是缘于色、声、香、味、触、法生出的虚妄,并非实有的心念,这已是空中幻花。用各种存在的思维和意识,去分辨佛门的境地,就犹如虚空中的花朵,是得不到结果的,只是辗转生发的妄想意念,是错误的。

"有教养的男信徒,各种虚幻妄有的轻浮之心,那些自以为是的各种偏见,是不能成就圆满觉悟境界的。以这样的认识来提问,不是正确的提问方法。"

这时,佛陀又复述其义理,用诗句归纳说:

觉者金刚藏应知,
无上觉者自性清,
从未有过始与终。
倘若用以轮回心,
思维妄念总回旋。
最终还在轮回里,
不能度脱到彼岸。
好比冶炼金矿石,
金子不炼在石中。
虽说金子非矿石,
终究是经冶炼成。
冶炼成为纯黄金,
不再成为含金矿。
度脱生死至清寂,
一切世人如来佛,
都是空花虚假相。
思维意识如幻念,
何况所问本虚妄。

如能了此不实心，
　　方可求证得圆觉。

【说明】

　　这一节首先以冶炼金子比附世人本有佛性，如石含金，但有尘染，在因缘作用之下，产生疑惑，从而在面对世界时"无明"，不能成金；其次以石为例，说明人虽处于虚幻之中，但不损其求证佛理的内心，如果加以冶炼，矿石也可成金，说明若修行至清澄，便可除灭"无明"；第三又回答了一切众生本自于净，是佛性自在，成就佛后，是否不会再染无明的发问。对此，佛陀对这种怀疑给予了断然的否定，并继续用冶炼金子来喻理论证。他指出金子一旦冶炼成之后，就不会再成为矿石，将永葆其金子本色，人修证觉悟也就是说既已成就如来境界，就会永远度脱于生生死死烦恼相续的无边苦海，永不回头。显然"非正问"的"诘"语，是对佛陀的怀疑心理，所以佛陀对此表现了不容争辩的立场和态度。在捍卫彼岸世界的坚定性上，佛陀表现了一位信仰者所持有的永不动摇的信念。信仰高于一切，这是一切宗教的特点，佛教自然也不可能例外了解这一点是认识佛教的关键之处。佛陀是不能正面回答在现实中本自无存的精神永远寂灭的彼岸世界的一切问题。在本节中，佛陀能够运用比喻即冶炼金子，这一现实中存在的事物，从石含金；因缘成矿石，如人有染，经历炼而成金

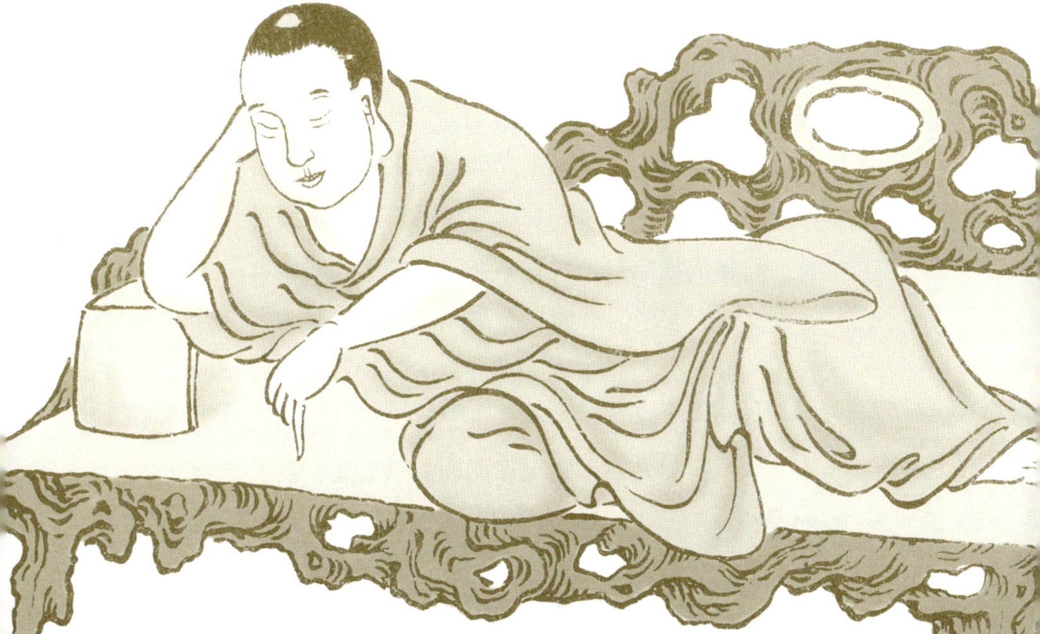

子，如人经证悟而觉悟成佛；成金子后不复为石，而成佛后不复"无明"，来说明三个相关层次的问题。而完成炼金的过程，又隐喻为修悟的过程，求证的金子如涅槃，用现实的东西来证明在现实中并不存在的事物涅槃，无疑是佛教在思维领域中独特的创造。这反映出在佛陀时期，佛教对于现实生活的关注。对于自然现象"动目摇水""云浮月运""舟行岸移""炼石成金"以及社会现实"生老病苦""烦恼欲念"的观察与把握都表现出了高度的智慧，具有深入的分析和思辨性，因而才能运用如此丰富而含意隽永的比喻，折射出彼岸世界的灵光。但是一切比喻终究只能是说明，不能代替"科学的抽象"，代替事实，代替严谨的论证。

由文殊、普贤、普眼、金刚藏四位有成就的证悟者所提出的问题，都是中国大乘佛教中的般若（即智慧）学说，众生皆有佛性，见性成佛。凡夫与佛之别，只在一个"惑"，只要心中妄念了无则豁然贯通，从而"一悟即至佛地"，所谓慧根未萌，只在一念之塞，从而"棍棒交加""棒喝"而茅塞顿开，都是极其玄奥的法门，并形成了《圆觉经》的第一大部分。

第五章　弥勒菩萨

【题解】

本章在由弥勒修证者于前述佛教义理，开启觉悟深奥玄机之后，证佛理所向，由觉者转向世俗，提出了什么是众生迷惑，以至于在生死之途上轮回不休的根本原因，轮回有哪些不同的人，修行者有什么区别，以及应当用哪几种方法化度众生，这一系列的区分事物差别的问题。因此从佛理上看，本章的内容是针对世俗之人和修行者而设问、解答的，从而是"世间法"，就是"假说"或称之为"区别"。这样，本经的前四章是针对觉者而论，由本章开始则是对初入佛门或有差别、有不同领悟的人们讲授的，是"渐悟"，即通过长期修行，逐步地由点到面、由局部到整体的修行方法，要求长期积累，广积人间善缘，注重戒律。

【经文】

于是弥勒菩萨，在大众中，即从座起，顶礼佛足，右绕三匝，长跪叉手而白佛言："大悲世尊，广为菩萨开秘密藏，令诸大众深悟轮回，分别邪正。能施末世一切众生，无畏道眼[①]。于大涅槃，生决定信，无复重随轮转境界，起循环见。世尊，若诸菩萨及末世众生，欲游如来大寂灭海，云何当断轮回根本？于诸轮回有几种性②？修佛菩提几等差别③？回入尘劳④，当设几种教化方便，度诸众生？惟愿不舍救世大悲，令诸修行一切菩萨，及末世众生，慧目肃清，照耀心镜，圆悟如来无上知见。"作是语已，五体投地，如是三请，终而复始。

尔时，世尊告弥勒菩萨言："善哉，善哉。善男子，汝等乃能为诸菩萨及末世众生，请问如来深奥秘密微妙之义，令诸菩萨洁清慧目，及令一切末世众生，永断轮回，心悟实相，具无生忍⑤，汝今谛听，当为汝说。"时弥勒菩萨奉教欢喜，及诸大众，默然而听。

【注释】

①道眼：修道而得到的眼力，指能够区分真实、虚妄，抉择分明，故称。

②种性：种为种子之义，有生无量之功。种子能生成果实，乃至百千万数；性，不变的特点。种性，不断产生的不同特性。

③差别：对平等而言，指万法一如法性。佛教从觉法上本并无差别之见，于菩萨修行自利利人之上，就称为圆满平等。

④尘劳：指在尘世（即世间）为众生显身教化之劳作。

⑤无生忍：亦称无生法忍、无生忍法。佛教专有名词。"忍"常指对于真谛的认可，亦指"智"的别称。"无生"指佛教关于无生与灭的理论，是大乘有成就的证悟者在修习的一定阶段对"无生"这一所谓真实的形态所取得的认识。

【白话】

　　于是代表未来佛的有成就的证悟者弥勒，在信徒中间从座位上起来，五体投地俯伏在佛陀脚下叩首后，从右边环绕三周，跪着合掌于胸前对释迦牟尼说："大慈大悲的世之尊者，广泛地为发愿的证悟者开启深奥机密的智慧之门，使人们深刻地领悟轮回的痛苦，正确地区别邪恶与正义。能够广施未来世界一切众生灵们以无所畏惧的识别一切真谛和虚幻的觉悟之眼，对于广大的清澄寂静的境界，产生坚定的信念，不再进入反复不休的如轮转动的境界，不再产生生与死循环不止的偏见。世之尊者，如果有成就的证悟者以及未来世界的众生灵，要修度到佛祖如大海一样无边无际的清澄彼岸世界，那么应当怎样从根本上断除轮回？这些轮回又有几种特性呢？修行佛理除去烦恼有哪些不同的层次和区别呢？发愿要度脱众生灵的证悟者在世俗之中，应当采用哪几种教化的方法呢？期望您以不舍弃一切人们救度世界众生灵的大悲悯之心，使发愿修行的证悟者们以及未来世界的一切生灵，能够用智慧的双眼，明了清澄的境界，使心如明镜，光彩照人，不染微尘，圆满觉悟无上证悟者的智慧见解。"弥勒证悟者问了这些话以后，又五体投地，接连三次，恭请佛陀解说。

　　这时，佛陀告诉弥勒证悟者说："很好，好得很。有教养的男信徒，你们能够为发愿的证悟者以及未来世界的众生灵，请教无上觉者深奥而秘密精微美妙的义理，使发愿的证悟者明洁清澄用智慧的眼光和认识，使一切未来世界的众生灵永远脱离那轮回的苦海，心中领悟真实本质的一切，具有不再产生一切妄念的智慧。你今天要仔细听，应当为你解说。"弥勒这位有成就的证悟者,听到佛陀要为他讲解教义,十分欢喜,所有到会的人都安静地聆听。

【说明】

　　本章的弥勒菩萨在佛教大乘教派中地位殊胜。他被认为是继承释迦牟尼佛的至高无上觉悟的"未来佛"。据我们所知,"菩萨"一词最早出现于公元79年的坦叉始罗薄银板铭文中。参证早期大乘经典,使我们相信,约在公元前1世纪随着菩萨思想的逐步形成和大乘经典的编纂,大乘佛教才真正形成。一般认为《阿閦佛国经》《大阿弥陀经》是最早出现的大乘经,其中就有弥勒和观世音两位大菩萨的名字。

　　弥勒菩萨的起源,一般认为与《吠陀》和琐罗亚斯特教的太阳神米特罗与米斯罗有关。同时,未来弥勒佛出现的世界被描绘为丰乐安定的理想社会,闪耀着人类理想主义者所具有的光辉,因此有人又主张弥勒的起源与古巴勒斯坦的救世主的思想有一定联系。虽然在纪元前1世纪时西方宗教思想早已传入西北印度,弥勒思想很可能受到西方宗教的某种影响,但要想取得有力的证据却是十分困难的。据《弥勒上生经》和《弥勒下生经》所载,弥勒原出生于婆罗门家庭,后为佛弟子,先佛入灭,转生于三界中欲界天中的内院,经常在院里面讲经说法,并生活在一派温柔富贵的环境之中,在四千岁后相当于数十亿年生于人世间,在华林园龙华树下成

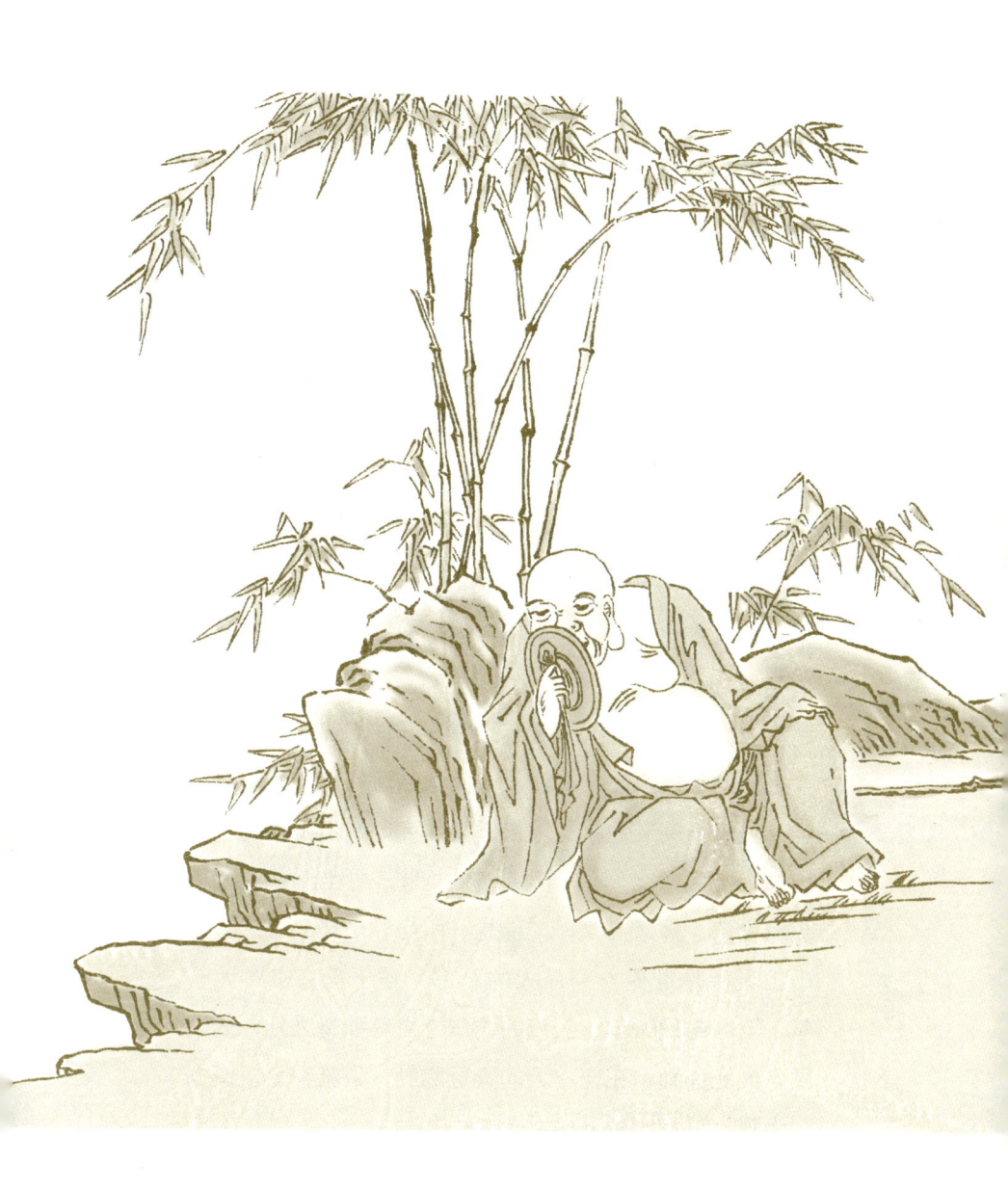

佛,在人间广传佛法。在我国的许多寺庙里都供奉着笑口常开的大肚弥勒像,实为五代高僧契此。传说他是弥勒菩萨的化身,因此后人将他的塑像作为弥勒佛供奉起来。弥勒是未来佛,在未成佛前仍居于兜率天,因而被称为"一生补过"的菩萨,亦即菩萨中地位最高的菩萨。弥勒信仰在贵霜帝国境内当时已十分盛行,但在南印却未引起人们的重视。自佛法东渐,12世纪时在印度渐没不传,中国的僧众对弥勒这位梵文意译为"慈氏"的笑佛却情有所钟,以大肚佛弥勒供奉的庙、石刻遍及中国,并且各种传说故事也很多,成为特有的文化现象。如北京门头沟的潭柘山半腰,就有一座始建于晋朝的千年古刹——潭柘寺,历度1600余年,素有"先有潭柘寺,后有北京城"之说。寺内的弥勒殿供奉的契此和尚身肥体胖,袒胸捧腹,散漫随和。另外还有一副对联:大肚能容,容天下难容之事;开口便笑,笑世间可笑之人。此形象使人即便"人间烦恼填胸臆",到此处也"坦然一笑天地宽"了。举世闻名的四川乐山的弥勒坐像,身高71米,仅脚背就宽8.5米,可坐百人。大佛头与崖齐,脚踏大江,"佛是一座山,山是一尊佛"。乐山大佛是世界当今最大的石佛,凿于唐玄宗开元初年,至今约1300年。上海的龙华寺更有独特之处,分别供有大肚弥勒和在兜率天的天冠弥勒,俗雅并至,使人叹为观止。

【经文】

"善男子,一切众生从无始际①,由有种种恩爱贪欲②,故有轮回。若诸世界一切种性,卵生、胎生、湿生、化生,皆因淫欲而正性命③。当知轮回,爱为根本。由有诸欲助发爱性,是故能令生死相续。欲因爱生,命因欲有,众生爱命,还依欲本,爱欲为因,爱命为果。由于欲境起诸违顺④,境背爱心,而生憎嫉,造种种业⑤,是故复生地狱饿鬼⑥。知欲可厌,爱厌业道,舍恶乐意,复现天人⑦。又知诸爱可厌恶故,弃爱乐舍,还滋爱本,便现有为增上善果⑧,皆轮回故,不成圣道⑨。是故众生欲脱生死,免诸轮回,先断贪欲,及除爱渴。

"善男子,菩萨变化示现世间,非爱为本,但以慈悲令彼舍爱,假诸贪欲,而入生死。若诸末世一切众生,能舍诸欲及除憎爱,永断轮回,勤求如来圆觉境界,于清净心,便得开悟。

"善男子,一切众生由本贪欲,发挥无明,显出五性差别不等⑩,依二种障而现深浅⑪。云何二障?一者理障,碍正知见;二者事障,续诸生死。云何五性?善男子,若此二障未得断灭,名未成佛。若诸众生永舍贪欲,先除事障,未得理障,但能悟入声闻、缘觉,未能显住菩萨境界。

"善男子,若诸末世一切众生,欲泛如来大圆觉海,先当发愿勤断二障。二障已伏,即能悟入菩萨境界。若事理障已永断灭,即入如来微妙圆觉,满足菩提及大涅槃。

【注释】

①无始际：无始，本自无始，由因缘合成，而有的妄念是由人的业力而来，所以称为"无始"。际，之际，从无始之时。

②欲：即爱的欲望。欲，佛教通常指由色声香味触，亦即眼耳鼻舌身五种感官而起的五种欲望，还把财欲、色欲、食欲、眠欲、名欲，也称为五欲。认为五欲是难以脱离苦海的主要原因。

③性命：指人生的出生皆有赖于淫，依存于欲，以此来延续生命；本处所指，为一切生灵，都以性欲作为延续生命唯一正确的方式。

④违顺：指人有所欲，但欲壑难填，总有难尽如人意的地方，故违且不顺心。

⑤业：梵文意译，音译"羯磨"。意为造作，常指一切身心活动。一般分三业："身业即行动，语业即语言，意业即各种思想活动。小乘佛教中又把意业称为思业，把身业、语业并称为"思已业"。认为意业的体现是"思"，身、语二业的体性是色法（即现象）活动。大乘法相宗更重视动机，认为"三业"皆为"思"。通常"业"与"报"合用、并称各种人生的苦乐之果皆由善恶的业力而发，人的各种区别和社会差别也从根本上是由意业来决定的。就是说由身、口、意三业的善恶为因，必将得到相应的报应，所谓善有善果，恶有恶报。从而业报有善、不善、无记（即无善）与无恶。《成实论》卷七有"善得爱报、不善得不爱报，无记无报"。并且这是必然业报的法则。"业"不但是"受身因缘"，一切万事万物，究其根本，皆从"业"出。

"业"决定了一个人一生的亨通发达、机遇命运，并称此为"满业"；所得到的现报、未来报则称为"别报"；导致共有的特性以及共同的物质生活条件与环境条件的业，如生在富裕地区或贫困地区，称之为"引业"，所得果报称为"总报"。此时的"业报"等于"因果"。具体论述这一佛教概念的理论，反映在因缘论和轮回学说之中。

⑥地狱饿鬼：佛教名词，地狱，梵文意译，亦有"可厌""苦器"等译法。为六道轮回中的天、人、阿修罗（即天龙八部之一，为战神），以及三恶道畜生、饿鬼、地狱之一。所谓地狱是指所生存的环境为地下，暗无天日。地狱是佛教轮回学说的一个组成部分，罗列十分精详，总括起来可以分为三类：一、根本地狱，包括八大地狱。八大地狱重重竖立。1.等活地狱，此处生灵互相折磨、残杀，经凉风吹来后，死而复活，重新备受折磨；2.黑绳地狱，用黑色铁绳反复绞杀有罪之身；3.众合地狱，以各种野兽的残害和各种刑具相结合来折磨罪人；4.号叫地狱，逼迫罪身发出哀号悲叫之声；5.大叫地狱，相对前者罪受更深，由哀号至大声叫唤；6.炎热地狱，火随身起，炎炽周围，苦热难堪；7.大热地狱，比前者受热更甚，大叫不止；8.无间地狱，罪恶深重者，苦难无边。除此而外还有与此对应的"八寒地狱"指反映在罪者身上的八种不同程度的苦寒状态。二、近边地狱。有十六游增地狱，在八大地狱中的十六个附加地狱，每一个大地狱有四门，各有四处火、尸、臭、刃增加折磨，共十六处。八大地狱，每个地狱有四门，每门四处，共计一百二十八处，为罪身游历时所增设，故曰近边地狱。三、孤独地狱，在山间、旷野、树

下等处所均空无一生灵，人若游魂。地狱饿鬼，在恶道之中。饿鬼，梵文意译，六趣之一，亦译为"鬼"等。常受饥饿之苦，由其所受果报，有所区分、不同，常饥为饿，多恐畏怯为鬼。有九鬼、三十六饿鬼之说。三十六饿鬼依次为：镬身、针口、食吐、食粪、无食、食气、食法、食水、希望、食唾、食发、食血、食肉、食香、疾行、伺便、地下、神通、炽燃、伺婴儿便、欲色、住海渚、使执杖、食小儿、食人精气、罗刹、火炉烧食、住不净巷陌、食风、食火炭、食毒、旷野、住塚间食灰土、树中住、住四交道、杀身饿鬼。对地狱饿鬼，《十八泥犁经》《佛说鬼门目连经》等都有尽详之述。

⑦天人：佛教六趣，亦称六道中三善道中的天、人、阿修罗（即战神）之一。天，可参见前注"三界"。

⑧善，佛教名词，凡符合教义则为善，反之为恶。广义指与善之念相对应的一言一行，狭义指信、惭、愧、无贪、无瞋、无痴、精进、轻安、不放逸、行舍、不害。当代也常指符合社会伦理、规范的行为举止，意念思想。果：本处指报应、果报。意指果异于因而成熟。故又译为"异熟"，乏指依业、所造之因而得的果报。对果报通常有两种解释：一、指"因"变为"果"，但果的性质与因不同，所谓"因"有善恶之分，而"果"无善恶之分。本文中的善果，当指因善而得果，增上善果。增加添上因善而得之果报。二、报"因"与"果"必隔世而熟，而"变异"而熟，即业之因必须在以后的岁月中得到果报。《成唯识论述记》卷二故曰："或异时而熟，或变异而熟，或异类而熟。"即指此。

⑨圣道：指修行佛理的声闻、缘觉、菩萨三乘中的人，谓之圣者之道。

⑩五性：佛教术语，亦作"五姓""五乘种性"。性也可作"姓"，指修行后可以达到的不同阶段或层次。大乘瑜伽行派和中国佛教法相宗认为众生灵先天具有的本性有五种性，由原"业"力或"种子"决定，不可更易。1.菩萨即定性于此；2.独觉即定性缘觉乘；3.定性于声闻。以上三种称为"三乘"种性，可分别达到菩萨或佛、辟支佛、阿罗汉的境地（即果位）；4.三乘不定性，有三乘之种子，但可至境地，还不能确定；5.无种性又称无性有情，永处生死苦海，可以修行到人或转生天界，却永远不能到达彼岸的解脱境地。

⑪二种障：即事障，即烦恼的障碍，因有而生爱欲，从而于生死轮回中不得解脱；理障，所知、惑之障，不解万法皆空、四谛真意，不晓十二因缘义理。障有深浅，对修行者而言，浅已证我无为妄，深者执于我，念念不舍。

【白话】

"有教化修养的男信徒，一切众生灵从最初的生命形态起，由于有了各种恩、爱、贪、欲的情感，所以就有了在生与死之路上的反复轮回。倘若世界上的一切生灵们，是由或卵生、胎生，由水气生或依因缘变化而生，那么都是由性欲作为延续生命的唯一途径。由此应当知道在生与死的轮回之中，是以爱欲为本源。由于有了各种欲望助长引发了爱的本性，因此能够使众生灵在生死之路上连绵相续。性欲因渴爱而产生，生命是由欲而存在的。

人们都爱惜生命，还是以欲为根本，渴爱和欲望是原因，珍爱生命是结果。由于产生并进入了欲望的境地之后，达不到欲望的要求，所处的境遇与渴爱之心相违背，因而生起憎怨和妒忌，从而产生了各种不同的言行，成为报应后生于地狱和饿鬼的原因。知道了欲望的可厌之处，在爱欲这根本原因上，舍弃恶念乐为善行，就可以进入天界与人间。又知道因爱欲而产生了厌恶，所以舍弃爱欲乐善好施，从而滋生爱心的根本，就会表现出因善而增进添加的果报，但仍在轮回的道路上生死，不能成就圣者之道。因此一切众生灵要想摆脱生死轮回，必须首先断绝贪欲之心和除去对爱的渴望。

"有教养的男信徒、有成就的证悟者，以各种形态显示在人世间，并非是以爱为根本，但是以大慈大悲之心使人们能舍去爱欲，只是假借贪爱欲望，而入生死的世间。如果未来世界的一切众生灵，能舍弃各种欲望并除去憎恶与渴爱的心念，永远断离于生死轮回，勤修以求无上觉悟圆满境界，在清澄明净的心境中，就能得到觉悟。

"有教养的男信徒，一切众生灵们由于从最开始的贪念和欲望，导致产生了迷惑与烦恼，从而明显表现出五种差别不同的性质，这是依据两种障碍而出现深浅不同的程度。什么是两种障碍呢？一是义理上的障碍，妨碍了正确智慧的认识；二是由烦恼而生的障碍，从而在生死轮回中不得解脱。什么是五种不同的性质呢？有教养的男信徒，倘若迷惑与烦恼两种障碍不能断绝灭除，称为不能够成就的修行者。如果众生灵能永远舍弃贪爱欲望，先除净烦恼的障碍，但仍不能断除迷惑，只能够因悟证了烦恼而进入依教而修证、自身觉悟两种境界，不能显现进入了自觉觉他的境界。

"有教养的男信徒，倘若未来世界的一切众生灵，要想度到无上智慧圆满觉悟大海的彼岸世界，首先应当发愿勤于修证断除迷惑和烦恼两个障碍，能制伏这两个障碍，就能够觉悟进入到有成就的证悟者境界。如果一切迷惑和烦恼都永远断除灭绝，就进入了无上智慧微妙、圆满觉悟，满足无烦恼的极乐无边境界。

【说明】

在一切皆由因而生、由缘助而发的佛教学说里，认为世界上一切现象皆处于相互联系、相互依存的关系之中，它或它们形成的生命形态或现象形态都如川流而不息，瞬息万变，永远在永不休止的生与灭之中，如旋转的火轮一样，无始亦无终，这就是轮回，即流转。本节讨论的着眼点，还是在轮回的问题上。轮回即苦，而轮回之因，在于有欲、有爱、有情。

轮回学说并不始于佛教，早在佛教产生以前，轮回学说就已产生。轮回学说首先是和灵魂不死的观念密切联系在一起的，因此只有在灵魂不死的观念产生以后，轮回学说才能逐步形成，当然这也并不意味着灵魂不死的观念必然会导致轮回学说的产生。

轮回学说主要是印度的产物，早在《梨俱吠陀》时期，灵魂不死的观念就已经出现了，但那时轮回学说尚未产生。那时人们认为，当人死后，他的灵魂经过长途

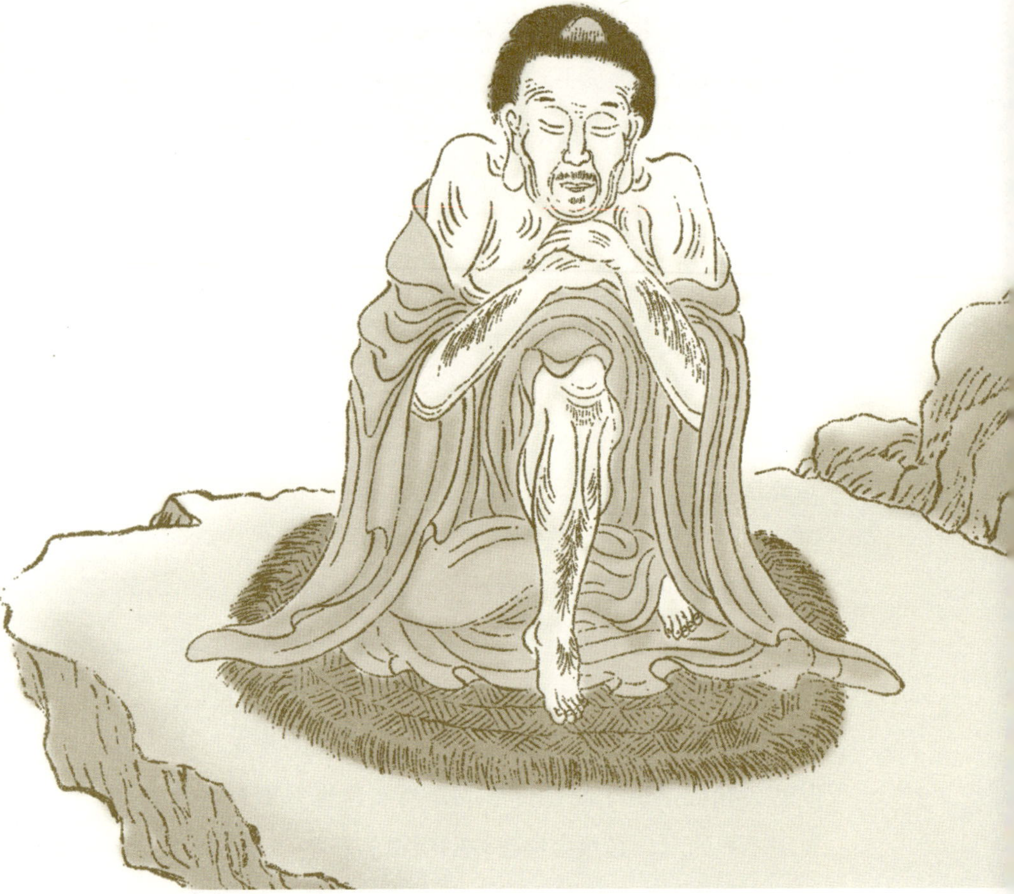

跋涉，并须在野羊及神的引导下才可越过黑暗的山谷到达天国。然而，天国并不是死后灵魂的唯一去处，其他尚有许多去处，连天国在内共提出14个去处：耶摩天、天与地、四方界、四极、大海、高光明处、水与植物、苏利耶、乌舍、最高处、现生界、遥远的地方、既生界与未生界。这些皆指行善积德后死的去处，至于作恶者死后灵魂的去处，在《梨俱吠陀》中则只提到地下的无底之深渊。到了《梵书》时期，轮回的思想才开始产生，更确切地说，轮回思想是随着业力说的产生而产生的。业力说认为，生前行善与行恶的不同，死后受到的待遇也不同。如"善人死后到天国，享受妙乐；恶人死后则到那落受诸苦。"到了《奥义书》时期，轮回说才逐步组织起来，及至各派哲学争鸣时期，轮回说才算最后完成。同时还应当说明的是，单纯的善恶观念只能产生死后进入天国或地狱的朴素想法，却并不能导致轮回思想的产生。只有在业力说产生之后，才能产生轮回的思想。因为所谓业力，就是一种连绵不断的潜力，它是不会中断的，于是从这里就逐渐形成了轮回不息的思想。

佛教的轮回学说与各种古代印度的其他各派的轮回学说之间的根本区别在于：其他各派的轮回学说都在有我论的前提下形成的，而佛教的轮回学说则是和无我论联系在一起的。有我论与轮回说联系十分自然，无我论与轮回说联系就会产生一些难以克服的困难和矛盾。因为既然主张无我,同时又主张轮回,那么轮回的主体是什么呢?没有轮回的主体又怎样轮回呢?佛教同时主张这两种学说,岂不是自陷于不可解决的矛盾之中吗?对此我们将予以回答。

【经文】

"善男子,一切众生皆证圆觉,逢善知识①,依彼所作因地法行。尔时修习,便有顿渐。若遇如来无上菩提正修行路,根无大小,皆成佛果。

"若诸众生虽求善友,遇邪见者②,未得正悟,是则名为外道种性③,邪师过谬④,非众生咎,是名众生五性差别。

"善男子,菩萨唯以大悲方便,入诸世间,开发未悟,乃至示现种种形相⑤,逆顺境界,与其同事,化令成佛。皆依无始清净愿力。若诸末世一切众生,于大圆觉起曾上心,当发菩萨清净大愿,应作是言:'愿我今者住佛圆觉,求善知识,莫值外道及与二乘⑥。依愿修行,渐断诸障,障尽愿满,便登解脱清净法殿,证大圆觉妙庄严域⑦。'"

尔时世尊,欲重宣此义,而说偈言:

弥勒汝当知,一切诸众生,
不得大解脱,皆由贪欲故,
堕落于生死。若能断憎爱,
及与贪瞋痴,不因差别性,
皆得成佛道。二障永销灭,

求师得正悟。随顺菩萨愿，
依止大涅槃。十六诸菩萨，
皆以大悲愿，示现入生死。
现在修行者，及末世众生，
勤断诸爱见，便归大圆觉。

【注释】

①善知识：佛教名词，"闻名为知，见形为识，是人益我菩提之道，谓善知识。"佛教认为，得一善知识之人，是大因缘。善者，于我有益，异之以光明前程者；知识，知识者能洞晓万法如幻，只在于一念之中。结善知识，能远离罪恶，不做坏事，常修于众善，永葆清纯洁白，具有圆满之智慧，因此有"善知识十德"，以喻其功德。通常讲有十种善知识：一、使人有觉悟、智慧的"菩提之心"。二、令人生善根。三、"行诸波罗蜜"即度脱于苦海，到达彼岸的美满世界。四、"解说一切法"。五、"成熟一切众生"。六、使人具有一切辩才。七、不执着于一切世俗社会。八、修证而勤奋不止。九、安住"普贤"救度众生。十、令入一切佛智，觉悟、智慧。除《华严》所述，还有"三种善知识"，分别是：使修行者坚定信念，安稳修道者；同修佛法，互相切磋者；去恶从善，传播佛理者。这三种善知识分别称为外护善知识、同行善知识、教授善知识。

②邪见：指五种佛教认为的邪恶见解，分别是：一、身见。不知此身为五蕴合成，而"有我"；不知身边的东西如财产，并无一定之主，而"我所有"或"我所见"。二、边见。一旦

有我之身生起,"我见"之后,就会产生思考"我死后是否会断绝""是否能常住不灭",起于身边之见,故称。三、邪见。以为世上本无因果,因此,恶不足恐,善亦不足好,是邪中至邪者,故称。四、见取见。执有以上三种邪见之人,反而认为所执见解是最为殊胜美妙的。其"见"还含有一切执"有"的见解。五、戒禁取见。主要指恪守错误的戒律,以及采取苦行等修行方法,以为可以由此到达极乐净土的认识。

③外道:佛教以外的其他各种哲学思想。主要指"六师外道",即佛教产生前后的六种学说。有"善恶无果论""苦乐无因论"、否定轮回的"断灭论"、宿命哲学的"常见论"和"宿因论"等。此外还有从六种学派中衍化出来的九十六种小派别,佛教称九十六种外道。

④邪师:讲授非佛门义理见解,引众生走上邪恶道路的人。

⑤形相:本文指为教化众生所显现的各种形态、相貌、身像,如观者,可化为男女老少、士农工商等各种形象与阶层的人进行引导,以度人自救救他。

⑥二乘:此处指"闻教而信"的声闻,以及能"自觉修证"的缘觉,这二种修悟之人。

⑦妙庄严域:妙,指美妙。庄严,佛教名词,以善美国土或以功德饰依身;以恶事积身亦称庄严。本文指进入佛之庄严净土世界。佛教对于持教而行有二种庄严。四种庄严乃至于二十九种庄严的说法。

【白话】

"有教养的男信徒，一切众生灵都能够证得圆满觉悟，如果能遇到善于教导的证悟者，依照他的教导从实际情况出发修悟佛理。这时的修行，就有顿时醒悟与逐渐觉悟佛理两种情况。如果走上了无比正确智慧的修行之路，那么不论基础怎样，都可以得到佛果这觉悟的成果。

"倘若那些寻求善良之路的人，却遇到了持错误思想认识的人，没有得到正确的影响，这就成为非佛教的信徒，这是邪恶之师的错误，不是人们的过错。这就是关于众生灵的五种差别的原因。

"有教养的男信徒，有成就的证悟者以大慈悲的心愿，用各种方式，进入一切世界中，开发和启迪未觉悟者，以至于显现出各种不同的形象，在逆境或顺利的环境中，与人们相伴随，在教化中使其成就无上智慧。这是由于每个人的心中都有从初始以来就有的清净心性。如果未来世界的一切众生灵，在原本自圆满的心念上发愿增加无上的清净，就应当发证悟成就清净智慧的心愿，并这样说："愿我从今日起进住无上智慧和圆满觉悟，求有益的教诲，不要碰到其他思想的人们以及只求听信佛门义理和只愿自己修得觉悟的修行者。依照愿望修行，逐渐断除各种思想障碍，各种烦恼障碍除尽心愿就可得圆满，就可以登上解脱烦恼清澄明静的佛境，证悟广大圆满觉悟的美妙庄严的净土极乐世界。"

这时佛陀又复述义理，用诗句归纳说：

    弥勒证悟者应知，

所有世界众生灵，
不能得到大解脱。
都是由于有贪欲。
堕入轮回生死路。
倘若能除憎与爱，
以及贪婪与嗔怨，
不因基础有差别，
皆能成就彻悟路。
去除烦恼和迷惑，
寻求明师正确路。
随之而发证悟心，
依据观止戒定慧。
一切世间成就者，
皆发大慈大悲心，
显示出现人世间。
一切现在修行人，
未来世界众生灵，
勤勉断除心念爱，
归于广大圆满觉。

【说明】

　　本节是对如何断绝世间的烦恼、诱惑，脱离生死轮回境地，得遇机缘成就无上觉悟的进一步说明，也是全章归纳性的概说。这其中讲到了如果遇上了其他教派，甚至于思想家的引导，佛教只能将其归咎于"邪师"和每人的机缘及根业不同了。这也从一个侧面告诉读者，佛陀在宣传其教义的时候，也与印度的各派哲学思想进行过论战，这种情况在佛教发展史上从来都没有停止过。为了更进一步理解佛教的轮回学说，理解度脱生与死之路教义的理论基础，将佛教与其他哲学派别即"外道"关于轮回学说的区别做进一步说明。佛教是如何认识"无我"与"轮回"呢？

我们知道，佛教在早期就主张"有业报，无作者，此阴即五蕴灭毕，余阴相续"。这就是说，人们如果从有我论出发去解释佛教的轮回学说就难以理解佛教的整个体系。因为在所有重要的经典中，他们都再三强调"无我"，如果一定要在佛教的无我论中去寻找有我，那么自然会陷入无法自解的困境；同时也难以说明"无我"论在佛教思想中至关重要的地位，因为佛教就是要断除从无始以来的"我"与"我所"及其产生的一切妄念，认为这是产生烦恼不能解脱的根本原因。可见所有一切关于轮回主体的说法都不能适用于佛教的基本教义。由于释迦牟尼的业力轮回说中并没有一个轮回的主体，所以在它的体系中也不可能有"我"的适当地位，业的不断连续就是轮回。从无始的"无明"就存在着业力，而且一直延续下去，此阴虽灭，余阴仍在继续。这里没有"作者"，因而也没有"我"。这样的业力轮回说是与"无常"与"无我"学说密切联系在一起的，本文的章节中"大涅槃"也就是指消灭了无明、消灭了业力的延续而达到解脱。如果理解没有偏颇的话，就不会在探讨佛教基本教义和整个体系中陷入难以自圆其说的困境，佛教的业力轮回说本身是无法证明的唯心学说，但就其整个体系而言，仍然是严密和完整的，其中的矛盾之处也是可以解释和理解认识的。

此外，轮回学说是与善与恶的观念相伴相随，密切联系在一起的，因此也当然属于一定社会的道德范畴，也反映了广大的善良人们的良好心愿和共同心理，这是我们在阐述并理解佛教义理、考辨广泛的佛教文化现象时，应当注意的问题。

第六章　清净慧菩萨

【题解】

本章所借以发问的内容，仍然是关于修证佛教义理中的具体问题，诸如修得善行与不得善因的众生与有初步成就的修证者，以及有成就的证悟者乃至于佛祖之间的差别是什么呢？造成差别的本质是什么？差别只是由于对心境的觉悟程度，因而在于心的认识。也就是说智慧是通向解脱的路标，戒、定只是方法，最终的目标是彻底解脱的境界。要达到彻底解脱，先除心之妄有，以觉悟去换清静心，但如果认为无妄念即觉，为觉悟而觉悟，这又是一种执着。这就展现出众生与佛之间的双重修证区别，由众生未入菩萨地，再依次经十菩萨地，说明修行不是一朝即成的，即使修行也不执着于修，求觉、求悟乃至证悟教义也是手段，从而进一步提出了涅槃学说是彻底的人法皆空。

【经文】

于是清净慧菩萨，在大众中，即从座起，顶礼佛足，右绕三匝，长跪叉手而白佛言："大悲世尊，为我等辈，广说如是不思议事。本所不见，本所不闻。我等今者蒙佛善诱，身心泰然，得大饶益。愿为诸来一切法众，重宣法王圆满觉性①。一切众生及诸菩萨,如来世尊,所证所得,云何差别?令末世众生闻此圣教②,随顺开悟,渐次能入。"作是语已,五体投地,如是三请,终而复始。

尔时,世尊告清净慧菩萨言:"善哉,善哉。善男子,汝等乃能为末世众生,请问如来渐次差别,汝今谛听,当为汝说。"时清净慧菩萨奉教欢喜,及诸大众,默然而听。

【注释】

①法王:佛教名词,佛于法自在,故称,即如来是诸法之王。《释迦方志》云:"凡人极位名曰轮王,圣人极位名曰法王。"

②圣教:圣者与正确的真理相结合,圣人之所说,称之为圣教。《宗轮论述记》云:"圣者正也。与正理合,目之为圣;又契理通神,名之为正。此所说教,名为圣教。"

【白话】

于是代表清净慧敏的证悟者,在信徒中间从座位上起来,五体投地俯伏在佛陀脚下叩首后,从右边环绕三周,跪着将两手合掌于胸前对释迦牟尼说:"大慈大悲的世人之尊。为我们大家广泛地解说如此不可思议的事。这是本来没见到,也没听到过的。我们今天承蒙您循循善诱的教诲,身心安然舒畅,得到了极大的收益。期望您能为来参加大会的一切信众,重新宣讲无上智慧圆满觉悟的心性。一切众生灵以及各位有成就的证悟者,如实而来的世人之尊佛陀，人们的修行证悟所得到的结果，有什么区别呢？使未来世界的众生灵听到如此代表真理的圣明教导，从而随之顺利地开启觉悟之心，以便逐步地进入清澄的境地。"代表清净慧敏的证悟者问了这些话之后，又五体投地，连续三次，恭敬地请佛陀解说。

这时世人之尊佛陀告诉清净慧敏的证悟者说："很好，好得很。有教养的男信徒，你们能够为未来世界的众生灵，请教如实而来的佛陀关于修行逐渐深入和不同层次的差别，你现在要仔细听，应当为你来讲解。"这时清净慧敏的证悟者，听到佛陀要为他们讲解教义，十分欢喜，所有到会的人都安静地聆听。

【说明】

菩萨一词，在大乘佛教义理中，是指能办"大事"的人。什么是大事呢？这就是自利利他，自觉觉人，也就是要发大愿拯救一切在苦海中的人们。这种信仰的产生是悲惨社会的一种精神和思想的抗争。他被不分贫贱富贵、等级阶层的人们所崇敬。菩萨是具有坦然济世的襟怀和弘大气概的保护神，是人们心中扶危济困的化身。因此"菩萨"信仰的产生，扩大了佛教在人们心中的影响，是世俗化的一大迈进，因为众菩萨毕竟是久驻人间化度的"有情"者。那么，这样一来就自然会在宣讲教义的事体中遇到这样的问题：众生们如何区别，有没有区别？有成就的证悟者们之间有没有区别？如何面对这些必然会遇到的问题，就不能不提到信仰者的议事日程上来。正所谓"一花一世界,一树一精神",花有百态千姿,人有千人万面,各有不同,概而论之,显然不能说服人。因此,本章在人自性本空,本身是佛心的大乘"性空幻有""人皆是佛"的义理上,进一步具体化、对象化,将人与菩萨、人与佛陀、菩萨与佛陀分别加以界定。这种区别是严密的,因为如果有区别,从"如实观察人生"的佛教义理来看,就不能不将现实生活中的人与人的差别与等级反映到佛教的分别学说里来。这样一来,似乎又与其"自性"本真,本无差别的理论发生了矛盾。我们认为,佛教的"业"力学说,是理解差别论的一把启门的钥匙。这就是说,本为平等、清净,但从无始以来的有情众生们的六根有染,从而在生死之途中相续"流转"。每个人生前所思所作有所差别,这就是由前"业"之因,今作之缘而为,既为之,则亦会为前业有所增减,如增善业,那么就可以从凡人世俗的位置产生增上的机缘,乃至于到达"证悟"者的几个不同的层次或境地。亦即声闻即闻教而信;缘觉,觉悟人生;菩萨,有成就的觉悟者,并承担自利利他的愿力。反之,如增恶业,就会不断地往下滑,从人至于"三恶道"(即地狱、畜生、饿鬼)。因此,其理论也就变得完整,并可以被人们广泛理解。这同样,也会牵出另一个问题,这就是在中国佛教史上,尤其是在禅宗史上长期争论不休的问题——"渐修"与"顿悟"之争。直到今天,这个问题仍然困扰着佛教内部的许多高僧，认为这是关系到佛教是否能够面对纷扰的世事，何以为继的问题。本章是从"渐次差别"来立论的，那么有哪些"渐次"的"差别"呢？当我们带着"渐""顿"的思索，去了解"差别"的教义，去进一步探索，应当说是有益的，所谓"大疑大悟，小疑小悟，不疑不悟"，说的就是这个道理。

【经文】

"善男子，圆觉自性①，非性性有②，循诸性起③，无取无证④，于实相中⑤，实无菩萨及诸众生。何以故？菩萨众生皆是幻化，幻化灭故，无取证者。譬如眼根，不自见眼，性自平等，无平等者。众生迷倒，未能除灭一切幻化，于灭未灭妄功用中⑥，便显差别。若得如来寂灭随顺，实无寂灭及寂灭者。

"善男子，一切众生，从无始来。由妄想我，及爱我者，曾不自知念念生灭，故起憎爱，耽著五欲⑦。若遇善友，教令开悟净圆觉性，发明起灭，即知此生性自劳虑⑧。若复有人劳虑求断，得法界净，即彼净解为自障碍，故于圆觉而不自在，此名凡夫随顺觉性。

"善男子，一切菩萨见解为碍，虽断解碍，犹住见觉⑨，觉碍为碍而不自在⑩，此名菩萨未入地者随顺觉性⑪。

"善男子，有照有觉⑫，俱名障碍，是故菩萨常觉不住，照与照者，同时寂灭。譬如有人，自断其首。首已断故，无能断者，则以碍心自灭诸碍，碍已断灭，无灭碍

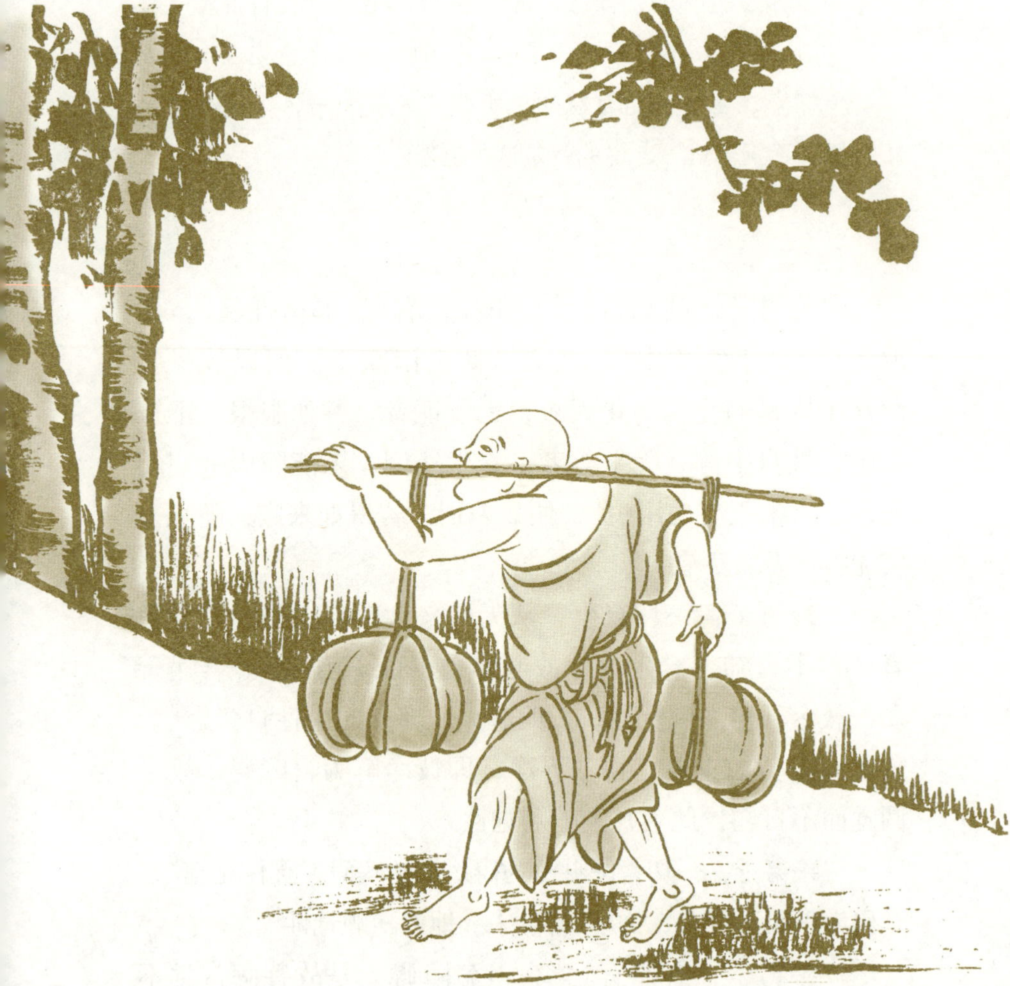

者。修多罗教，如标月指⑬。若复见月，了知所标毕竟非月。一切如来种种言说开示菩萨，亦复如是。此名菩萨已入地者随顺觉性。

"善男子，一切障碍，即究竟觉。得念失念，无慧解脱；成法破法，皆名涅槃。智慧愚痴，通为般若⑭；菩萨外道所成就法，同是菩提⑮；无明真如，无异境界；诸戒定慧及淫怒痴⑯，俱是梵行；众生国土，同一法性；地狱天宫皆为净土；有性无性，齐成佛道，一切烦恼，毕竟解脱。法界海慧，照了诸相，犹如虚空。此名如来随顺觉性。

【注释】

①自性：一切事物，所具有的不改变的特性，如事物由各种原子组成等。佛教认为一切事物（即"万法"）都由极微小的基本原子和元素构成，这种"构成"不过是由各种因缘的积聚而成，无时不处于变化之中。因缘灭则事物灭，但组成的元素并不变，本无所谓有与无，旧缘已灭，新缘随之而生，一切"无常""无断"，故称"诸法各有不改不变之性"。本处指"心"，即人们的本有之心。自性清净，离一切之妄染，故曰自性清净，又称真心、菩提心。

②非性性有：自性本真，既无所谓有，亦无所谓无，万事万物都是聚合，故称"非性"；而事物与每个人也都各有其本然，故称"性有"。

③循诸性起：任何心念、形态都从本性上生发、产生，修证也就是要由起之念归于本然至无。

④无取无证：无取，并不得到什么，索取、增加什么。取，佛教术语，"十二因缘"之一，指由爱而生的一切活动，同时也指执着于一事。泛指主体即"能取"，对象"所取"之间一定的特定关系。小乘有部"烦恼名取"，并认为一切烦恼源出于"取"，故称"五取蕴"。分"欲取"即对色、声、香、味、触这五妙境的欲望、追求；"见取"指执着于各种世俗的认识；"戒禁取"对非佛教的各种禁忌。无证，若无取，即对万法，对一切事物，都能认识本身无实、如幻，也就没有什么可证、可修或无所谓证悟，无所谓修行了。

⑤实相：真实的形态。一切事物，本自聚合而成，无时不在变化。实相指佛教认为的一切无常、无我，只是一种本质上的幻化。

⑥妄功用中：有虚妄，不真实的有或无中去思索、取舍。

⑦五欲：佛教把五尘、五境（即色声香味触）这样能引起人的欲望心念称为"五欲"，具体讲就是财欲、色欲、饮食欲、名欲、睡眠欲。把五欲看成是引起痛苦的原因，也是在生死轮回中不能脱离的根本。《智度论》十七云："哀哉众生，常为五欲所恼，而求之不已。此五欲者得之转剧，如火炙疥。"但是"世人愚惑，贪着五欲，至死不舍，为之后世受无量苦"。

⑧性自劳虑：人本自性清净，但由境生心念，被"色尘"迷惑，从而生欲、生贪，从此烦恼不断，并为此而至死难悟，自己劳形穷思竭虑，但终不能如意，本是自寻劳苦忧虑。

⑨犹住见觉：仍然执着于所见之一切事物及所认识的一切事物的形态中。意在仍然有心念于一事，系之于一情，有感于一物，有识于一理，不离世俗。

⑩觉碍为碍而不在句：觉碍，认识到了有障碍；为碍，本身就是一种未脱烦恼的表现或证明。《大日经疏》云："修道有五障。一烦恼障，根本之烦恼，障盖净心，妨害道机，而不使入于佛法；二业障，过支之重罪，乃至诽谤正法也，以先业之障未除，而有种种之难，不得入于佛法；三生障，若得无难之生处，则心悟道，然先业乘之而受无暇之身为趣生障，不得入于佛法；四法障，已生无障之处，又有悟道之机，以先世障法等缘故，不逢善友，不得闻正法；五所知障，已逢知识，得闻正法，而有种种之因缘，两不和合，妨修般若。"修行者有了这五种障碍，修是难以修成了，知碍就是障碍，当然也就难以到达菩萨境界，本章着重宣讲"差别"，其"业"之差别也自在其中了。不自在，佛教以出家学道者以不自在为乐，在家的人（即世俗之人）以自在为乐。全句意为：认识到有障碍并以为是阻碍从而自认的修行者。

⑪入地：佛教用语，是修行过程中的十个层次、阶位，梵文意译为"十地"或"十位"。入，进入般若亦即智慧境地，往生功德名为地。一发心住，以真方便发起十住心，涉入十信之用，圆成一心之位；二治地住，使心明净；三修行住，涉知前地，游于十方而无障碍；四生贵住，入于如来种；五方便具足住，自利利地，各种方便具足，可以各种形象、方法引导众生；六正心住，无论相、貌、心都与佛相同；七不退住，身心合成，日日增进；八童真住，佛之十身灵相一时俱足完备；九法王子住，由初发心至第四生贵皆称为入于圣胎，由第五至第八为长养圣胎，至九则相形具足而出胎；十灌顶住，菩萨既为佛子，堪行佛事，

佛以智水灌顶。中国佛教通常讲大乘菩萨修行的十个层次，称"大乘菩萨十地"。一、欢喜地，亦称"极喜地""喜地"，在此地已初证圣果，悟法我皆空，能教益自身、他人，产生极大欢喜。二、离垢地，亦称"净地"，远离于任何违犯戒律的烦恼，致使身心清净无垢。三、发光地，亦称"明地"，修行而解惑，智慧显现。四、焰胜地，亦称"焰慧地"，使心性中之慧日益增进。五、极难胜地，成就禅定，使洞察世人之心的"俗谛"与佛教义理的"真谛"融会贯通，极难成就，故名。六、现前地，亦称"现在地"，由"缘起"智慧，引发"无分别智"，使最殊胜的智慧出现。七、远行地，亦称"深入地"，入于无相的远行状态，产生大悲之心，远离自觉自度。八、不动地，任运无功用相续，不被一动妄念所动。九、善慧地，洞察一切，于一处处知可度不可度，能广行教化、"说法"。十、法云地，成就智慧，具足无边功德，身若空智若云。《华严经》卷二十三云：此十地修的内容分别为：施、戒、忍、精进、静虑、般若、方便善巧、愿、力、智等"十度"。除以上"十地"说外，还有"三乘共十地"说，即声闻、缘觉、菩萨共同之十地；"四乘十地"，即声闻乘十地、缘觉乘十地、菩萨乘十地、佛乘十地等。

⑫有照有觉：照为监视，本处指自我"观照"、反省，如镜见自己之不洁，有照就是有垢、有念。有觉，觉，知觉、认识，有"识"则不离烦恼，故称。

⑬如标月指：本句为佛教比喻，指佛教的经典只是指引、导向修行者觉悟的一种方式方法，好比用手指引导人去看月亮。以此来批评有的信徒，只会依经书所言，执着于此，不解佛陀一切

宣讲，旨在信众离于妄念，只是一种法门，而称为佛说。好比本意旨在于月亮，因用一种方法"手指"，反而只看到"手指"，不见"真谛"的月亮了。

⑭般若：梵文音译，意译为"智慧"。全称"般若波罗蜜多"或"般若波罗蜜"，佛教名词，意指通过智慧到达涅槃的彼岸世界。这种智慧与世俗之"智"不同，是对佛教义理与实践的领悟，其特点是一切事物"万法"皆因缘而成，无时不在变化、生灭，本自于空幻，"性空幻有"，从而破除"我见"，由法空到人法无我。对世俗社会进行了彻底的否定。大乘佛教的主要思想，就是建立在般若理论之上的。

⑮同是菩提：本句意在一切其他教派的思想，佛教证悟的义理，都是一种言说，同是菩提即都应觉悟、认识到言说究其根本，也只是一种"方便"，不应有"执着"及持或有的妄念，都是"假说"。

⑯戒定慧及淫怒痴：戒定慧即佛教"三学"分别对指戒律、禅定、智慧，大乘佛教更注重于"智慧"，也就是佛教的义理。淫怒痴：淫，指男女之事；怒，嗔怒；痴，愚痴。这一组经文，亦同前注之意，旨在破除"我执"之认识。

【白话】

"有教养的男信徒，圆满觉悟的心之本性，既无所谓无也无所谓有，各种心念都是从本性上产生的，本来并不取得什么也不需要证得什么，从一切事物的本质上看，其实并没有什么有成就的证悟者和需要求度的众生灵。为何这样讲呢？有成就的证悟者和众生灵都是虚幻不实，由各种因缘的聚合体，因缘散则虚幻的身心形态也就消失了，没有可取、可证。好比眼睛，不能看到自身，本性平等，无差别。如果在世俗的消失与暂时的聚合形态之中去妄想和取舍，就可以表现出差别来。倘若进入了如实而来的静寂本无的随时顺势之中，在真实本质的形态中并无什么静寂消灭以及这样的人。

"有教养的男信徒，一切众生灵，从无法推测的本初以来。由于产生了虚妄的我的形态。因此产生了对我的迷恋、渴爱，曾经历了自己并不认识的各种妄想心念的随时生以及随时消失的状态，因此就产生了憎恶和渴爱的情感，沉溺于财欲、色欲、食欲、名欲、睡欲和永不满足的苦海中。如果遇到传授人生真理的导师，在教诲下开启悟出清净圆满觉悟的本性，认识明白了心念的产生与消灭的道理，就会知道这些生起的妄念是自寻的劳苦和忧虑。如果还有人把妄念的劳苦和忧虑永远断除，就会得知一切事物本自清净，是自己心中的妄念不能干净解脱的原因，烦恼障碍就在于自身，修行圆满觉悟，这就是一般人们的随意而顺势的认识特性。

"有教养的男信徒，一切发愿的修行者，所具有的觉悟见解就是障碍，虽然断除解脱了烦恼的障碍，但仍然认识在要觉悟万法的心念上，这种认识到的觉悟，心念本身就是仍在障碍之中的修证者，这就叫作发愿的修行但未进入到证悟者十种境地的随时顺势的认识特性。

"有教养的男信徒，能看到自己的心念有不洁的事物形态，能认识它，这同样不能脱离烦恼，因此都仍然是障碍。这是因为有成就的证悟者心念常有常灭不执着于心，心念与净心者，同时静寂消失。比如：有人砍掉自己的头，头已砍掉，就不存在再砍掉头了。所以障碍的心念灭除，各种障碍也就不存在了；障碍的妄心已断绝灭除，也就不存在再灭除什么障碍了。佛陀所述一切经典，好比用手指引导人去看月亮。如果顺着手指看见明月后，就自然知道手指毕竟不是月亮。一切佛陀所讲述的各种义理和解说都是为了开启明示于发愿的证悟者，只是方法同手指月的道理一样。这就称为已进入了有成就的证悟境界的人们随时顺势觉悟的特性。

"有教养的修行者，一切烦恼障碍，推究起来毕竟是觉悟的根本，即无碍也无所谓觉。产生一个心念与消失一个念头，这并无所谓解脱；成立一个事物形态，破除这一形态，就是寂灭境界。无愚昧痴迷也无所谓智慧，都为觉悟的认识；有成就的证悟和其他哲学派别的认识，共处在一个同一体中，是一种言说方法；迷惑与真正如实，并无不同的境界；戒律、禅定、智慧以及淫欲、瞋怒、愚痴，也同样是证悟修行，无此亦无所谓彼；众生灵的世间与佛国净土，都共同具有其特征、性质；地狱与天上宫殿也终成净土世界；有灵性与无特性，都会一起成就光明觉悟，一切烦恼，最终也会解脱干净。如实境界似大海无边的智慧，会映照一切事物的形态，犹如虚幻空花。这就称为佛陀如实本质的随时顺势的觉悟特性。

【说明】

这一节中，主要讲述有三种不同心念修正者的不同层次问题,其着力点在于"菩萨"的区别,介绍了"入地"与未成就的修行者的不同与机缘。在"差别"说之后,又用了十对相对立的事物形态,解说了"般若"义理的主要内容。这就形成了"差别"与"本无差别"一个既紧密联系,又各有分别的理论,表现出大乘佛学在我国传播过程中产生的分歧与不同的理解。在"差别"的界定与分别中,反映了中国佛教,特别是影响较大、宗教支脉较多的禅宗在理解和佛教中国化过程中的"顿悟"与"渐悟"的争辩。禅学至东土,从初祖菩提达摩在少林寺修禅,神光即慧可"立雪断臂"方有达摩"付法",开禅宗首次"传灯",至僧粲、传道信,至弘忍,这时仍以印度禅定为主,修、传皆以"渐悟"为宗。弘忍据传有一篇《最上乘论》,中间有"身心本来清净,不生不灭,无有分别。自性圆满清净心之",以及"但能凝然守心,妄念不生,涅槃法自然显现"。其思想以"真知"本自,因"缘起"而生妄的大乘思想为主线,但"显现"初见"顿悟"法门之机缘。从这一点来看,弘忍付法,不立门宗,尽让僧人自证"得法"心得。神秀作偈文,人皆尽知:"身是菩提树,心如明镜台。时时勤拂拭,莫使有尘埃。"此偈确实把多年修行中人的体验和心得尽显出来,也如实反映出了"次第""渐修"的味道,但前人常与六祖慧能的"得法偈",以论短长,认为弘忍之所以对神秀不予"印可",在于神秀此偈,很有一点本节所述的"以标指为

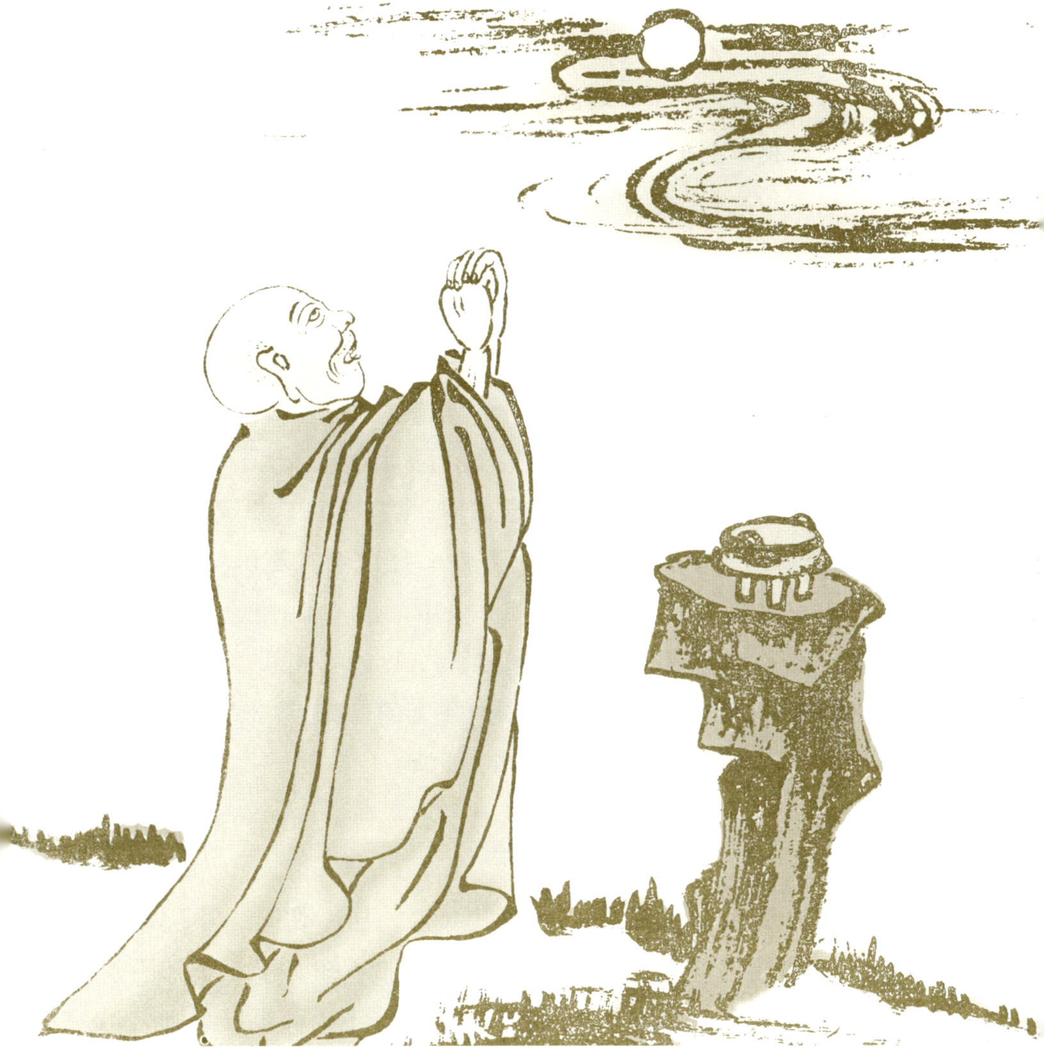

月"之意，从而得"筌"忘"鱼"。后以神秀为首的"北宗"在禅门史上渐衰，而岭南慧能"自心顿悟，见性成佛"之风日盛，且"一花五叶"代有传承。人们常称道的"得法偈"，根据慧能弟子法海的记录本《坛经》，慧能请人代写的"对偈"共有两首，分别为："菩提本无树，明镜亦无台。佛性常清净，何处有尘埃。"此其一；另一首为："心是菩提树，身为明镜台。明镜本清净，何处染尘埃。"当然人们熟知的诸本《坛经》中，"得法偈"则成为一首了，即："菩提本无树，明镜亦非台。本来无一物，何处惹尘埃。"其实仔细看来，对于"渐"与"顿"的分别，也只是一种相对的说法，二者实际上本自一体，不能分开。所谓"譬如为山，未成一篑，止，吾止也；譬如平地，虽覆一篑，进，吾往也。"如孔子所说：好比堆一座山，只差一筐土，如果停下来，工作就中止了，而山仍不是"山"。渐悟犹如已堆之土，顿悟好比最后一筐，不能只看到一筐的最终作用而否定了前面的积累工作。堆山如此，孟子的"譬若掘井"亦同此理。

【经文】

"善男子，但诸菩萨及末世众生，居一切时，不起妄念，于诸妄心亦不息灭，住妄想境不加了知。于无了知不辨真实，彼诸众生闻是法门①，信解受持不生惊畏，是则名为随顺觉性。

"善男子,汝等当知,如是众生,已曾供养百千万亿恒河沙诸佛②,及大菩萨。植众德本③。佛说是人,名为成就一切种智④。"

尔时世尊,欲重宣此义,而说偈言:
  清净慧当知,圆满菩提性。
  无取亦无证,无菩萨众生。
  觉与未觉时,渐次有差别。
  众生为解碍,菩萨未离觉。
  入地永寂灭,不住一切相。
  大觉悉圆满,名为遍随顺。
  末世诸众生,心不生虚妄。
  佛说如是人,现世即菩萨。
  供养恒沙佛,功德已圆满。
  虽有多方便,皆名随顺智。

【注释】

①法门:佛教名词,指由佛陀所说的世人行为的准则,也是通向解脱之门的道路。"为世则谓之法,众圣所由谓之门。"

②供养:又称"供施""供给",佛教专用术语。一般是指用香花、灯明、饮食、衣物、钱财等供佛、菩萨以及亡灵,也包括供给僧尼。以饮食等实物供佛僧称为"财供养";以讲经说法称"法供养"。

③植众德本:比喻,指明性之心如种植了众多功德的种子,遍及世间。

④一切种智：佛教名词，为三智之一。"三智"分别为：一切智，是声闻即佛之教义听信不疑，依法修行，缘觉，知一切为妄，修自身清静二种修证有得之人的"智慧"；道种智，一切有成就的证悟者，即菩萨之智，能察诸法实相，知种种差别；一切种智，亦称佛智。佛智圆明，通达一切事物的形态，破除一切惑与烦恼之智。因此，一切种智又称"一切智智"意即这种智慧是"智中之智"，如实了知。比如虚空之界，远离一切分别、形态。《大日经疏》称："如大地，为一切众生所依；又如火界，烧一切无智之薪；又如风界，除去一切诸烦恼之尘；又如水界，一切众生依之欢乐。"并认为这种智以菩提的觉悟之心为因，以大悲悯之心为根，发大愿，救众生出苦海并以此为乐。方便为究竟，即以利他为行动的准则与根本。这反映了大乘佛教超拔众生于苦难的入世观。

【白话】

"有教养的男信徒，但愿你们这些有成就的证悟者以及未来世界的众生灵，安居在所有的时光中，心中都不起虚妄的念头，对各种虚妄之心也无须去执着地要使它熄灭。虽处于妄想的境地，却不必分别和认识，在无所知的境地不去言说、分辨是否处在真实的清澄中。你们大家听我解说打开解脱之门的方法，信奉理解和接受持有它，不产生惊奇与畏惧，这就被称为随和顺势的觉悟特性。

"有教养的男信徒，你们应当知道，假如能够知我所述并信守修行，那么在过去就有供给百亿、千亿、万亿如恒河沙数量的一切佛以及众菩萨的因缘，种植了众多的功德种子，佛陀说这样的人就称之为成就了无上智慧。"

这时，世人尊者又复述义理，用诗句归纳说：

> 清净慧者你应知，
> 圆满觉悟的本质。
> 无须索取与证悟，
> 亦无证者众生灵。
> 觉悟与否各有时，
> 深浅层次有差别。
> 众生见解为障碍，
> 成就悟者有知觉。
> 进入果地才寂灭，
> 不执着于众形态。
> 广大觉悟是圆满，
> 称为遍布无障碍。
> 未来世界众生灵，
> 不生虚妄于心中。
> 我说若是这等人，
> 现已证悟在人间。
> 功德供给无量佛，
> 前世因缘已圆满。
> 虽言佛门多方法，
> 皆称随机顺势智。

【说明】

　　本章文字义理与《华严经》思想更趋接近，一切"缘起"，"尘"自"心"生，"心"澄明则"净"，"清净"本"自性"，还列举出了十对相对的事物，结尾用"一真法界"、圆满世界，充分表现出大乘般若学说的"性空""幻有"理论。因此，我们这里仅扼要地介绍一下般若，即"智慧"在我国的传播，以知其始末。我们知道，大乘佛教以前的经典皆系口传，而大乘经典则是与大乘佛教的产生联系在一起的。由于印度是一个不大注重保存历史文献的古国，对于大乘佛教的认识，只能从汉译典籍的探究入手。在大乘经典当中，般若类出现较早，其根据在于这类经典以"法空"一切事物皆为幻化为主要思想，其他的大乘经典如《法华经》《华严经》的"佛性""法界缘起"与"一念性起"等都是建立在般若思想之上的。另外，《般若经》一开始出现，就已采用了"方广"，即理正无偏、文富义备的形式。

　　般若类经典是指般若波罗蜜诸经的总名。汉译的旧译称为"般若波罗蜜经"，新译称为"般若波罗蜜多经"，意为渡到彼岸的智慧。以后，般若经发展得相当庞大，究竟有多少种，迄今仍无法确定。就其数量来说，在整个佛教典籍经、律、论三藏中，约占三分之一，不仅数量大，思想内容也十分丰富。因此，研究大乘佛学一定要从般若经开始读起。在我国，历来对此经都十分重视，代不乏人，且译家辈出，一经往往数译，务求译文确切，要义毕显，但最突出的要数唐初时期的玄奘大师。他所译经典的特点可以概括为以下几点：

1. 集大成、汇巨著。他使般若诸经形成一个严密的体系，为以后研究大乘般若经的学者也提供了详备而完整的资料。

2. 所译文本可信性强。玄奘所译出的文字，系根据他在印度十七年间所收集三种梵本的校译，文字上更加重视，且玄奘本人对佛门意旨尽得其要。在天竺"无遮"万人大会中辩说佛教义理时，获"大乘天"的最高荣誉，因此所译经文影响大且流传广，保存完整。

3. 汉译工作具有思想与文化政策并行的双重意义。译经的工作，是经唐高宗"恩敕"之后，由国家出面予以保护完成的。这样般若经的汉译工作，就不再仅仅是个人出于信仰的行为，而是统一的封建国家文化政策的体现。

另外，值得注意的是，以往的"译场"，大多是由印度或西域僧人主持，而玄奘汉译是以他为主译，助译的四大弟子中的神昉是新罗人。从这个意义上看，它标志着中国佛教开始走向成熟，并已经传播影响到周边国家。

第七章　威德自在菩萨

【题解】

这一章是由代表着能够广被众生灵，在德化的威严之中，"自在"于世间，并使世人萌生敬意的有成就的威德自在证悟者，就如何进入庄严佛国、有哪几种言说方法和修行方法向佛陀发问。释迦牟尼具体解说了三种方法：首先是定止，于烦乱之念中定止下来，以求静虑，使心性平和下来，达到轻松自然；其次为修性起慧的修观，从身心观修开始，知幻起参幻灭，悟佛门理义，这是修德返真的第二个步骤；第三即禅定思维，这是修悟的成就层次，不仅要定念观止，还要于一切事物的形态变化中得断有无等心念，知万法唯识一心，至圆妙如实之境。

【经文】

于是威德自在菩萨，在大众中，即从座起，顶礼佛足，右绕三匝，长跪叉手而白佛言："大悲世尊，广为我等分别如是随顺觉性。令诸菩萨觉心光明，承佛圆音[1]，不因修习而得善利[2]。世尊，譬如大城，外有四门。随方来者[3]，非止一路。一切菩萨庄严佛国及成菩提[4]，非一方便。唯愿世尊广为我等，宣说一切方便渐次。并修行人总有几种？令此会菩萨，及末世众生求大乘者，速得开悟，游戏如来大寂灭海。"作此语已，五体投地，如是三请，终而复始。

尔时，世尊告威德自在菩萨言："善哉，善哉。善男子，汝等乃能为诸菩萨及末世众生，问于如来如是方便。汝今谛听，当为汝说。"时威德自在菩萨，奉教欢喜，及诸大众默然而听。

【注释】

①圆音：指圆妙的声音，专指佛陀之语。
②善利：佛教名词，指利益的善妙，即觉悟无烦恼的利益。
③随方：从各个方面，各个方位而来。
④佛国：佛所住之国，也包括佛所教化的国土。净土固为佛国，秽土就佛所化，亦可称佛国。

【白话】

于是有成就的证悟者威德自在，在信徒中间，从座位上起来，五体投地俯伏在佛陀脚下叩首后，从右边环绕三周，跪着将两手合掌于胸前对释迦牟尼说："大慈大悲的世之尊者，广泛地为我们分门别类地说明什么是随机顺势的觉悟特性。使证悟者们觉悟的心中充满光明，承蒙佛陀圆妙的声音解说，可以因此不修行学习而得到觉悟的利益。世人之尊，好比大城，对外开有四个城门。从各个方向来的人，可以通过不止一条路进城一样。一切有成就的证悟者进入佛国净土以及成就智慧，也不止一种方法。

期望佛陀为我们进行广泛的解说一切逐渐修正的方式,以及共同修行的人总共有几种。使到会的证悟者,以及未来世界的众生灵在求证大乘的修悟时,能迅速得到开示觉悟,游弋嬉戏在如实而来的广阔清澄寂静的海洋。"威德自在证悟者问了这些话后,又五体投地,连续三次,恭请佛陀解说。

这时,佛陀告诉威德自在证悟者说:"问得好,很好。有教养的男信徒,你们能为有成就的证悟者以及未来世界的众生灵,求教我修行的各种方法。你们要认真听,应当为你们解说。"这时威德自在证悟者,听到佛陀为他解说义理,十分欢喜,所有到会的人都仔细地聆听。

【说明】

本节文字讲的是关于如何进行修持的问题。长期以来从事文化与思想研究的人们对这一问题总是避而不谈,因为没有亲身体验的经历、没有身体力行的实践而谈修行,说起来总让人有词不达意或隔靴搔痒之感。同时佛教徒由于是"个中人",在研究者与修行人对话、交流的时候也往往自恃其长,谈不大拢。学者们以"义理"见长,修持人以"观止"戒律自许;前者视后者"盲修",后者看前者似"空谈",不能"真修实证"。其实各执一词,各持己见,从佛门义理上已"执着"二边。应当看到,"义理"是长期"修证"的理论总结,是凝聚了千百年来,千百万人实践的结晶。虽为"言说",但自佛陀始一直到中国佛教的各宗，如无"其所宗理趣"，又何以为宗、为派？"修证"是不同时代修行者的躬亲实践，是在不同时间、地点与文化背景下的体验。这种体验的过程本身，就是在加深其理解认识佛教"义理"的过程，也是发展、创造、深化的过程。因此从认识上讲二者都各有其长，都是一种"方便"，并无长、短之分，倒是有互相补充、完美的机缘。"修正"不能没有"理悟"，"义理"则进一步指导"修正"，通过说明、透析"修证"来充实"义理"，二者是相辅相成、互相渗透的"增上"关系，而非矛盾关系。我们所讲"理"与"修"，这与"修行"中的"渐"与"顿"的关系也有相通之处。在谈了上述一点认识后，再来看本节上提出的"区别"。由威德自在菩萨发问的首先是几种修行方式，其次是问有哪几种修行者。从佛教发展的历史进程来考察，修行方式有"在家""出家"，这主要由大乘佛教为代表；还有先"在家"至"出家"到"再在家"。真正在丛林方刹中度其一生的是很少一部分人，这以南传、藏传、南亚诸国等佛教为代表。而"修悟"（即"渐悟"与"顿悟"）的方法，则是争论的焦点所在。人们在讨论这一问题时，总是以"出家人"和"实证者"居中心地位，其实仅就"修"谈修就是一种偏执。因为无论是渐、顿都是由人作为修行的主体，那么能否"渐"或"顿"悟，主要是看修证者的根机。所以，以上两问的落脚点，最终应落在人的区别对

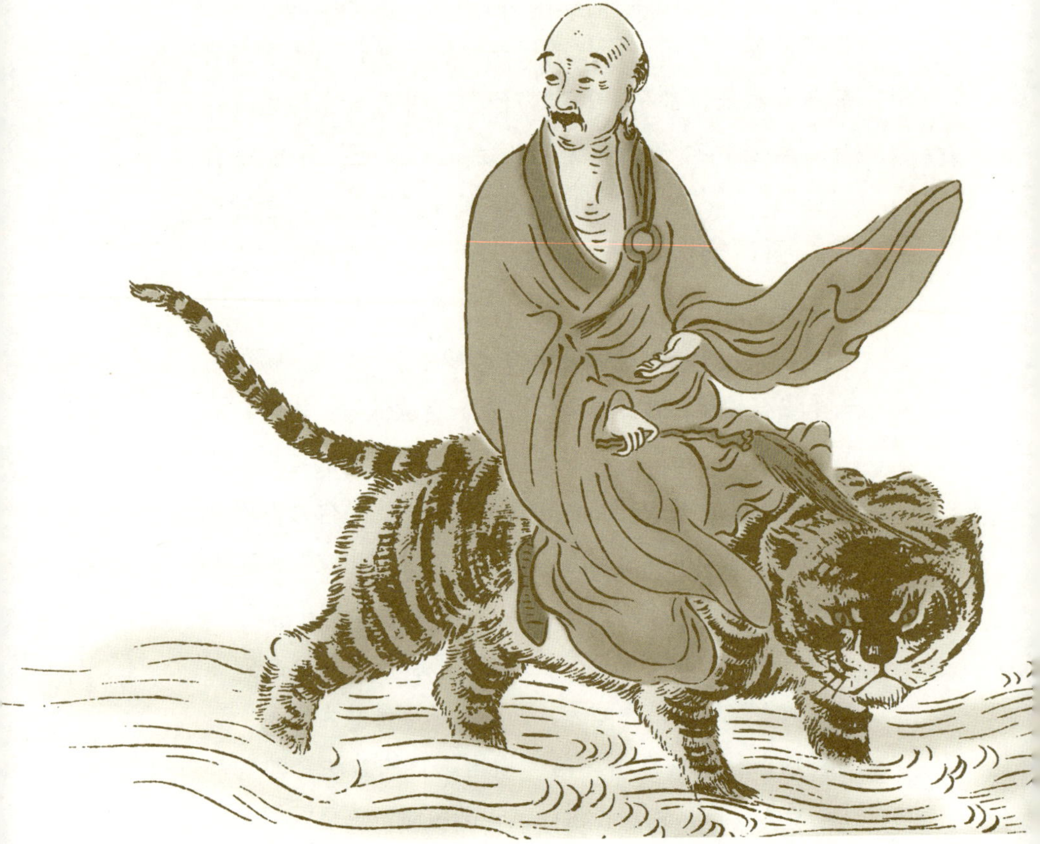

待上。而本文以后的止、观、定三种"方便"，也只能根据人的不同再加以分别。正所谓"佛说八万四千法，为治八万四千心"，其实对于以"普度""大悲"为情怀的大乘信徒来说，其"心"之多，也只能借此以言说，喻其多罢了。世上没有一片相同的叶，世间亦没有相同的心。每个人都是一个佛世界，也都应有一颗须分别对治的心，这或许是"随机顺势"的指向所在吧。

【经文】

"善男子，无上妙觉遍诸十方①，出生如来与一切法，同体平等，于诸修行实无有二。方便随顺其数无量。圆摄所归②，循性差别，当有三种。

"善男子，若诸菩萨悟净圆觉，以净觉心，取静为行③。由澄诸念，觉识烦动，静慧发生，身心客尘，从此永灭，便能内发寂静轻安。由寂静故，十方世界诸如来心，于中显现，如镜中像。此方便者，名奢摩他④。

"善男子，若诸菩萨悟净圆觉，以净觉心，知觉心性及与根尘，皆因幻化，即起诸幻以除幻者。变化诸幻而开幻众。由起幻故，便能内发大悲轻安。一切菩萨从此起行，渐次增进。彼观幻者非同幻故。非同幻观皆是幻故，幻相永离。是诸菩萨所圆妙行。如土长苗，此方便者，名三摩钵提⑤。

"善男子，若诸菩萨悟净圆觉，以净觉心，不取幻化及诸静相⑥，了知身心皆为罣碍⑦，无知觉明，不依诸碍，永得超过碍无碍境。受用世界及与身心。相在尘域。如器中锽⑧，声出于外，烦恼涅槃不相留碍。便能内发寂灭轻安，妙觉随顺寂灭境界。自他身心所不能及，众生寿命皆为浮想。此方便者，名为禅那⑨。

【注释】

①无上妙觉：无上，指此道穷理尽性，再没有能超过的；妙觉，佛陀所具有的觉悟，不可思议，无有过之。

②圆摄：圆满摄取，意即从整体上归纳。

③取静为行：以静之智去寻求认识自己的"行"。行，指一切精神现象和物质现象的生起和变化活动。故云"思即是行"。此外，佛教以"境、行、果"组织义理学说的体系，此"行"指佛教的修行和实证。

④奢摩他：禅定的异名，梵文音译，又名"三摩地"。即心定止于一处，不做恶事。常对观而言，即"依止拂妄，依观证真理。"

⑤三摩钵提：禅定之一，梵文音译。《玄应音义》云：欲入定时，名三摩钵提，正在定中名三摩半那。

⑥静相：静息修习止观的形态、状况。

⑦罣碍：罣（guà），同"挂"。罣碍，牵挂、牵掣。

⑧锽：古代一种兵器，本处指器物中钟鼓之声，如锽锽钟声，清韵悠长。

⑨禅那：梵文音译，简称"禅"。意译为"静虑""思维修""弃恶""功德丛林"等。指心注一境，正审之思虑。《瑜

伽师地论》卷三十三云:"言静虑者,于一所缘,系念寂静,正审思虑,故名静虑。"佛教认为这样就能使心绪宁静专注,便于深入思虑义理,因此又有"实了知义",真实把握现象形态的作用,即"与法性相应,对向涅槃"。按照修行的阶段,分四种层次,称"四禅定"或"四静虑"。我国习惯"禅定"并称,含义也广泛,既有"定慧"之意,又转义特指禅寂、禅学,或直接称为"禅"。在历史上各国、各地的禅法都有所不同,往往因地因时而行。

【白话】

"有教养的男信徒,无上正确玄妙的觉悟遍及一切地方,产生如实而来的佛陀与一切现象形态,其共同的心性都平等,在各种修行目的上实际都一样。各种方法如随机顺势讲有无数种。但如果圆满无遗地归纳起来,遵循修悟心性的不同差别,应当有三种。

"有教养的男信徒,如果有成就的证悟者澄净圆满觉悟,以澄净觉悟之心,采取用静虑之思反观内心,来澄清心中的各种妄念,觉悟到各种心念都在于烦恼思想的搅动,使静思的智慧产生,从而身体形态与心念的妄尘从此永远消灭,这样就能从内心发出清静轻松安详。由于心的寂静,所以一切世界的诸佛之心,在心念中显现出来,好比明镜中的影像一样。这种修行方法,就叫作'止'。

"有教养的修行者,倘若有成就的证悟者澄净圆满觉悟,以明净觉悟之心,认识觉悟了心的特性以及各种感官和感觉,从本质上都是因缘合成的虚幻变化的形态，就用这种认识去消除各种幻念。并用各种世俗的方法开导世人。由于认识了心念是幻而不实的缘故，就能从心中产生广大悲悯众生灵的轻快与安详。一切有成就的证悟者从这种认识开始修行，就会逐渐增长进步。你能认识了心与形态的虚幻，那就不同于世人的幻念。但由于这种认识也都是幻有的缘故，所以各种幻有的形态要永远脱离。这就是有成就的证悟者所修行的圆满美妙的认识，就好比在沃土中生长的小苗一样。这种修行方法，叫作'入定'。

"有教养的男信徒，如果有成就的证悟者澄清圆满觉悟，以明净智慧之心，不摄取虚幻的形态以及各种静虑之心的形态，了解认识了身体与心都是牵挂之念的产物，是障碍，无所谓认识觉悟与明白，不依附于心的挂念，永远超脱越过心的挂念阻碍并进入一无所碍的境界。感受世界以及身体与心念。身心的形态在人世的尘嚣之中。就好比器物中的钟鼓之音，声响传播到外面，但内心烦恼、修行境界都不留挂碍。这样就能从内心感受静寂了无的轻松安详，美妙智慧随机顺势地在永寂本无的境界。这是有自己与他人身心形态所不能达到的，视一切众生灵的生命形态都如飘浮云朵的妄想。这种修行方法，就叫作'禅'。

【说明】

　　这里佛陀从正面回答了止、入定、禅之间的联系与区别。深究起来这种区别的核心就在于"净心"与"觉悟心"过程中的心理体验的程度，讲的是在同一途径"静修"中的三种差别。总括起来，就是人们常讲的禅定或禅定观止。具体看来,这里讲的是"渐修"的分别。在佛教方法上,"止"即"打坐",置身在一个清静、"闲杂人等,请勿打扰"的场所,将全身的肌肉与神经松弛下来,将脑部的血液分流到身体的各个部位,使心脏的负担在人为的可控制的因素下降到最低限度,这样一来身心都会感到轻松、舒畅。应当看到在纷扰的生活、喧嚣的环境、繁忙的大小公务、紧张的学习等活动之余,能够有一个"清心"又"放松"的氛围,仍不失为一种良好的保健之法,也算是一种解脱。当然,这算是"俗解"。

至于"入定",谓进入"不动",就是心念不为外界所左右,不动其实从理性分析来看,实际上是"入化"的心灵反映,化到一切人生,化到广漠的天幕、辽阔的大海与无垠的宇宙之中,或称之为化到自然之中,达到"物我两忘""本归于无"的境界,这样反观世界,就会萌发出一种"有情",由"小我至大我"由此进入"无我"。推而广之,爱人生和社会,爱一切人,"本自平等"。不仅如此,还爱一花一木、一石一鸟,爱广大的自然界,这种"有情"是一种修行者或信仰主义者才能达到的境界。尽管在世俗的人生中,达到这样的体验并非易事,但是我们却可以认为,如果从"俗讲"来说,这无疑是一种"善",也是"净化"。这种"净化"不能指望在一朝一夕中完成并显现出来,它是"心智"的认同。

"禅",则是有一定的玄机,或者说是一种"不可思议"的境界,就是不易被人们理解和认识的,也不便用语言或文字来阐释的一种心灵的体验。我们常讲,一切事物都是在对立中存在的,在比较和取舍中去发展的。这是社会存在的基本法则。而禅则恰恰与此不同。它所表现的却是既不思善,也不思恶的形态,就是说打开面对自然与社会的心扉,将其中一切人与我、大与小、有与无、惑与智、善与恶、妄与真、迷与觉乃至于生与死等等相互对立的界限消除干净,完全归入到本体自悟的宁静中,达到既无所谓有亦无所谓无的境地。如果我们的理解没有错误的话,就好比吃梨时从知其味,到达了不惑于味,最终把自身与梨化为一体,已经无所谓我亦无所谓梨了,都是变化和无常之物。这就是禅境界。

【经文】

"善男子,此三法门,皆是圆觉亲近随顺。十方如来因此成佛。十方菩萨种种方便,一切同异,皆依如是三种事业,若得圆证,即成圆觉。

"善男子,假使有人修于圣道,教化成就百千万亿阿罗汉辟支佛果[1],不如有人闻此圆觉无碍法门,一刹那顷随顺修习[2]。"

尔时世尊,欲重宣此义,而说偈言:

威德汝当知,无上大觉心,

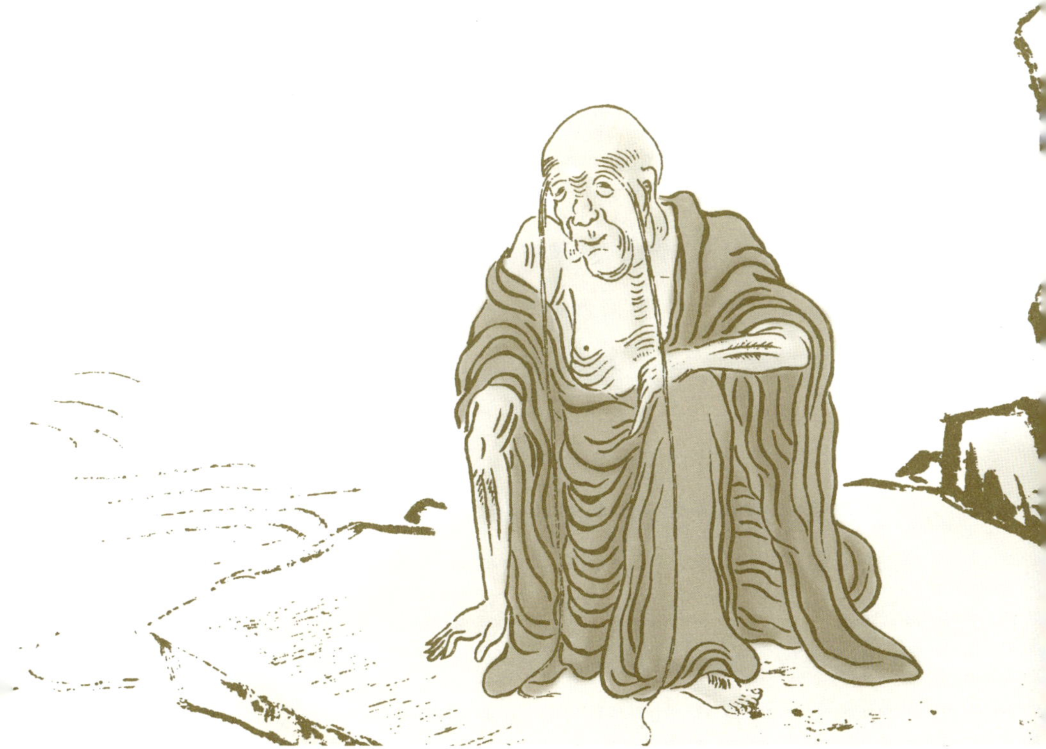

本际无二相。随顺诸方便，
其数即无量，如来总开示，
便有三种类。寂静奢摩他，
如镜照诸像。如幻三摩提，
如苗渐增长，禅那唯寂灭，
如彼器中锽。三种妙法门，
皆是觉随顺。十方诸如来，
及诸大菩萨，因此得成道。
三事圆证故，名究竟涅槃。

【注释】

①阿罗汉辟支佛果：阿罗汉，梵文音译，汉译为杀贼、应供，或简称为罗汉。声闻四果之最后一果。因其断尽三果一切烦恼，故称杀贼；又因受人、天供养，故称应供。在佛教兴起时期，阿罗汉本系各宗教对值得尊敬的修行者的通称。例如直到今天，耆那教徒仍把其创始人大雄称为阿罗汉。最初，佛教只把佛陀本人称为阿罗汉，以后随着佛陀地位的日渐神圣，阿罗汉便成为佛陀的十号之一。小乘佛教时期，为了把佛陀和阿罗汉相区别，遂把佛弟子可能达到的最高境地称为阿罗汉。辟支佛，又译为"独觉""缘觉"，是三乘（即声闻、缘觉、佛乘）中的"中乘"，即能够"闻法信受，殷勤精进，求自然慧，乐独善寂者"。果，结果，佛教称为"果位"。

②一刹那：梵文音译，指时间极其短暂，"九十刹那"为一心念。《俱舍论》卷十二云："何等为一刹那量？众缘和合，法

得自体顷，或有动法，行度一极微，对法诸师说：如壮士一疾弹指顷，六十五刹那。"即在"弹指"的"须臾"之间，就过了六十五个"一刹那"。

【白话】

"有教养的男信徒，上述这三种修行方法，都是圆满觉悟亲近且随机顺势的修行。一切成佛者都由此修证。一切有成就的证悟者所用的各种方法，一切人修行的体悟有同有异，但都是从止、观、禅定三种方法，进行修习若能得到圆满证悟，就成就了佛果。

"有教养的男信徒，假使有人修证圣洁的佛理，教育感化成就百亿、千亿、万亿有成就的闻教而信奉的证悟者和能自我觉悟智慧的人，不如有人听到这圆满觉悟一无挂碍的修证法，立即去随机顺势修行。"

这时佛陀又复述义理，用诗句归纳说：

威德悟者你当知，

无上广大觉悟心，

本初之际形态真。

随时顺势各方法，

计算起来数量多，

佛陀归纳开启人，

可以分类成三种。

寂静修行名曰止，

好比明镜照影像。

观法如幻入定修,
正如沃土苗渐长,
禅定物我归寂灭,
犹如钟鼓内自空。
三种玄妙禅定观,
觉悟随机顺势成。
一切地方成就人,
以及发展证悟者,
都因修此得佛果。
止观禅定圆满证,
称为毕竟入涅槃。

【说明】

　　这一章的止、入定、禅,谈的是佛门佛悟的"渐悟",紧接着下一章又对本章三种修习的关系以及顺序的变化做了解说,为了将止、观、禅定这三种修行方法既有所区别,又能将它们相互联为一个整体,我们将三种方法的主要内容扼要地介绍,以便期望使抽象的概念化作一看便知的具体实践活动。

　　止指打坐。这是人类独有的方式,坐亦有益于防止"散漫"。严格的坐法有两种:如意吉祥坐,左脚在下,右脚置左大腿,左腿置右大腿;反之两脚置法相反,称不动金刚坐。背直,两手圈结,只用鼻息,非病不得口吸,眼微张。初学者不易做到。此外有各种坐法，但以上述两种坐法最难。之后就是调息，大致有四个层次。鼻息，以胸部的肺为主，进入自然状态；腹息，气至小腹、丹田，呼吸越来越慢，越趋于深长；胎息，以每一孔穴为息；龟息，几至自行运气。后两类是经佛教改造了的瑜伽修行方法，其义理和科学的鉴定及与人体机理的关系，至今并未完全整理清楚。但其法与我国传统的道家吐纳修身法有相通之处。

入定。调息只是修证的开始，入定是修行的入门，即"调心"的"观想"。大致可分为日月观、因缘观、不净观（即想一切身心皆为不洁，处处污垢）、功德自然观。如观想大海浩瀚辽阔，容纳百川，复为云雨，滋润万物生灵，是生命之源，且百态千姿，如无常一般永不止息，永远变幻。从而知心波如海，妄念如潮，从而除心妄，断烦恼，知"万法唯心"。进而除杂、去妄、离念。

禅，在"三学""六度"（即"戒定慧"与"布旋、持戒、忍辱、精进、禅定、智慧"）之中都是极重要的环节。所谓"三乘学人，欲求圣道，必须修禅，离此无门，离此无路"。本章是主张并明示三个内容层次的"渐修"，这被中国佛教的禅宗称为"如来禅"，是以经文为根据的"藉教悟宗"；而禅宗的"顿悟"则被称为"教外别传"的"祖师禅"。

由于每个人的根基、气质有所不同，因此证悟境界也千差万别。但大体上有四个根本。一信。信佛、信法、信僧即师父。要坚定圆满佛性，在一个"信"与一个"行"中。二愿。发愿度众生，这种思想把修行者与世人联结起来，有丰富的内涵，与杜甫"安得广厦千万间"的苦身利人之愿有共同之处。三愤。即发愤进取，惜时专注，这一点对于做好任何事情，都是不能缺少的。四疑。不疑不悟，大疑大悟，很有辩证思维的内容。"禅"又被视为"静中思虑"和"转迷成悟"。作为一种进入思维的方法，从科学的角度去对待它、认识它仍是很不够的。

第八章　辩音菩萨

【题解】

本章由善于辩说、能准确表达佛门义理、知教法义理、并广为人说、使圆满清净的法音传播四面八方的辩音悟者发问,仍然是问关于修行的方法问题。我们注意到上一章讲了止、观、禅这三种根本之法,同时也点出因人而异,方法不可计量,这都是从总的方面去讲解。那么怎么具体来看这三种方法呢?其关系又如何?每个人又应如何对待?关于这几点,我们可以领略出佛教逻辑的一些特征,由果把握因,由目的讨论方法。由此本章佛陀从修悟圆满觉悟的结论,推出25种方法或前提,使止、观、禅定形成了不同的组合,环环相扣,层层相因,既相互联系,又可以相对独立,在个别方法与一般方法的关系表述上,很有思辨特点。其分别对待,又分别整合的叙述,表现了清晰的条理。

【经文】

于是辩音菩萨,在大众中,即从座起,顶礼佛足,右绕三匝,长跪叉手而白佛言:"大悲世尊,如是法门,甚为稀有。世尊,此诸方便,一切菩萨,于圆觉门[1],有几修行?愿为大众及末世众生,方便开示令悟实相。"作是语已，五体投地，如是三请，终而复始。

尔时，世尊告辩音菩萨言："善哉，善哉。善男子，汝等乃能为诸大众及末世众生，问于如来，如是修习。汝今谛听，当为汝说。"时辩音菩萨，奉教欢喜，及诸大众默然而听。

"善男子，一切如来圆觉清净，本无修习及修习者。一切菩萨及末世众生，依于未觉幻力修行。尔时便有二十五种清净定轮②。

"若诸菩萨唯取极静③，由静力故，永断烦恼究竟成就。不起于座④，便入涅槃。此菩萨者，名单修奢摩他。

"若诸菩萨唯观如幻⑤，以佛力故，变化世界种种作用，备行菩萨清净妙行，于陀罗尼不失寂念⑥，及诸静慧。此菩萨者，名单修三摩钵提。

"若诸菩萨唯灭诸幻，不取作用，独断烦恼，烦恼断尽便证实相。此菩萨者，名单修禅那。

【注释】

①圆觉门：比喻句，指通向修证圆满觉悟境界的方法。入城之门既多，意在方法也同此理。

②定轮：定为定慧，意在由入定观想而生智慧；轮指能越过迷惑和烦恼之地的工具。定轮，通过禅定到达无惑与烦恼的清澄圆满境地的方法、途径。

③极静：静止、寂静。

④不起于座：止观的修行方法，以打坐为主要形式，从而修

心观一切形态，产生智慧，参悟进入清澄境界。即不离"坐相"就可得佛果。

⑤唯观如幻："观幻"，用心灵之慧眼看一切形态，"无常""无我"，皆为因缘聚合，如梦、如幻影。全句指只用心智来参悟万法如幻梦一般。

⑥寂念：在持定中不失寂静的观念。

【白话】

于是代表辩才传法之音无碍的辩音证悟者，在信徒中间从座位上起来，五体投地俯伏在佛陀脚下叩首后，从右边环绕三周，跪着将两手合掌于胸前对佛祖说："大慈大悲的世之尊者，您所讲的修行方法，十分珍贵稀有。世人之尊，这些修行途径，对一切发愿修证、通向圆满修行坦途的人来说，有几种修行方法呢？愿您为大家以及未来世界一切众生灵，说明方法、开启显示，使之认识真实本质的形态。"辩音证悟者问了这些话之后，又五体投地，接连三次，恭请佛陀解说。

这时，受世人尊敬的释迦牟尼对辩音证悟者说："问得好，很好。有教养的男信徒，你们能为大家以及未来世界的众生灵向我求教，如何修行。你现在认真听，应当为你解说。"这时辩音悟者听到佛陀要为他解说教义，十分欢喜，所有到会的人都仔细地聆听。

"有教养的男信徒，一切如实而来的圆满觉悟清澄宁静，从根本上并没有什么修行以及修行的人。一切证悟者以及未来世界的众生灵，是依据于未能觉悟的幻化力量来修行的。这时就有25

种通过定慧到达清澄明净境地的方法。

"倘若发愿的证悟者只选取寂静的修法，由清静中生发慧力，永远断除烦恼，最终会成就佛果。不离于'打坐'静修，就进入澄明永寂境界。这样的发愿证悟者，就称为修行于'止'。

"如果发愿的证悟者，只用心观一切本自于幻念，以此产生无比的神通力量，在世界中变化，以各种方式广泛行善达到证悟者清澄明净的玄妙见地，在佛理的纲目中不失于寂静的观念及其清静智慧。这样的有成就的证悟者，就称为修行于'观'。

"如果有成就的证悟者，只专注一心，消灭各种幻念，不执着于灭幻的认识，开始断除烦恼，烦恼断除已尽就证悟了万法本幻的真实形态。这种有成就的证悟者，叫作修行于'禅'。

【说明】

这里又回到"止、观、禅"这三种修行方法上，我们在初步介绍了这三种修行的义理、所采用的方式、具体的内容，诸如择静室、打坐、调息、观不净以至于产生厌恶妄尘，求至清净，还归于无等等之后，对这种佛教最基本的修行方法有了一个概括的了解。那么对它的认识过程以及心理变化，心识的"由幻至实"又应当怎样理解呢？在中国佛教中，是如何认识和理解这一不同内容的修行呢？即：既要能够将其分别对待，不仅是"单修"，又认识到这是一个修行的完整过程，是相互联系、义趣相通"齐修"。这里仅试以选自《卐读藏经·十牛图颂》卷一百一十三中的十首诗句分别对应本章分述的四小节,来阐释对于禅定的理解,期望有所帮助。

《十牛图》,禅门名画之一,是以十幅画各配以诗,相缀而成,每幅自成一体,合之如连环画面。其作者有异说且不论,但以牛譬说心地的修行,自古不在少数。如沩山灵祐禅师称"老僧百年后向山下作一个水牯牛",这是中国佛教的悟境。(由于篇幅所限,书中无法将完整的《十牛图》呈现给读者。请辅以其他途径了解该图。)

一、寻牛。知牛已去,忙去找寻。表现了世事人生的烦恼、纷扰,以及急不可待的心性。诗为:

忙忙拨草去追寻,水阔山遥路更深。

力尽神疲无处觅,但闻枫树晚蝉吟。

知烦恼去修行,但初修时的孤独与寂寞又诉与谁人,似如秋蝉的悲吟。

二、见迹。在寻迹而找的努力下,发现了牛经过的痕迹。比喻人渐渐从乱麻中抽出了一条头绪,修行渐有所得。诗作:

水边林下迹偏多,芳草离披见也么。

纵是深山更深处,辽天鼻孔怎藏他。

修心要到除妄处,杂念如草须拔除。静处不静见心境,根尘心识乱纷纷。牛迹细观人可寻,心迹不掩有心人;除妄有道,心性之牛也就呼之欲出了。

三、见牛。寻牛之人,迹路寻觅,在山重林茂之

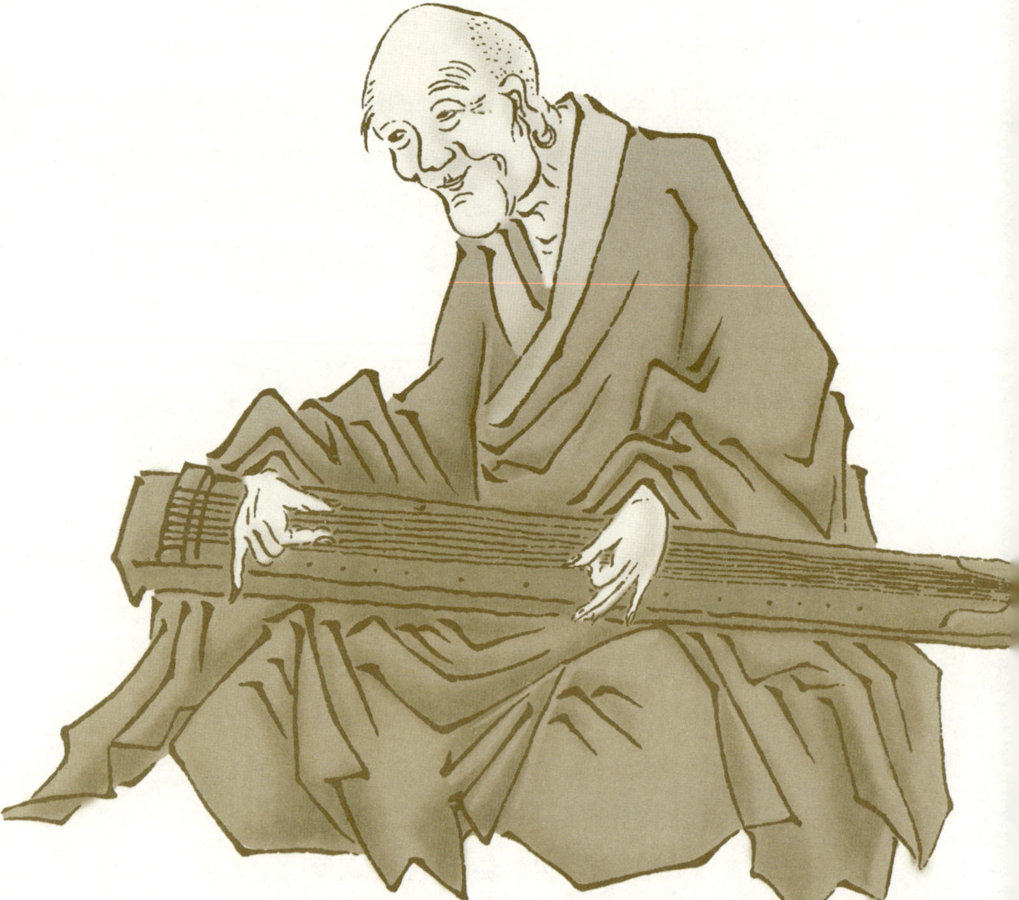

处,见到了被大树挡住了头部的牛身体。颂写道:

　　黄鹂枝上一声声,日暖风和岸柳青。

　　只此更无回避处,森森头角画难成。

　　修行到见性,如被尘染,本自于清,心念清静,渐去幻觉,见牛而知心,但此时仍可能产生迷惑之心念,以致"失牛"。

　　这三首诗,大致反映出修"止"的境地,心念由烦乱到有序,继而见牛,即"心性"初现,又修止有得。如果说这一节仅仅讲的是"止、观、禅"的分别修行,以至于得到证果,那么下面依次讲的就是"先后"与"齐修"了。

【经文】

　　"若诸菩萨先取至静,以静慧心,照诸幻者[①],便于是中,起菩萨行。此菩萨者,名先修奢摩他,后修三摩钵提。

　　"若诸菩萨以静慧故,证至静性[②],便断烦恼,永出生死[③]。此菩萨者,名先修奢摩他,后修禅那。

　　"若诸菩萨以寂静慧,复现幻力[④],种种变化度诸众生,后断烦恼而入寂灭。此菩萨者,名先修奢摩他,中修三摩钵提,后修禅那。

　　"若诸菩萨以至静力,断烦恼已,后起菩萨清净妙行,度诸众生。此菩萨者,名先修奢摩他,中修禅那,后修三摩钵提。

"若诸菩萨以至静力,心断烦恼,复度众生建立世界⑤。此菩萨者,名先修奢摩他,齐修三摩钵提禅那。

"若诸菩萨以至静力,资发变化⑥,后断烦恼。此菩萨者,名齐修奢摩他三摩钵提,后修禅那。

"若诸菩萨以至静力,用资寂灭⑦,后起作用变化世界⑧。此菩萨者,名齐修奢摩他禅那,后修三摩钵提。

【注释】

①照诸幻者:照,反观内照的修行,使内心若明镜,映照心性垢尘,皆发自于心识之中,都是虚幻不实的现象形态,此起彼伏,瞬息生灭。一切事物形态、现象均是因缘和合的假有,故谓诸幻。

②静性:指心性本静,因感官作用,使被反映的事物现于心中(即心识)。人的思想认识被各种欲望、烦恼所纷扰,由于能认识到这一点,而修证复归于宁静。

③永出生死:佛教认为人生从一出世就开始向死亡迈进,由无始以来的"无明"所迷惑,在烦恼与苦难中流转,永无休止。一切"无常",人生的苦难程度,由业力、机缘所致,死后因生前所造善恶进入"三界",总不脱于苦难。修证的目的,就是以慧认识生死因缘,由生死的无边苦海度脱到永无轮回苦难的清净境地,即永寂的彼岸世界。

④幻力:即本自虚幻,但人们却认为实有的现象形态,就是以世俗认可的一切现实的方法所致。

⑤建立世界:建立佛的清净的彼岸世界。

⑥资发变化：资，资粮，比喻到达彼岸世界道路所必需的物质保证。人的精神力量，智慧的见解谓之"大乘资粮"。全句指认识由感到慧发生了变化。

⑦用资寂灭：指"万法"一切事物的形态，皆由"唯心"所致，用这种认识的"智慧"与"觉悟"，使心中妄念不生，随机断灭，达到永远寂静的境界。

⑧变化世界：大乘佛教以普度众生为宗旨，个人的证悟被视为小乘的"独觉"，要使众生灵都能从世俗的此岸世界度脱到清澄的彼岸世界，故称之为"变化世界"。

【白话】

"如果发愿的证悟者首先选取极为清静的方法，以静生慧，映照于心，一切事物的虚幻形态都会了于心识，于是走上了有成就的证悟之路。这种证悟者的修行，就叫作先修止即静，后修观即入定的方法。

"如果发愿的证悟者们以清静产生的智慧，认识到心性本自于静，被妄念所扰，从而断除由心识产生的烦恼，永远跳出了生死轮回的境地。这种发愿证悟的方法，就叫作先修止，后修禅。

"倘若发愿的证悟者们，用寂静的方法产生智慧，又表现出随机产生的现象形态，以各种被人们认同的方式来救度众生灵，从而断除一切烦恼而归于寂灭的境界。那么这种发愿证悟者采用的方法，叫作先修止，再修观，最后修禅。

"如果发愿的证悟者，以极为清静的方法，断除一切烦恼以后，进行了有成就的清澄明净的玄妙修行，度脱众生灵于苦海。

这样有成就的修证者，就称为先修止，齐修观与禅定。

"如果发愿的证悟者，以极为清静的方法，在心识中断除烦恼，又再去度脱众生灵，在世间建立净土的极乐世界。这样有成就的修证者，其修行方法就叫作先修止，齐修观与禅定。

"倘若发愿的证悟者以极其清净的方法，使智慧产生了灭除妄心的变化，此后断除了烦恼。这样的修行方法，就称为齐修止与观，后修行禅定。

"如果发愿的证悟者以极其清净的方法，用智慧的力量除妄念而归于寂静了无，此后用各种方式度脱苦海的人们于彼岸世界。这样的证悟者，其修行的方法就叫作齐修止与禅定，后修观。

【说明】

这一节七段，皆以修止领起，可见佛门静修的重要。下面我们再承上一节关于禅境的讨论，以期有一个较为完整的认识。

四、得牛。在图画中，寻牛者用绳索牵住了牛，但牛似乎不大驯服，缰绳拉得笔直，人与牛之间，还正在进行着一种智与力的较量，可见牛与人之间心性的交流，尚未达到默契。诗为：

竭尽神通获得渠，心强身壮卒难除。

有时才到高原上，又入烟云深处居。

诗中的意蕴是竭尽心力归于息止，感到已经开始掌握了修心除妄的要领，身心得到了控制，但刚有"入定"的发端，烦恼和紊乱的意念又侵蚀、滋生，使刚刚具有的身居高原、眺望万里、心胸开阔、宁静明朗的气象，又被升起的浮云、水汽遮住了渐次朗照的心识之境。其实不仅佛教的修行要讲究一个"静"，做学问、写文章、凝神专注于一个问题的思索，也往往是容不得喧哗、惊扰的。二三十岁的时候，我对于父亲的工作习惯就不大理解。他每天早晨四点起床，开始阅读写作，天大亮后就去跑步。在他故去的十余年间，当我也开始从事一点案头工作的时候，才领会和体味出其中的苦衷。这也是情非得已的选择，谁不愿享有"千金难买"的"黎明觉"呢？可他是一个生性热情爽朗的人，从不拒绝造访者，因此如果要进入思辨领域，他就只能选择在五更了。我自己是一位资质与基础都不足的人，有时在思索与写作之时，电话铃声一响，接一次电话，半天之内都恢复不到原来的工作状态之中。因此"得牛"之颂，揭示的也许正是"一念起处"，"静"界皆无的一种修行体验吧。而由"静"而得"智"之法，我是深以为是的。

五、牧牛。图中之人与牛并行，可以看出牛昂首，步子散乱，而牧牛、寻牛之人手握牛鞭，十分谨慎，看来调伏带来烦恼之牛，还有一段路程没走完。诗是：

鞭索时时不离身，恐伊纵步入埃尘。
相将牧得纯和也，羁锁无抑自逐人。

此谓虽得入"静"地，调伏心性，但妄念烦恼仍时有侵扰，仍不敢松懈。

六、骑牛归家。图中人坐于牛背之上，牛鞭已挽于腰间，主人手持牧笛放置嘴边，任由牯牛信步而归，显示出一种悠闲自得、乐在其中的心境。诗为：

骑牛迤逦欲还家，羌笛声声送晚霞。

一拍一歌无限意，知音何必鼓唇牙。

心性自静，尘念不生，由静得入美妙境界。

【经文】

"若诸菩萨以变化力[①]，种种随顺而取至静。此菩萨者，名先修三摩钵提，后修奢摩他。

"若诸菩萨以变化力，种种境界而取寂灭。此菩萨者，名先修三摩钵提，后修禅那。

"若诸菩萨以变化力，而作佛事[②]，安住寂静而断烦恼。此菩萨者，名先修三摩钵提，中修奢摩他，后修禅那。

"若诸菩萨以变化力，无碍作用，断烦恼故，安住至静。此菩萨者，名先修三摩钵提，中修禅那，后修奢摩他。

"若诸菩萨以变化力，方便作用，至静寂灭，二俱随顺。此菩萨者，名先修三摩钵提，齐修奢摩他禅那。

"若诸菩萨以变化力，种种起用资于至静，后断烦恼。此菩萨者，各齐修三摩钵提奢摩他，后修禅那。

"若诸菩萨以变化力，资于寂灭，后住清净无作静虑。此菩萨者，名齐修三摩钵提禅那，后修奢摩他。

【注释】

①变化力：转换旧形名为变，无而忽有名为化。能变化有情、非情一切形态的能力，就谓之变化力。

②佛事：凡诸佛的教化，皆言佛事。《维摩诘所说经·香积佛品》有："当于娑婆世界施作佛事，令此乐小法者，得弘大道，亦使如来名声普闻。"此外，信众"书持"并"讽诵"经典，以及参加佛忌、祈祷、追福等法会这种"开示佛法"的仪式活动等，均称为佛事。

【白话】

"倘若证悟者们以各种变化一切形态的智慧力量，在各种境地都能随机顺势，从而在心识上达到极为清静的悟境。这样修行的证悟者，叫作先修入定即观，后修清静即止。

"如果证悟者们以各种变化一切形态的智慧力，在各种境地中都能在心识上归于寂灭而妄念不起。这种有成就的修证法，称为先修观，后修禅。

"如果证悟者们以各种变化一切形态的智慧力，投入到传法讲经参加各种法事活动中去，心识安详地住于寂静，从而断除了一切烦恼。这种有成就的修证方法，叫作先修观，中间修止，最后修禅。

"如果证悟者们以各种变化一切现象界的智慧力，心识中没有障碍的妄想作用，由于断除了烦恼的缘故，因而安详地住于极为清静之中。这种证悟者采用的修行方法，叫作先修观，中间修禅定，最后修止。

"如果有成就的证悟者们以各种变化现象形态的智慧力量，采用各种方式，在极其清静与寂灭这二者之间随机顺意。这些证悟者的修法，叫作先修观，齐修止与禅定。

"如果有成就的证悟者们以各种变化形态的智慧力量，运用各种方式发起激发觉悟于极其清静，此后断除一切烦恼。这些证悟者的修法，叫作齐修观止，后修禅定。

"倘若证悟者们，以各种变化一切形态的智慧力量，资助于心识归于寂灭，此后住于清澄宁静之中不进行修于清静的思索。这些有成就的证悟者的修行方法，称为一定修行观与禅定，后修行于静即止。

【说明】

　　本节对观万法如幻的一连串的修行问题，进行了阐发。下面我们继续前面的讨论，以体味禅定观止境界的渐修意蕴。

　　七、忘牛存人。图中的主人已经回到茅舍小院，牛已入棚，表示修行之人的妄念之心已经烦恼不生，独坐房前。如果按大乘佛教的义理来讲，心中妄念不起时，智知我相本于无，达到了小乘佛教"人空法有"的修悟境界。颂为：

　　　　骑牛人已到家山，牛也空兮人也闲。
　　　　红日三竿犹作梦，鞭绳空顿草堂间。

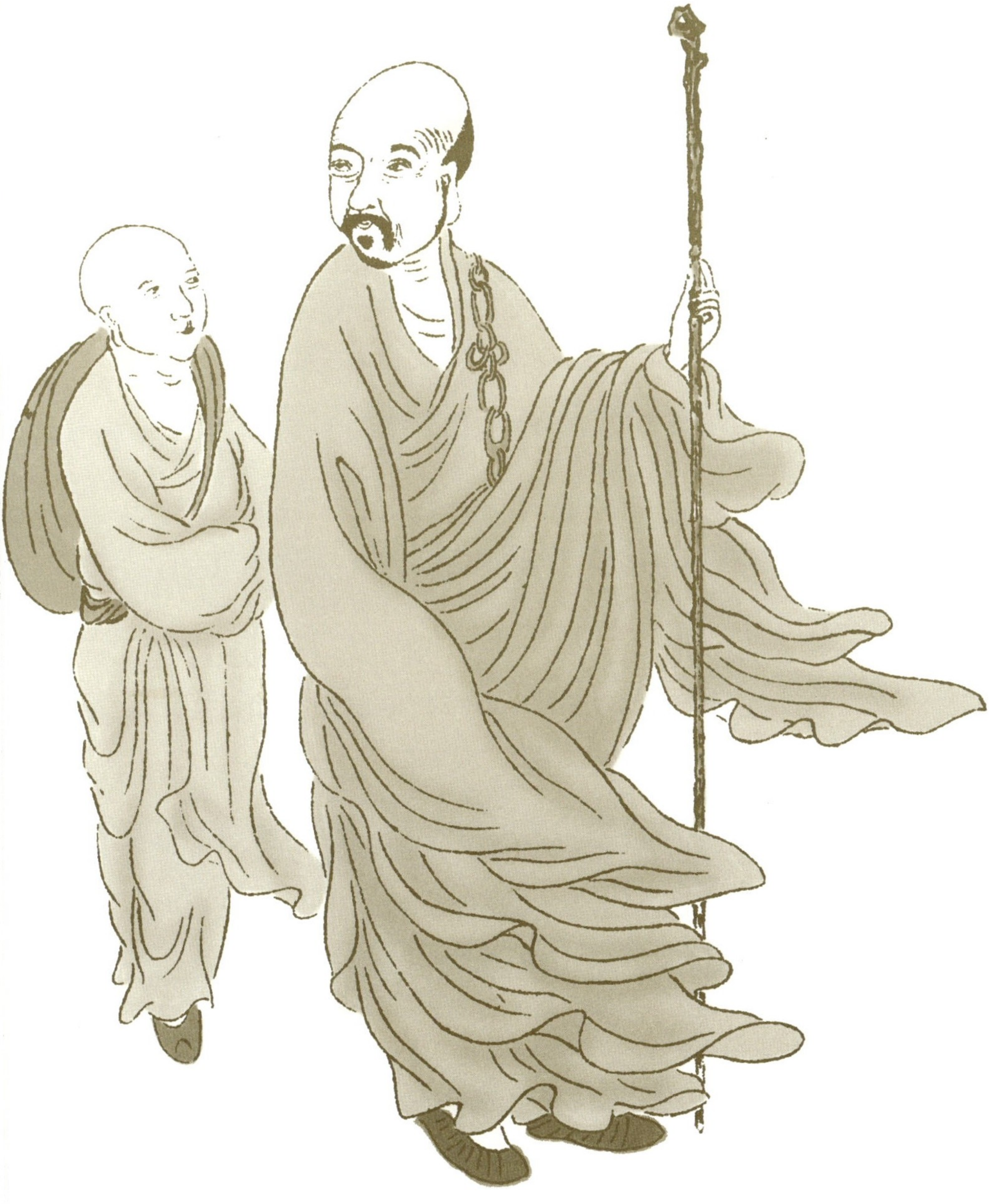

这时牛与人都已经处于无可无不可的自然状态,刻意为之的"鞭与绳"都无须提及了。

八、人牛俱忘。在图画上只有一个空无一物的圆圈,牛与主人一无所见,以表现心识如幻,由尘封到明净,至于一无所见的"本来无一物",达到了大乘佛教人法俱无的境界。佛教认为:人的身体,并非是一个真实本质的事物,只是色、受、想、行、识这"五蕴"的假有"合成"的形态,是物质形态,如地、水、火、风和精神世界如认识、意念以及心理活动的暂时聚合。所谓我之身心,是由无始以来的因缘相续,一念与一息,一生与一灭,永无终止。如涓涓水流,后浪追逐前浪;似芳林树木,新叶催促陈叶;似星球旋转,周而复始。身心究其根本,既非一亦非常。从而不仅否认了"我"的真实性,进一步也彻底否定了一切物质与精神现象的真实性,称之为"法无我",亦即"色即是空",这是大乘佛教所提出的"境界"。颂文是:

鞭索人牛俱属空,碧天寥廓信难通。

红炉焰上争容雪,到此方能合祖宗。

这种物我两空的境界是证悟的结果,但并不等于是简单意义上的"虚无",而是一种精神境界上的把握。把出世间与人世间结合的认识与经说与俗讲的义理统一起来,使佛教在内容与形式的结合上也达到了相一致的程度,其教义与在历史上形成的思想文化内涵,构成了佛家、佛学的既相互联系,又相互有别的社会思想与文化现象。理解了佛教"无"只是一种境界的言说,就可以由"无"和"空"过渡到自然的"有"了。

九、返还本源。图中山间的梅花、外坚内空的翠竹与碧水青山构成了一幅山野与田间的风景图,正所谓山自青来水自流,我自花开笑寒冬。春来秋去竹林翠,本自天然不在修。颂为:

返本还源已费功,争如直下若盲聋。
庵中不见庵前物,水自茫茫花自红。

一切都到了无可无不可的境地,任随潮起潮落,坐观云起云飞。

【经文】

"若诸菩萨以寂灭力[1],而取至静住于清静。此菩萨者,名先修禅那,后修奢摩他。

"若诸菩萨以寂灭力,而起作用,于一切境,寂用随顺。此菩萨者,名先修禅那,后修三摩钵提。

"若诸菩萨以寂灭力,种种自性[2],安于静虑而起变化。此菩萨者,名先修禅那,中修奢摩他,后修三摩钵提。

"若诸菩萨以寂灭力,无作自性[3],起于作用清净境界,归于静虑。此菩萨者,名先修禅那,中修三摩钵提,后修奢摩他。

"若诸菩萨以寂灭力,种种清净,而住静虑起于变化。此菩萨者,名先修禅那,齐修奢摩他三摩钵提。

"若诸菩萨以寂灭力,资于至静,而起变化。此菩萨者,名齐修禅那奢摩他,后修三摩钵提。

"若诸菩萨以寂灭力,资于变化,而起至静清明境慧。此菩萨者,名齐修禅那三摩钵提,后修奢摩他。

"若诸菩萨以圆觉慧④,圆合一切,于诸性相无离觉性。此菩萨者,名为圆修三种自性,清净随顺。

"善男子,是名菩萨二十五轮,一切菩萨修行如是。若诸菩萨及末世众生,依此轮者,当持梵行⑤,寂静思惟,求哀忏悔,经三七日⑥,于二十五轮各安标记,至心求哀,随手结取,依结开示⑦,便知顿渐。一念疑悔,即不成就。"

尔时世尊,欲重宣此义,而说偈言:

　　辩音汝当知,一切诸菩萨,
　　无碍清净慧,皆依禅定生。
　　所谓奢摩他,三摩提禅那,
　　三法顿渐修,有二十五种。
　　十方诸如来,三世修行者,
　　无不因此法,而得成菩提。
　　唯除顿觉人,并法不随顺⑧。
　　一切诸菩萨,及末世众生,
　　常当持此轮,随顺勤修习,
　　依佛大悲力,不久证涅槃。

【注释】

①寂灭力:由静寂而生万法皆归于灭的智慧,于心不起妄念。

②种种自性：认识了一切事物自性本自于无，皆因缘合成，本无真实。

③无作自性：不产生各种事物形态的区别。

④圆觉慧：修行于止、观、定慧而得的圆满觉悟的智慧。

⑤梵行：指清净无欲的行为、认识。又有持守一切戒律为梵行，能为一切不善而对治，离过失的利他之行。

⑥三七日：指21天。

⑦依结开示：根据所抽取的结果所开启显示的修行方法。

⑧并法不随顺：并，一并、所有，所有的修行方法，不须随机顺势而修。这种"见性成佛"的顿悟方法，在本章中未做解说。

【白话】

"倘若有成就的证悟者以静寂而生的智慧，使心识在极其静止的形态中安住于清澄与宁静。这种证悟者的修行方法，叫作先修禅定，后修止。

"如果证悟者们以寂静而生的智慧力量，进而发起作用，在一切现象形态中都用寂灭的心识随机顺势地进行修行。这种证悟者们所修行的方法，就叫作先修禅，后修观。

"如果证悟者们以寂静产生的智慧力量，使一切事物的形态，都安详地住于清静的思考从而洞察变化的现象。这种证悟者所修行的方法，叫作先修禅，中间修止，最后修观。

"如果证悟者以寂静产生的智慧之力，不产生各种形态的心识，从而生起住于清澄明净境地的作用，返归于修行于静的心念中。这种证悟者的修行方法，称为先修禅定，其次修观，最后修止。

"如果证悟者们以寂静产生的智慧之力，生发一切清澄宁静，从而安住于明静的思索，识别一切现象形态。这种证悟者的修行方法，叫作先修禅，齐修止观。

"如果证悟者以寂静产生的智慧之力，资助于大乘之路而至于极为清静，继而认识各种变化的表现形态。这种证悟者的修行方法，叫作齐修禅定与静止，后修智观。

"如果证悟者以寂静产生的智慧之力，资助于识别各种变化形态的觉悟力量，从而至于极为寂静清澄明净的智慧境界。这种证悟者的修行方法，叫作齐修禅定与智观，后修静止。

"倘若一切有成就的证悟者以圆满觉悟的智慧，圆融无碍合成一切方法，于一切事物形态，不离觉悟本无的特征。这种证悟者的修行方法，称为圆满修行止观禅定，清澄明静随机顺势。

"有教养的男信徒，上述有成就的证悟者所修行的25种方法，是一切证悟者都应照此修行的方法。如果证悟者们以及未来世界的众生灵中有依据这些方法的，应当严格遵守戒律，清静无欲，在寂静思维中，寻求对往日无知的悲哀以及对种种过错进行忏悔。经过21天的凝神静虑后，在25种修行方法上分别安上标记，从心中虔诚地为往日的过失悲哀，随机用手拿取一种修法上的标记，依据所取标记结果开启显示方法，并以此法去修行，便能知道采用顿悟还是渐悟方法了。如果有一瞬间的怀疑或后悔，就不能获得修行的成果。"

这时释迦牟尼又复述义理，用诗句归纳，说：

辩音悟者你应知，
一切发愿证悟人，
没有阻碍本清净，
智慧因修禅定生。
所讲静止修行法，
以及观想与静虑，
修行三法有顿渐，
二十五种方法生。
十方世界一切佛，
今昔未来修行者，
无不修行止观禅，
从而成就得智慧。
除了根深顿悟人，
并无一法随机修，
一切发愿证悟者，
未来世界众生灵。
常修二十五种法，
随机顺势勤修行，
依据我佛大悲力，
不久证得涅槃果。

【说明】

  这一节为辩音菩萨所提出有哪些方法的问题，进行了最后一个层次的解答，并对全部问题的核心进行了归纳。认真的读者会发现本章在结构上有十分突出的特点，即由总述到分述。一树三枝，就是成就菩萨之树的慧法有三枝，即止、观、禅；每枝又分七杈，即每一种法门之中，又分别领起7种方式，共计21种方法，可谓条条道路向涅槃。因此说总后有分，分后各有关联，又各成一体。此为一树三枝之一说。另一说为从总的类别上看：一枝通向涅槃之花的方法是止、观、禅的单修之法；第二枝为先修中修、与齐修之法，且止、观、禅，各有七杈即7种修法，计21法；第三枝为圆修三种的智慧，虽只一种，但其层次感更高。总计25种清净轮。因此我们可以说，本章构思缜密，颇见用心之处，总中有分，分中亦有区别。可以看出本经从总体把握到具体分析的特征，同时每章大都以偈颂的方式进行归纳。所以如果以现代逻辑学的眼光来看，这种表达方式和推理方法无疑是演绎与归纳的紧密结合。这种思维的形式是完整而成熟的，除第十二章以外，都采用了这种表述方法。从这个意义上看，我们在逻辑的总体把握上是不够的，忽略了佛教逻辑"因明"与我国的"墨辩"及"名辩"学的介绍及其研究，这应当引起我们的重视。

在这一节，有一个相对孤立的修行方法，佛陀并未仔细解说，这就是并不包括在25种方法之中的，在偈颂中提及的"顿觉人"。这种"法门"在中国佛教中具有十分重要的理论意义，"明心见性""顿悟成佛"的方法，牵出了众多的"话头""机锋""公案"与"转语"，也衍生出许多佛门中的故事、传说。本章节是渐次修行的"渐悟"方法，也是修行者最普遍、最广泛的方法。正如《百喻经·三重楼喻》所讲的"哪有不建造第一层房屋而建成上面房屋的事情？就好比在家或出家修行的男女佛门信徒，有的不能坚持不懈地修行，懒惰松懈，却希望达到解脱一切烦恼的涅槃境界"，只会"为时人之所嗤笑"的道理一样。这里再把关于渐悟理义的"十牛图颂"的最后部分加以介绍，以理解本节圆修止、观、禅，圆融无碍的境界所在。

十、入尘垂手。图中有一胖大和尚，相貌与弥勒相近，手中提一袋子，面对一个饥饿的人做布施，表现了大乘佛教中以自觉觉他为己任，普度一切众生于苦海至彼岸的"大悲之心"。诗曰：

露胸跣足入尘来，抹上涂灰笑满腮。

不用神仙真秘诀，直教枯木放花开。

此扶危济困之形象，素为人们所称道。

第九章　净诸业障菩萨

【题解】

《圆觉经》从整个内容上看，大体上可以分为三个部分。前四章谈法性、真如、佛性等基本理论，涉及佛教对人生、世界的看法；中间四章是以讨论修行义理、方法、内容为主的实践部分；从本章至结尾，又回到义理的解说中，这一章由净诸业障证悟者针对除却人生一切烦恼障碍，排除善恶与因果之业障碍等问题进行发问，涉及佛教十分重要的理论问题，诸如人无我、法无我的空观。从本自清澄明净，为什么会染垢，以探其根本，从而引出了四相的认识，即如何看待我相、人相、众生相、寿者相，以及如何从现象形态中解脱，与《金刚经》所述并无差别，表现了大乘般若"性空""幻有"的认识。

【经文】

于是净诸业障菩萨在大众中，即从座起，顶礼佛足，右绕三匝，长跪叉手，而白佛言："大悲世尊，为我等辈广说如果不思议事。一切如来因地行相[①]，令诸大众得未曾有，睹见调御[②]，历恒沙劫勤苦境界一切功用[③]。犹如一念，我等菩萨，深自庆慰。

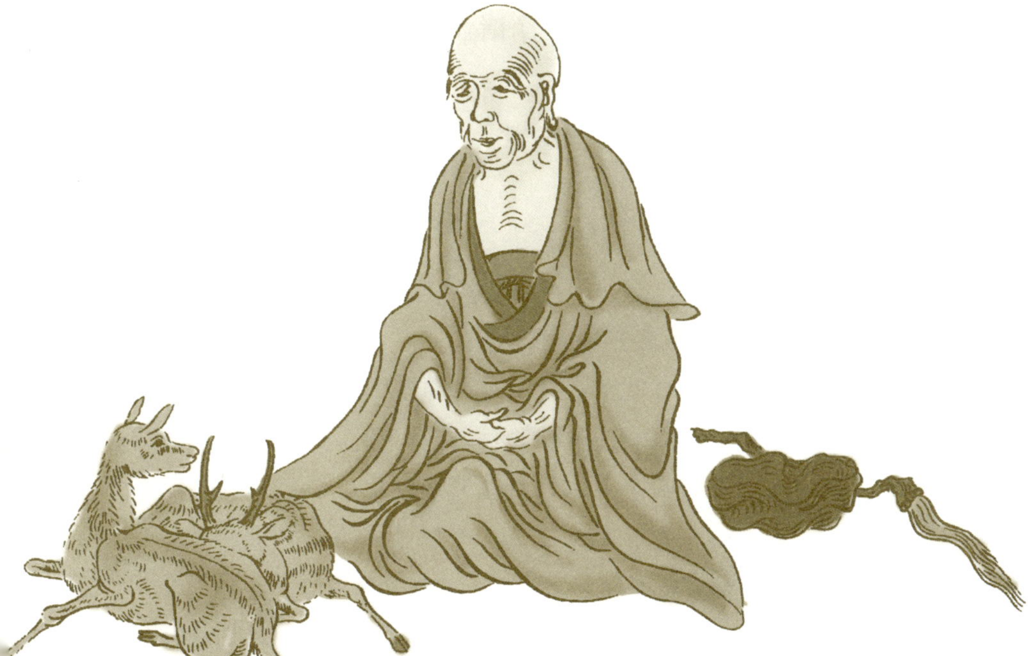

世尊，若此觉心本性清净，因何染污？使诸众生迷闷不入。唯愿如来广为我等开悟法性④。令此大众及末世众生，作将来眼⑤。"说是语已，五体投地，如是三请，终而复始。

尔时，世尊告净诸业障菩萨言："善哉，善哉。善男子，汝等乃能为诸大众及末世众生，咨问如来如是方便。汝今谛听，当为汝说。"时净诸业障菩萨奉教欢喜，及诸大众，默然而听。

【注释】

①因地行相：根据实际地点表现的形态。

②调御：比喻句，将一切众生比作狂象恶马，佛陀如驯象师，从而调御。佛陀的十号之一，为佛的异名。

③恒沙劫：比喻句，恒沙，如恒河的沙子一样数量众多。劫，又称劫波、劫数，今多指难以避免的灾难，如天灾人祸等。此处是指极其久远的岁月。此语为梵文音译，源于古印度的婆罗门教，佛教沿用，并加以改造，有两种说法：一、称为"大时"，指"其年无数"。二、指世人的寿命有增有减，从十岁开始，每百年增一岁，至八万四千岁，谓之"一增"；从四万八千岁开始，每百年减一岁，至十岁，谓之"一减"。每"一增"和"一减"，各称为一小劫，合之为一中劫。每一大劫包括成、住、坏、空四个时期，每一时期有二十中劫，一大劫共八十中劫。恒沙劫，极言时光之长。

④法性：本处指"法体"，般若学以为诸法（即一切事物）

皆因缘生，体之性本无，故以"性空"为诸法"法性"；另有"性空"为"法性"；与实相、真如、如来藏、法身等近义，同性质。指现象的本质，万物的本源。

⑤将来眼：在未来的世界里能于境行尽见，体用相当，能识别事物的本质，谓之将来世界的眼力。

【白话】

于是代表清净各种业力因果障碍的有成就的证悟者，在信徒中间从座位上起来，五体投地俯伏在佛陀脚下叩首后，从右边环绕三周，跪着将两手合掌于胸前对释迦牟尼说："大慈大悲的世之尊者，为我们大家广泛解说这样玄妙不可思议的事理。一切佛因地显示形态、认识，让我们大家得到了未曾有的认识，亲眼看见您调教制御大家的心识、见解，如历度恒沙数量般的久远岁月所勤奋刻苦修行所得到的功效一样。这又好似在瞬间得到的，我们发愿的证悟者，从自己的内心深深地感到庆贺与欣慰。

世之尊者，如果人们要觉悟的心本质上原都是清澄宁静的，那是什么原因使之受到了污染呢？并从而使众生灵迷惑沉闷而不能解脱。期望佛陀为我们开启证悟一切事物本质形态的智慧，使我们以及未来世界的众生灵，在未来的岁月里能识别一切形态的本质。"净诸业障证悟者问了这些话之后，又五体投地，连续三次，恭请佛陀解说。

这时，佛陀告诉净诸业障证悟者说："问得好，很好。有教养的男信徒，你们能为大家以及未来世界的众生灵，咨询这些问题。你们现在认真听，应当为你解说。"这时净诸业障证悟者听佛要为他解说教义，十分欢喜，所有到会的信徒都安静地聆听。

【说明】

　　本节由净诸业障证悟者发问本净所染而生之障碍，为何染污。要想进入清净境地就必须知其染之因，方能"对症下药""辩证医治"，而这里面就包含着两方面的因素。第一是业，今日之现世，有前业之因，是前业之果，而今日之染与前业也脱不了干系。这里有必要进一步说明"业"的性质。如前所述，业一般解释为"造作"，即由人的身体、语言、思想认识，产生了善良美好的事物与邪恶、丑陋的一切。从无始以来，人们代代相续，业也随之生灭相续。"业"尽管是由人制造出来，但受烦恼的支配。《大智度论》卷九十四中有："烦恼因缘，故起诸业。"从而在相互关系上构成了惑（即烦恼）、业、果之间的联系。本章由"净诸业障"的代表所提出的"染污"，也就是由人的六根（眼耳鼻舌身意）作用而产生六境或称之染污的六尘（色声香触味法），这样烦恼心就产生了，从而加入到了相续之"流"中去。此去彼来，连续不断地"造作"着"业因"。业，分为"身、语、意"三业。由于身、语二业可以表现出各种形态、方式，所以又称之为"表业"。对这一点各派佛教都无异议，即三乘皆通。对于意业，认为产生于思想意识之中，不为人所知，所以又叫"无表业"，小乘佛教持这种认识。大乘佛教却与此不同，

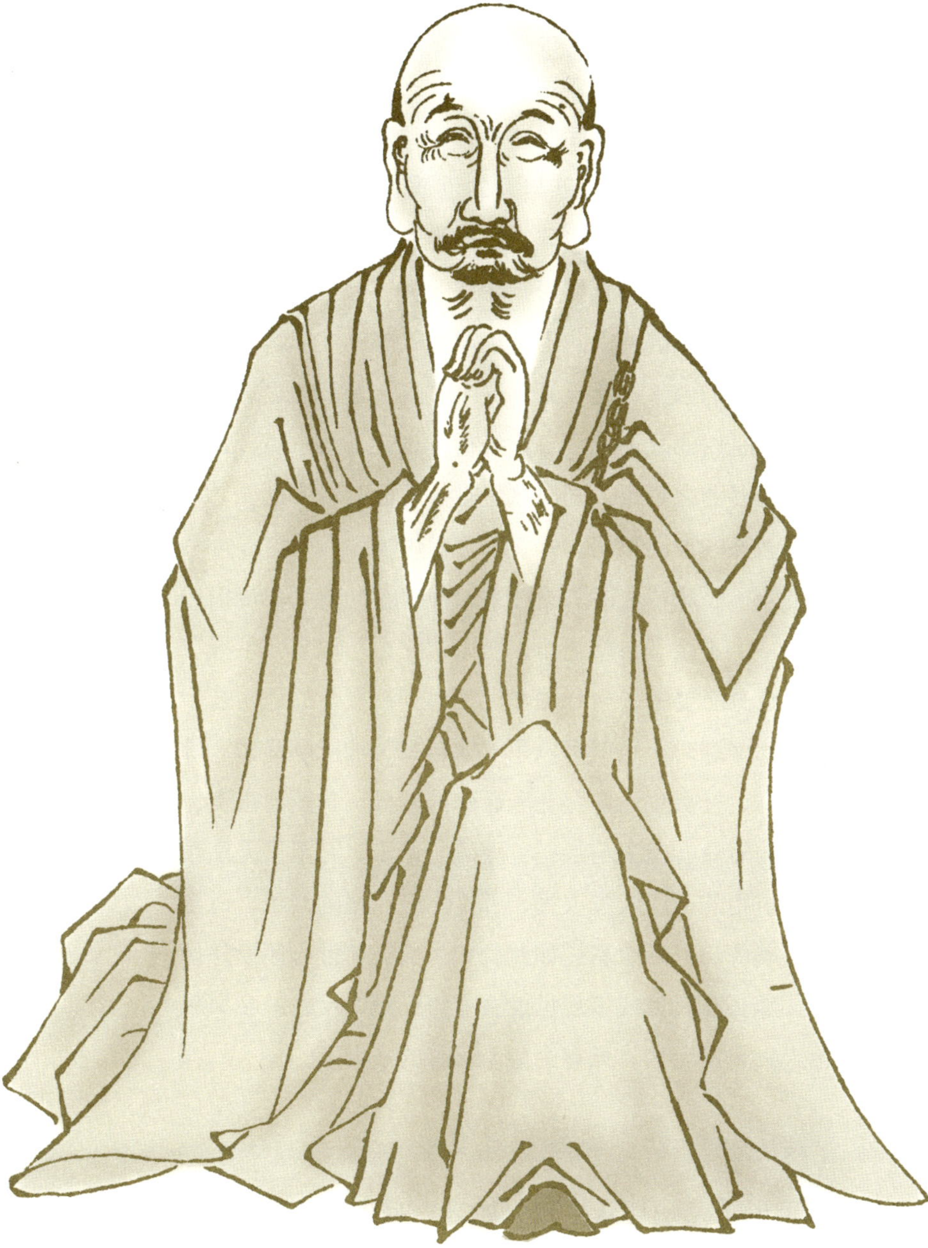

更加重视"意业"的作用。认为意业发自内心"万法唯心",所以"造作"皆系于一心,一切身、语作为,皆源出于"无表业",同时这种行为"造作"也会直接按照所做的一切事物的善与恶的性质,进行"业"的传递,表现在或过去,或现在,更为强调的是"未来"的结果中去。意业是直接影响轮回业力、因果报应、解说涅槃的基本原因。因此上,求"污"与"染"之因的第二个方面的因素,就是果。这个"果"是前业之果,更重要的是后业之因。今日之修行,也就是为求明日之解脱,得善业之善果。同时这也是佛教面对现实世界,构建其教义的理论根据。

为了面对"世俗"的社会,使佛教的教义在传播的过程中,不至于自相矛盾,所以"业力"说与"果报"论是十分必要的。当释迦牟尼面对人们提及的现实社会的一切差别时,也就可以用"业与果"加以解释了。佛教认为,社会生活中存在着悬殊的差异。贫困与富贵、长寿与短命、健康与疾病、智慧与愚笨,乃至于无法预料和抗拒的一些天灾人祸,都是由于业报的结果,以至于连美貌与丑陋也莫过如此。如生前或前世心怀愤怒妒忌,那么在后世或者现世就会变得丑陋,反之就会风采怡人。今世无者,只有企望于行善的来世了。

【经文】

"善男子,一切众生从无始来,妄想执有我人众生[①],

及与寿命,认四颠倒为实我体②。由此便生憎爱二境③,于虚妄体重执虚妄④。二妄相依⑤,生妄业道⑥。有妄业故,妄见流转。厌流转者,妄见涅槃。由此不能入清净觉。非觉违拒诸能入者⑦。有诸能入,非觉入故。是故动念及与息念⑧,皆归迷闷。

"何以故?由有无始本起无明,为己主宰。一切众生生无慧目⑨。身心等性,皆是无明。譬如有人不自断命。是故当知,有我爱者,我与随顺,非随顺者,便生憎怨⑩。为憎爱心养无明故,相继求道,皆不成就。

"善男子,云何我相⑪?谓诸众生心所证者。善男子,譬如有人,百骸调适⑫,忽忘我身,四肢弦缓,摄养乖方⑬,微加针艾⑭,即知有我。是故证取方现我体。

"善男子,其心乃至证于如来,毕竟了知清净涅槃,皆是我相。

"善男子,云何人相⑮?谓诸众生心悟证者。

"善男子,悟有我者,不复认我。所悟非我,悟亦如是。悟已超过一切证者,悉为人相。

"善男子,其心乃至圆悟涅槃,俱是我者,心存少悟,备殚证理⑯,皆名人相。

【注释】

①我人众生:我,梵文音译,原义为"呼吸",佛教义理中引申为"生命""自己""身体",相当于自我,物体自性。指支配人和事物的内部主宰者。通常分"人我"和"法我"。

《大毗婆沙论》第九称："我有二种，一者法我，二者补特伽罗我。"后者指"人我"。大乘佛教认为我是"主宰"，有两层含义：一、有"自在力"，即"如国之主"；二、有"割断力"，意为独立，可支配一切。"我"在经典里常具有实在、真实、独立以及永恒等不同含义，佛教义理是主张"无我"的，认为"我"，是妄有的，因为一切无常，都是非真实、独立、永恒的，故为"无"，把"有我"的一切看法、认识都认为是"迷惑""妄有"和"颠倒"的。其人，指自然与社会生活中客观存在的每一个人。佛教认为"人无我"，因为人的一切都是因缘相聚，无永存的实际与真实的"我"；"法无我"，指一切现象形态，包括我、你、他，也是因缘而成，随时生灭，无刻不在变化，无实有自体。小乘通常讲"人无我"；大乘则认为"人法无我"，两者皆空。众生，指众生灵，主要指一切有灵性的生命形态，常讲"有情""众生"，包括天界里的神、人以及动物等。

②四颠倒：指"常、乐、我、净"这四种为世俗社会所持有的认识。佛教认为人生一切无常，一切金钱、权力，包括情感都不常在，都会失去；人生是苦，不过是每个人各有侧重罢了。爱为别苦，生为死苦，一切皆苦；人实"无我"是如幻之"和合"；人是染、尘、垢的结合体，在"观"的修法中一项很重要的内容就是观"人不净"，谓之"不净观"，还有观人生如累累白骨的"白骨观"，以期达到厌恶离舍的作用。因此常乐我净被称为"四颠倒"（即四种错误认识）。

③憎爱二境：指人们意识中产生的憎恶与渴爱这两种思想境地或形态，同样是幻有不实的。

④于虚妄体重执虚妄：虚妄体，如"人"。佛教认为这本自无实，是妄有的认识，又加上"四颠倒"故是妄体上再加上"虚妄"，从而生灭不息。

⑤二妄相依：指我与我的"心识"，即客观的我与人的主观认识，这两者相互依存，其关系如前述是"二束芦"的关系。

⑥生妄业道：指产生错的行为、思想，从而为后世之苦果的"业因"，如此不断相续，在生死轮回、业业相续的道路上奔波不止。

⑦非觉违拒：此句是指并非是觉悟的清澄自性抗拒不接纳"妄者"，是有染垢的缘故。

⑧动念及与息念：动与息皆为一种认识或意识。"动"念指人的感官接受外界事物后产生的感觉、意念，如见景生美，见花有香；"息"念，指修证者认识了这一切感受，从本质上皆归于幻，从而刻意、执着地克制或压抑这种心理的认识活动，在佛教看来，都仍属于"心识"未泯，皆在"惑"中。

⑨慧目句：指一切生灵，从无始以来染尘"愚"业，从生之初就具有，处于迷惑的"无明"之中，无认识一切形态本质与真实的"慧眼"。

⑩非随顺者，便生憎怨句：指对于不能随心顺意的人或事，就产生了憎恶与怨恨的意识。佛教认为，欲无止境，所谓"人生不如意事常八九"。因此，人总是在不平、不满以至于憎怨中不断"流转"。

⑪我相：有两种含义：一、自我观念，认为有作为实体的自我存在的妄想。二、由于在妄想中出现的形态与我相似，人们

就把它当作实我。即指灵魂。

⑫百骸调适：骸（hái），指骨骼，常用四肢百骸来形容、表现人的整个身体。全句指人的整个身体都很协调舒适，使人忽略忘记了身体。

⑬乖方：乖，不正常。方，规则、规矩。即身体反应不正常。

⑭针艾：针法与灸法的合称。针法即在一定穴位用专用银针刺入患者体内，用捻、提手法刺激脉络，以达到治疗疾病的目的。灸法就是把燃烧着的艾绒（即中草药）按穴位的位置靠近皮肤，用热的刺激治病。这都是我国传统的医疗方法。

⑮人相：有两种含义：1.伟人之相。2.人我，即补特伽罗的观念，就是作为轮回主体的灵魂的观念。

⑯备殚证理："殚"（dān），竭尽，本句指完备而殚精竭虑地证悟义理。

【白话】

"有教养的男信徒，一切众生灵从本初以来，在心念中就虚幻地认为有'我''人'，以及生命存在的时间，认为常在、快乐、自我、清净都是真实存在的自己的实际表现。由此就产生了憎恶和爱欲这两种境遇，在虚妄的实我的认识上又加上虚妄的常、乐、我、净的认识。对自我与意识实有的两种妄念相互依存，产生错误的言行、观念，成为后世苦果的'业因'。由于虚妄的原因，使之在妄想见解中不断流传、轮回。修行者厌恶了轮回的流传，又虚妄地求证涅槃境界。这样就不能进入清澄明净、觉悟境界。并非觉悟境界拒绝能证悟的进入者。凡是认为有能进入的境界，这并非是觉悟了的缘故。因此说，产生行为的意念与息止行为的意念，都是迷惑和不智的表现。

"为什么呢？由于在无始的本初之际，就产生了迷惑的无明，使之成为自己的主宰。一切众生灵，从出生就不能具有认识一切事物本质的慧眼。身心的特性，都处在迷惑之中。好比有人惜身是不会断灭自己生命一样。因此应当知道，有自己喜爱的人或事，自己就感到随和顺心，而不随心顺意的人或事，就会产生憎恶、怨恨。因为有憎恶和爱欲之心就滋生培养了迷惑的缘故，层层相因，连续不断，这样要求得解脱道理和方法，是不会有所成就的。

"有教养的男信徒，什么是自我存在的妄想形态呢？就是人们在心里产生的所证明或认识的境界。有教养的男信徒，比如有人整个身体都很协调舒适，就会很快忘记自己；如果四肢弯曲无力，调养不正常，只要稍微针灸几下，就立即知道有我了。因此要证明我的认识只要用这个方法就可显现'我'的体验。

"有教养的男信徒，如果认为在心识上以至于证据到了如实而来的境界，最终认识了清澄明净的寂灭，这种认识也同样是自我存在的虚妄形态。

"有教养的男信徒，什么是人我的形态呢？是指人们产生在心里的要觉悟和证明的人或事。

"有教养的男信徒，觉悟到有一个我的灵魂，不再是现实中的我。所觉悟的并非是真实的我，而这种觉悟也同样不是本质、真实的。以为觉悟已经超过了一切证悟的人，这也都是人我的形态和观念。

"有教养的男信徒，有人心识以至于圆满觉悟的寂灭境地，这也都是我的观念，在心中即使只有一点我觉悟了，且完备而殚精竭虑地证悟着义理，也仍然称为'人我'的观念。

【说明】

　　本节论述的是一个在佛教教义中十分重要的问题，这就是关于"无我"的学说。我们有必要进一步加以说明，以便于理解"我相""人我"和"无我相""无人相"，以至于下面的"无众生相""寿者相"。从而看出"人无我"这种早期佛教主张的进一步发展，并了解中国佛教，尤其是汉传佛教持有的"法无我"及"万法皆空"的理论。

　　佛教"无我"学说中的"因缘和合""四大"（即地水火风）构成的义理是在印度各派哲学基础上产生并发展起来的，并非是佛教的独创，其中顺世派的学说被列为各派哲学的首位，这一点可以从摩陀婆的《一切见集》中得到证明。顺世派哲学认为，一切世界上的形态都是由异质的原子所组成，这些原子是包含在空、时、方中的地、水、火、风的微粒。原子彼此相异，而且是永恒的，它们既不能被创造，也不能被消灭。但由于原子所组成的客体是暂时的、变化无常的，他们把呼吸、生命等生理现象都当作"我"存在的证据，并认为我是心理现象的主体，其特征是能产生认识。我与各种心理现象间的关系称为"和合

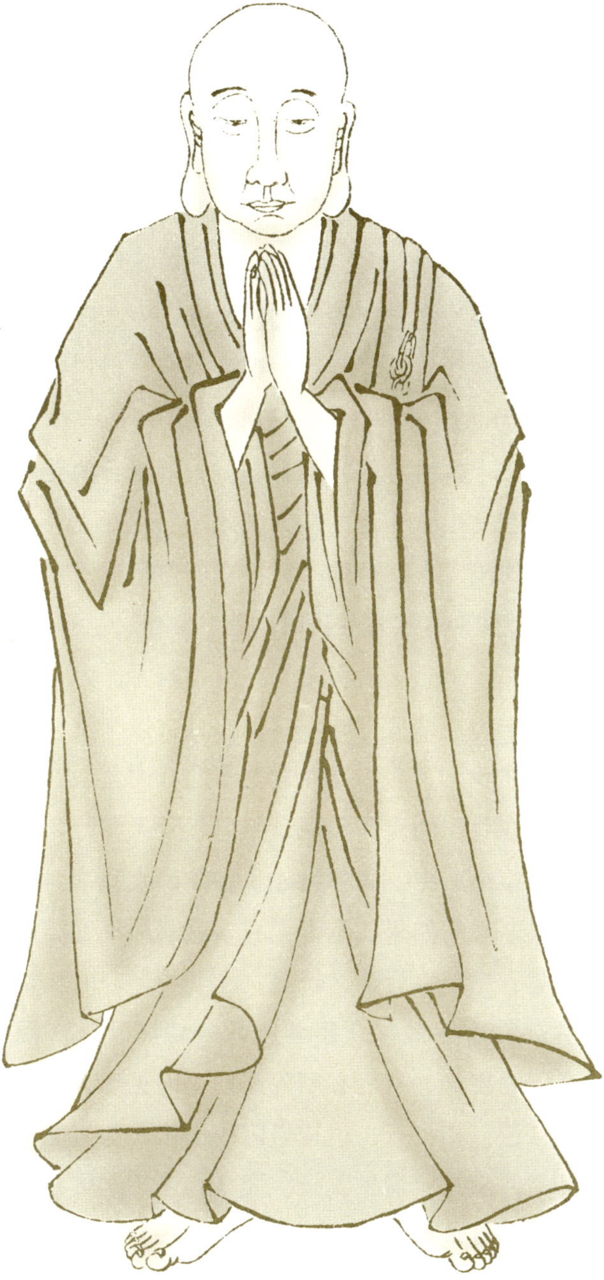

因缘"，从这种聚合关系中就能产生认识。他们从"生命来自物质"这一基本命题出发，认为世界是由地、水、火、风四种元素组成，这四种元素的物质粒子组成了一切生命形态。因此世界上一切事物皆自然而生，自然而灭。这就是"无因论"或"无因无缘论"。佛教把上述理论加以改造，变成了人之身由"四大"合和，因"因缘"聚合而成，但"四大皆空"，因为是结合体，分离后皆无，并无一个所谓"真实"和"本质"的我的存在。人的组合的元素无时无刻不在发生着变化，从未停止。岁月催人老，如飞瀑而下的流水，所谓的"我"在任何情况下，都在变化，所以认为有实我的认识，是"妄有"之见。

"无我"一词在巴利文原典中是既可作为名词使用，也可作为述语使用的形容词。自古以来就有"无我"和"非我'，后者是并非真实的我的含义。这两种意义，在我国的汉译和藏译中仍以"无我"为主。在《无我相经》中，集中论述了佛陀的无我论。经中告诫世人，人们如果能认识无我，就能远离五蕴即色蕴、受蕴、想蕴、行蕴、识蕴，这五类形态的积聚，绝灭贪欲，才能最终获得解脱。一切痛苦皆来源于有"我"的妄见，从而必须除此谬误的见解。在佛教看来，"色、相、行、识皆借因缘而生，如何能有我呢？""并没有所谓'人'，而只有诸行之集合。正如'车'不过是各种部件集合而成的一种名称"，人由五蕴而成也同此理。

【经文】

"善男子，云何众生相①？谓诸众生心，自证悟所不及者。

"善男子，譬如有人，作如是言：我是众生，则知彼人说众生者，非我非彼。云何非我？我是众生，则非是我。云何非彼？我是众生，非彼我故。

"善男子，但诸众生了证了悟，皆为我人。而我人相所不及者，存有所了，名众生相。

"善男子，云何寿命相②？谓诸众生心照清净觉所了者，一切业智所不自见③，犹如命根④。

"善男子，若心照见一切觉者，皆为尘垢，觉所觉者不离尘故。如汤消冰，无别有冰，知冰消者，存我觉我，亦复如是。

"善男子，末世众生不了四相，虽经多劫勤苦修道，但名有为，终不能成一切圣果，是故名为正法末世⑤。何以故？认一切我为涅槃故，有证有悟名成就故。譬如有人认贼为子，其家财宝，终不成就。何以故？有我爱者亦爱涅槃，伏我爱根为涅槃相。有憎我者亦憎生死，不知爱者真生死故。别憎生死，名不解脱。云何当知，法不解脱⑥？

"善男子，彼末世众生习菩提者，以己微证为自清净，犹未能尽我相根本。若复有人赞叹彼法，即生欢喜便欲济度；若复诽谤彼所得者，便生瞋恨。则知我相坚固执持。潜伏藏识⑦，游戏诸根，曾不间断。

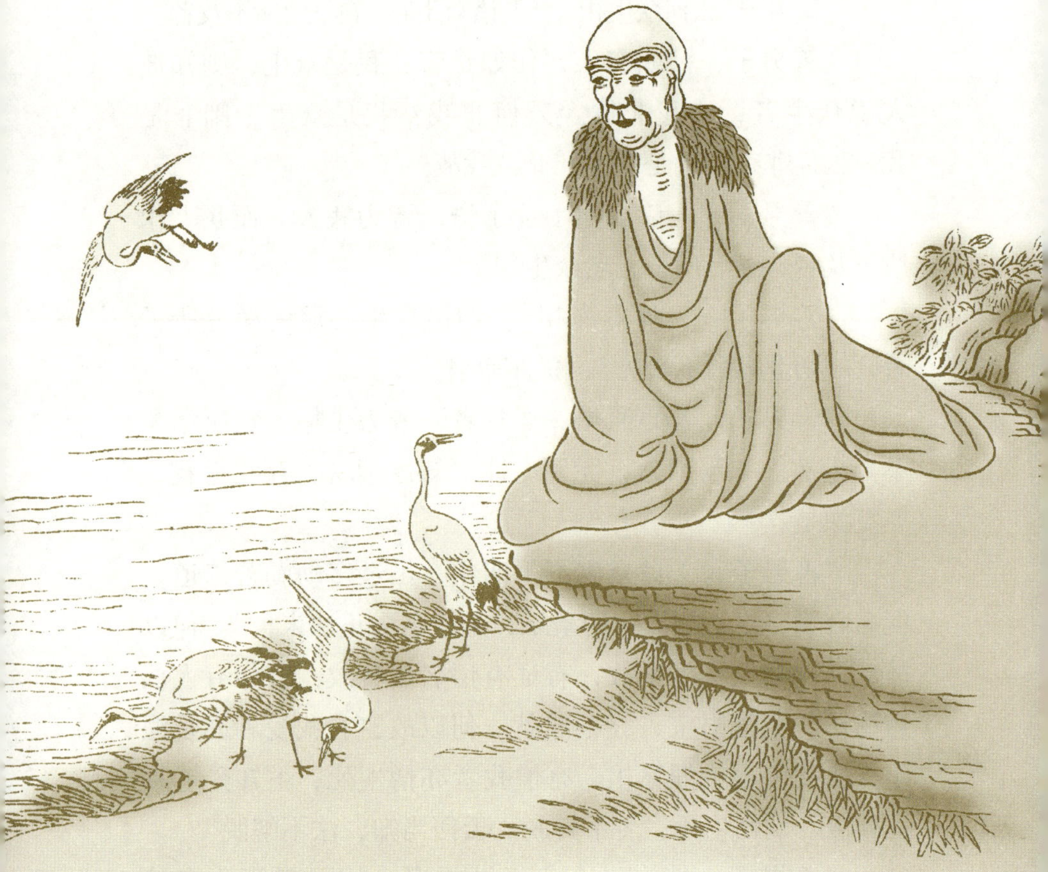

【注释】

①众生相：众生灵的生命形态，指对妄想众生身体是由五蕴集合而形成的错误理解。众生的观念，即认为生者本身就意味着灵魂或人格主体的存在。

②寿命相：生命存在意义的形态，即个体与生命观念。个体就意味着灵魂或人格主体的存在。

③业智：依有情世界相续的人的智慧，佛教认为是妄想智慧。

④命根：命，梵文意译，即"灵魂"，耆那教术语。分为动与静两种。前者存在于生命体中，动"命"由五个以上的感官（即心、皮、舌、鼻、耳、眼等）组成，如人、神、鬼；有的具有四个器官（即皮、舌、鼻、眼），如蜂；有的是三个感官（即皮、舌、鼻），如蚂蚁；有的是两个感官（即皮与舌），如虫；有的只有一个感官（即皮），如植物。后者存在于无生命体中，如水、火。命根，佛教名词，为心法之一。指由于过去之业而形成的今日此生维持寿命形态的依据。在《俱舍论》卷五有："云何命根？谓三界寿。"

⑤正法末世：正法，佛教术语，为"三时"之一。佛教认为释迦牟尼逝后，佛教将由盛转衰，并分为三个时期。一、正法时期。指正确无误的佛法，包括教义、修行、证悟三方面，是佛陀去世后的五百或一千年间。二、像法时期。指有相似法生，只有教义、修行两方面，历时一千年。三、末法时期，以后的一万年为末法时期，只有"教义"，既无修行，也无证悟时期。末世，即法末之世代，就是末法时期，为强调佛教在由盛转衰的历史岁

月中，如何去面对的问题。

⑥法不解脱：从一切形态的表象中脱离出来，称法解脱，反之就是不解脱。

⑦藏识：佛教名词，常有蕴积、包含的意义，指清澄自在，永射寂光的境地。为大乘瑜伽行派的五位百法中的心法、心识，按认识作用分为眼识、耳识、鼻识、舌识、身识、意识、末那识、阿赖耶识，这八个识体简称为"八识"。

【白话】

"有教养的男信徒，什么是大家的形态呢？就是人们依据自己的心灵，去证悟所达不到的他人境界。

"有教养的男信徒，好比有人这样说道：我是大家，那么人们就知道他所说的大家，既不是我，也不是你。为什么不是我呢？我是大家，那么就不是我。为何不是你？我是大家。因此既不是你也不是我的缘故。

"有教养的男信徒，一旦有人有所证或以为有所悟，都是我的形态和人们的形态。而我的形态与认识是人们的形态所达不到的，心里存在着已经有所成就了，就称为大家的形态。

"有教养的男信徒，什么是生命存在的形态呢？就是修行的人们心里观悟如明镜光照清净有所觉悟的，一切世俗人的智慧所不能认识的，好比生命存在的根本、心的力量。

"有教养的男信徒，如果心观照了一切形态的觉悟者，这种观照的觉悟与所认识的形态都是妄尘污垢，由于觉悟的心与觉悟的形态都是妄尘所染的缘故。好比用热水化冰，水与冰融合，二者没有区别一样。知道冰能化水者,即认为有我的,与要去觉悟而无我的修行者,也如冰与水一样,没有什么不同。

"有教养的男信徒,未来世界的人们不了解我、人、大家、生命存在的四种形态。虽然经历了长期的勤劳刻苦的修行,但这都是在称为'有'与'有为'的认识下进行的,终究不能成就一切真实的圣明境界,这种结果就叫作佛法的衰落时期。为何呢?由于认为这一切都是我追求的寂灭境界的缘故,这便是我所有的证与悟合称为成就的缘故。就好比有人认小偷为儿子,那么家里的财物终究是留不下来的。为什么呢?有爱我的心识,也爱寂灭清澄,在这里依据的是以我为爱的根本,是为我的永寂的形态。还有憎恶我的心念,同样也憎恶有生亦有死,不知道爱是生死轮回的根本所在。要离别生与死的心念,叫作不会解脱。那么为什么应当知道,何为法(即一切现象形态)未能解脱呢?

"有教养的男信徒,那些未来末法时期的众生灵,有修行觉悟的人,以自己稍微有所证悟的心境,认为自己达到了清澄明净,这仍然未能除尽有我的形态这一根本的妄念。如果还有人称赞感叹所修行的方法,随即产生欢喜并想以此来接济度脱众生灵;倘若又有人诽谤他们所修行的结果,就产生愤怒怨恨。从这就可以知道有我的形态十分坚固而且执着持久。'我'潜伏在人的心识于包藏之中,在人的各种器官中生灭不止,从不间断。

【说明】

　　大乘佛教的无我论,是彻底的"无我",不仅指自己,还包括一切人、一切事物。不能用简单的方法和态度去审视这一学说。首先这种学说是建立在对世上一切事物,至少是当时人类所能够观察到的社会空间之内的万事万物的"如实观察"和分析上的。其"四大"理论、业力学说、因缘和合学说,如果从纯科学即"高度的抽象"来考察也是有根据的;倘若再以假说、设想来对待这些学说,其价值也是不容忽视的。无论是从唯物主义以及无神论的立场出发,还是从唯心论以及宗教信仰主义者的观点来看,对大乘佛教思想的研究都还是有待深入的。如果从文化角度去审视,其底蕴就更加深厚,内容也更为多彩多姿。

　　大乘思想的一个特征,就是有一种双重的价值取向,这种价值取向包含着人生观、宇宙观以及对世界的完整的看法。这就是其出世法和世间法,前者把"万法唯心"的思想推向了极致,其经院哲学的缜密与庞大,足以耗费一位认真的学者一生的精力;后者把其义理"方便"到"八万四千"方法之中,所谓无意不可到,无事不可为,是名"意也"或"事也",以至于不着一字,不识一字,只要"念一声佛号",就可以往生西方净土世界。向人间、向世俗靠拢与接近,救度一切众生于苦难,又成为其世间法的另一重取向。这也反映了佛教史上的一个突出的特点:由少数人的认识发展到大家的信仰；从单一民族，发展到众多民族；从一个国家逐步推向世界。据初步统计，佛教作为古老的宗教，在两千五百年的岁月里，虽历度沧桑，至今仍有佛教徒3亿多人，约占世界总人口的5%。因此，能否适应社会的不断发展和变化，是决定着佛教能否继续发展的关键所在。起源于印度的佛教在12世纪左右，在全印几乎荡然无存的情况，正好可以是一个历史的佐证。

　　本节文字所讲述的"无众生相""无寿命相"与前面的"无我相""无人相"构成了一个整体，都建筑在"无我"思想的基础之上，并且由我及他，由他及众，由众到一切事物。这里讲述的对象显然是为发愿证悟佛教义理的修行者，因此彻底要求断灭"我"，除一切"有"，即使是我要悟，要为众生，都是"有我"。从而揭示出那种期望通过修行来摆脱生与死的困扰，摆脱一切烦恼到达静寂境界的心念，也同样都是由欲望、我而支配的世俗的认识，是只治标不治本，只注重现象或目的，未能把握修行的本质以及佛陀教义的，不能"解脱"的妄识心念。凡是有"我"与求人生利益的修行，都归于"名不解脱"的结果之中。

【经文】

　　"善男子，彼修道者不除我相，是故不能入清净觉。

"善男子，若知我空，无殒我者①。有我说法，我未断故。众生寿命，亦复如是。

"善男子，末世众生说病为法②，是故名为可怜悯者。虽勤精进，增益诸病，是故不能入清净觉。

"善男子，末世众生不了四相，以如来解及所行处，为自修行，终不成就。或有众生未得谓得，未证谓证。见胜进者心生嫉妒。由彼众生未断我爱，是故不能入清净觉。

"善男子，末世众生希望成道，无令求悟，唯益多闻，增长我见。但当精勤降伏烦恼，起大勇猛③。未得令得，未断令断；贪瞋爱慢④，谄曲嫉妒⑤，对境不生⑥；彼我恩爱一切寂灭。佛说是人渐次成就，求善知识，不堕邪见，若于所求别生憎爱，则不能入清净觉海。"

尔时世尊，欲重宣此义，而说偈言：

    净业汝当知，一切诸众生，
    皆由执我爱，无始妄流转。
    未除四种相，不得成菩提。
    爱憎生于心，谄曲存诸念，
    是故多迷闷，不能入觉城。
    若能归悟刹，先去贪瞋痴，
    法爱不存心，渐次可成就。
    我身本不有，憎爱何由生？
    此人求善友，终不堕邪见。
    所求别生心，究竟非成就。

【注释】

①无殿我者：殿，有作"毁"。殿指掌管佛殿事宜如法事活动，宣讲教义的地方。本句指并没有所谓信奉佛法、在佛殿宣说教义的我，意谓有"我"在传法，度济众生，这种心念，就是一种"我相"，并未断除我的形态。

②说病为法：说病，指解脱众生灵所患疾病，此病有两层含义：一是依先世之恶业，即罪恶之因而行；二是指受现世所得疾病之苦。为法，把断除恶业的无我认为是方法，从而执着地求"无我"，此亦为是未断妄有之我，故称是可怜惜之人，本想去病，反增病情。全句喻指以妄有除"无我"，亦为妄。

③大勇猛：佛陀的称号之一。意谓广大勇猛无所畏惧的追求真谛的信心。

④贪瞋爱慢：贪亦即贪欲，对一切顺心之事物，而起的无厌之心，如色、财。《法华经》譬喻品中有："诸若所因，贪欲为本。若灭贪欲，无所依止。"瞋即愤怒，意谓仇恨和损害他人的心理。《大乘五蕴论》中称："云何为瞋？谓于有情，乐作损害为性。"佛教专有名词"三毒"之一，是产生所有烦恼的三种"根本烦恼"即"贪、瞋、痴"中的"瞋根"，也就是随之而产生的烦恼，诸如"忿""恨""覆""恼"等的根本。为小乘五位七十五法，大乘五位百法之一。爱，是贪与染的主要内容，十二因缘之一。慢，佛教专有名词，大小乘皆同，指傲慢自负，"心高举为性"，内容十分细致，大体上有七慢和九慢两种说法。《俱舍论》卷十九所载七慢为：一、慢，对不如自己或与自己相当的人从而产生的傲慢。二、过

慢，对与自己相当的，说自己优；对优于自己的，说相等。三、慢过慢，对优胜于自己的说自己优胜。四、我慢，不认识自身乃五蕴集合，以为实有我及我所。五、增上慢，未得果位，而自以为证得。六、卑慢，认为与优胜于自己的人相当。七、邪慢，自己无德而自认为有德。

⑤谄曲嫉妒：谄，梵文意译，指刻意掩饰自己过错的思想言行。《大乘广五蕴论》有："谓于名利，有所计著。"斤斤计较自己的利益得失，而"隐己过恶，心曲为性"。曲，邪，不正。嫉妒，对他人成果、所得，心有不满，以至于付诸损害他人的言行之中。

⑥对境不生：面对上述各种环境、境遇均不产生憎爱一切心念，视其为无可无不可。

【白话】

"有教养的男信徒，那些修行的人由于不能断除我的形态，因此不能进入清澄明净的觉悟境界。

"有教养的男信徒，如果已经认识了我本是空，并没有一个在佛殿持戒修行，讲经宣法的我。心存有我在修行于佛理、讲说义理的，是我的形态仍然没有断除的缘故。对于众生灵以及生命存在的形态本自于空的认识，也是这个道理。

"有教养的男信徒，未来世界的人们，为摆脱恶业的烦恼，以解脱为根本而修行佛法，因此就称为可怜而悲悯的人。虽然勤勉并精益求精地进取，在有我所得的心念下，反而使被尘染的妄想心念有所增加，好比病上加病，因此不能进入清澄明净的觉悟境界。

"有教养的男信徒,未来世界的众生灵不了解我、人、大家、生命存在这四种表现形态,以佛陀的教义见解为方法,为自己修行,最终不能成就佛果。或者还有人并未得到觉悟而自称得到,并未证悟而自谓得到证悟。见到胜过自己的人,就在心中产生嫉妒。由于这样的人们并未断除我与爱欲,因此不能进入清澄宁静的觉悟境界。

"有教养的男信徒,未来世界的人们如希望走上正确道路,不要使自己去追求开启和觉悟,如果只希望多知道义理,反而会使有我的妄见增长。所以应当精进勤奋降伏心中的烦恼妄见,奋起广大的勇猛之心。未得到觉悟的使之得到,未断除的妄见使之断除;贪欲、瞋眼、渴爱、傲慢、隐恶、不正、嫉妒,面对这一切现象都不产生心念;人们与我的恩怨与爱欲,一切都归于寂灭。如实的佛陀说这样的人还要渐渐地取得更高层次的成就,求得智慧的导师,才能不堕入邪恶错误的见解中。如果在有所追求中产生了憎恶与渴爱的心念,就不能进入清澄明净的如广大海洋的觉悟境界。"

这时佛陀又重述义理,用诗句归纳说:

净业悟者你应知,

一切世间众生灵,

都是具有我与爱,

无始妄念轮流转。

我人大家生命相,

从而不能得智慧。

爱憎情感生于心，
隐恶不正在意念，
因此迷惑多烦恼，
不能进入觉悟城。
若能皈依觉悟地，
首先除去贪瞋痴，
心中不存爱与欲，
逐渐可以有成就。
自我身心本不存，
憎爱之心何处生？
此人若得良师友，
最终不入邪见中。
心中并无有所求，
舍此毕竟无成就。

【说明】

　　这一节是全章的结尾，由人无我的四种形态依次向法无我的教义开拓，使无我论形成了人法二空的内涵，不仅彻底地否定了"我"，也彻底否定了一切"有"，包括求法之心，皆为源于心识妄尘之惑，仍然未脱一个"我"，未离一个"有"。为了使读者对大乘瑜伽行派的"法"的概念有一个总体的认识，这里仅将其教理中的五位百法表列如下（附后）。

　　从中我们不难看出，其内容是十分细致而完整的，有其独特的逻辑性，包含着许多相对的哲学范畴，颇耐人寻味，为穷究义理者，留下了十分广阔的想象空间。尽管法的内容是丰富的，但其唯心的经院哲学的特点，已可略见一斑了。限于本书的体例，我们就不加以逐一逐层的解说与分析，但其中的许多内容我们在本经中已经接触到了，至少可以防止简单化的理解。

另外，本节经文中所说的对一切外界的反映都要"对境不生""一切寂灭"，这讲的是"出世间"的佛理，中国佛教不乏"世间法"的文化底蕴，对于恶决非"一切寂灭"的。在佛教义理中不乏忍的内容，《六度集经》中有"忍不可忍者，万福之原"的认识，主要是要求信众能够安于苦难，毫无怨意，从而心波不起微澜，因此"忍"的本义是一种认识论范畴的"智忍"，并不避恶、纵恶乃至于姑息养奸。它与"打你的左脸，再把右脸给他"的做法是不同的。在寺庙中，大殿的两侧供奉着"二十天"，这是保护佛教的二十位天神，可谓"天网恢恢"，为恶者"阎罗王"是不会放过、轻饶的。至于以武学闻名天下的少林寺更有"武以寺名，寺因武显"的说法。作为中国佛教禅宗的祖庭，自北魏太和十九年（公元495年）创建、发展到隋唐以后，与国家的政治往往息息相关，绝非"与世无争"。从隋末的护寺，到初唐的十三棍僧助秦王，明代的抗倭寇，其以力抗暴的特征是明显的。尽管东土禅宗初祖菩提达摩在少林寺授拳之说论据不足,但初祖剃度的门人习武者甚众是不可否认的史实。少林武学,在广收民间武术精华的基础上,经过历代众僧的群策群力,成为中华武术的一大源流,这正反映了佛教文化兼容并包、惩恶扬善的特色。

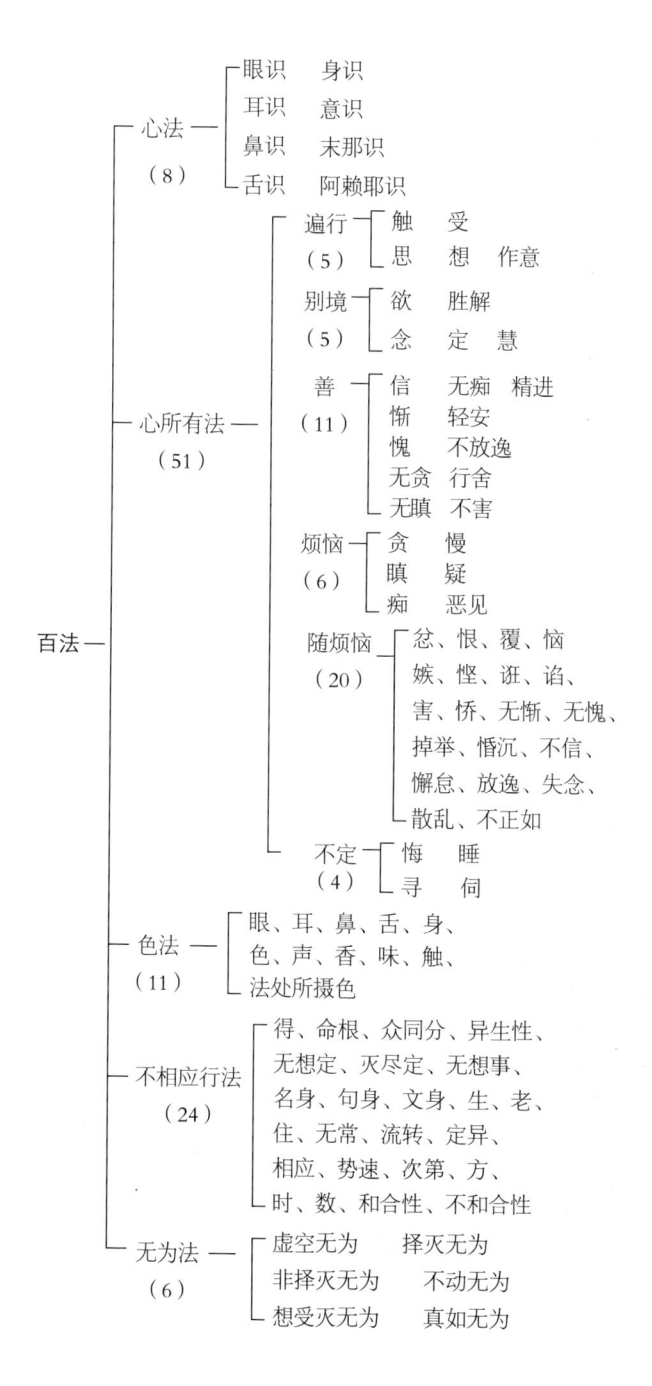

```
                    ┌─ 眼识  身识
          ┌─ 心法 ──┤   耳识  意识
          │  (8)    │   鼻识  末那识
          │         └─ 舌识  阿赖耶识
          │
          │         ┌─ 遍行 ┬─ 触  受
          │         │  (5)  └─ 思  想  作意
          │         │
          │         │  别境 ┬─ 欲  胜解
          │         │  (5)  └─ 念  定  慧
          │         │
          │         │  善  ┬─ 信  无痴  精进
          │         │ (11) │  惭  轻安
          │         │      │  愧  不放逸
          │         │      │  无贪  行舍
          │         │      └─ 无瞋  不害
          │         │
          ├─ 心所有法┤  烦恼 ┬─ 贪  慢
          │  (51)   │  (6)  │  瞋  疑
          │         │       └─ 痴  恶见
          │         │
          │         │  随烦恼┬─ 忿、恨、覆、恼
百法 ─────┤         │  (20) │  嫉、悭、诳、谄、
          │         │       │  害、憍、无惭、无愧、
          │         │       │  掉举、惛沉、不信、
          │         │       │  懈怠、放逸、失念、
          │         │       └─ 散乱、不正知
          │         │
          │         └─ 不定 ┬─ 悔  睡
          │            (4)  └─ 寻  伺
          │
          │         ┌─ 眼、耳、鼻、舌、身、
          ├─ 色法 ──┤   色、声、香、味、触、
          │  (11)   └─ 法处所摄色
          │
          │         ┌─ 得、命根、众同分、异生性、
          │         │  无想定、灭尽定、无想事、
          ├─ 不相应行法  名身、句身、文身、生、老、
          │  (24)   │  住、无常、流转、定异、
          │         │  相应、势速、次第、方、
          │         └─ 时、数、和合性、不和合性
          │
          │         ┌─ 虚空无为    择灭无为
          └─ 无为法─┤  非择灭无为  不动无为
             (6)    └─ 想受灭无为  真如无为
```

第十章　普觉菩萨

【题解】

普觉这位证悟者代表着能够佛光普照的使者，使天下的众生灵都能从黑沉沉的大梦中醒来，明白生死轮回都如梦幻，从而向往光明，走出黑暗，因此称之为"普觉"。他提出的问题是在佛法末世之时，学佛的信徒们将向谁去讨教呢？如何修行，如何似断除病魔一样，去除身心的妄念邪见，而这些如病的妄念又有哪几种表现呢？佛陀针对普觉的发问，依次作了解答。这些都是一个修行的信徒所必然遇到的基本问题，但佛陀论述的重点主要还在于能够开启修证者的"善知识"，以及修行者应当具有的基本修养，这就是必须抛弃四种错误的认识，即"四病"。无论是"作""任""止""灭"，究其理，都是一个心识的空字，未能了然。

【经文】

于是普觉菩萨，在大众中，即从座起，顶礼佛足，右绕三匝，长跪叉手而白佛言："大悲世尊，快说禅病[①]，令诸大众，得未曾有，心意荡然，获大安隐。世尊，末世众生，去佛渐远，贤圣隐伏[②]，邪法增炽，使诸众生，求何等人?依何等法?行何等行?除去何病?云何发心,令彼群盲,不堕邪见?"作是语已,五体投地,如是三请,终而复始。

尔时,世尊告普觉菩萨言:"善哉,善哉。善男子,汝等乃能咨问如来如是修行,能施末世一切众生,无畏道眼③,令彼众生得成圣道,汝今谛听,当为汝说。"时普觉菩萨奉教欢喜,及诸大众,默然而听。

【注释】

①禅病:修禅中那些错误的见解。此处指前章所述的人的形态,我的形态,大家的形态以及生命存在的四种表现形态,以及持有、我、修的心念,都是修禅过程中的妄见。

②贤圣隐伏:贤圣,即圣人与贤者。圣人,指相对凡者而言,是能断惑证理之人。《涅槃经》十一卷中指出:"以何等故,名佛菩萨为圣人耶?如是等人有圣法故。常观诸法,性空寂故,以是义故名圣人。有圣戒故,复名圣人;有圣定慧故,故名圣人;有七圣财,所谓信、戒、惭、愧、多闻、智慧、舍离,故名圣人。"贤,在凡人之列,能闻善而行,知法而信。隐伏,隐居、蛰居,如动物冬眠一般,潜伏起来,不出头露面,以济世救民。

③无畏道眼:无畏,佛教名词,指晓了幻化之法,泰然无畏之德。此处指佛陀之"四无畏":一是一切智无畏,即为一切智人而无畏心;二是漏尽无所畏,断尽一切烦恼而无畏心;三是说障道无所畏,即说惑、业等诸障法而无畏心;四为说戒

定慧等诸尽苦之正道而无畏心。道眼，佛教名词，指修道而得之眼，就是"真妄显现，抉择分明"。亦指可以观知可度脱之人的观道之眼。

【白话】

于是代表能普遍觉悟人们的普觉证悟者，在信徒中间从座位上起来，五体投地俯伏在佛陀脚下叩首后，从右边环绕三周，跪着将两手合掌于胸前对释迦牟尼说："大慈大悲的世之尊者，您痛快淋漓地解说修禅中的各种通病，使我们与会者得到了未曾有的开悟，心中意念坦荡了然，获得了极大的安稳。世人之尊，未来世界的众生灵，离开您在世的岁月将逐渐遥远，那时能断惑证理的圣人贤者都蛰居隐藏起来，各种错误的认识会日益增加，那时的人们，将去求什么人呢？是依据什么方法修行呢？持什么戒律去修习和实践呢？断除修禅定中哪些通病呢？如何发愿得智慧之心，使那些不识佛法的人，不至于堕入错误的认识之中呢？"普觉证悟者问完后，又五体投地，接连三次，恭请佛陀解说。

这时，受世人尊敬的释迦牟尼对普觉这位有成就的证悟者说："问得好，很好。有教养的男信徒，你们能够请教我怎样修行，能给予未来世界的一切众生灵洞察幻化之法的智慧之眼，使一切众生灵得以成就圣明的觉悟成果，你现在要仔细听，应当为你解说。"这时普觉这位证悟者听佛陀要为他解说佛教义理，十分欢喜，所有到会的人都安静地聆听。

【说明】

　　本节文字阐述了一个耐人寻味的问题，人生如果立志发愿去证悟真谛，那么"求何等人？"所谓古之学者必有师，修行佛理，若无明师指引，亦好比大海行船，没有方向和舵手一样。佛门对于导师的作用和要求是有严格规定的。我们阅读佛典，一个基本印象就是往往由弟子执问，佛陀解答。作为佛教创始者的释迦牟尼的博学雄辩，已经给读者留下了深刻印象。作为一位伟大的思想家，能够准确而令人信服地表达自己的思想观点，这种能力是在长期的修习中，在与各种哲学思想的交锋中逐渐形成的。对于"善知识"也是有着很高要求的，这绝非是如一些人的印象之中的那样，所谓佛教高僧，只是每天敲着木鱼，口中念念有词地反复重复着"阿弥陀佛"的寡言木讷之人。中国佛教认为"达教之人，岂滞言而惑理"，而且"释其旨趣，自浅之深，犹贯珠焉"。就是说，为人师表的人，应当善于口头表达，并且能够明白地讲解事物的道理。以其昏昏使人昭昭，显然是不行的。佛学讲经解义的方法，注重朗读、记诵，环环相扣，层层深入。尤其是注意"渐次差别"，其条分缕析、循循善诱的宣讲之法，很值得借鉴。正如《出曜经》卷十七所云："常当听微妙，自觉寤其意。能觉之为贤，终始无所畏。"这是指多听博学者的讲授，探求真谛的精微之处，理解其意义，就是觉悟智慧的人。

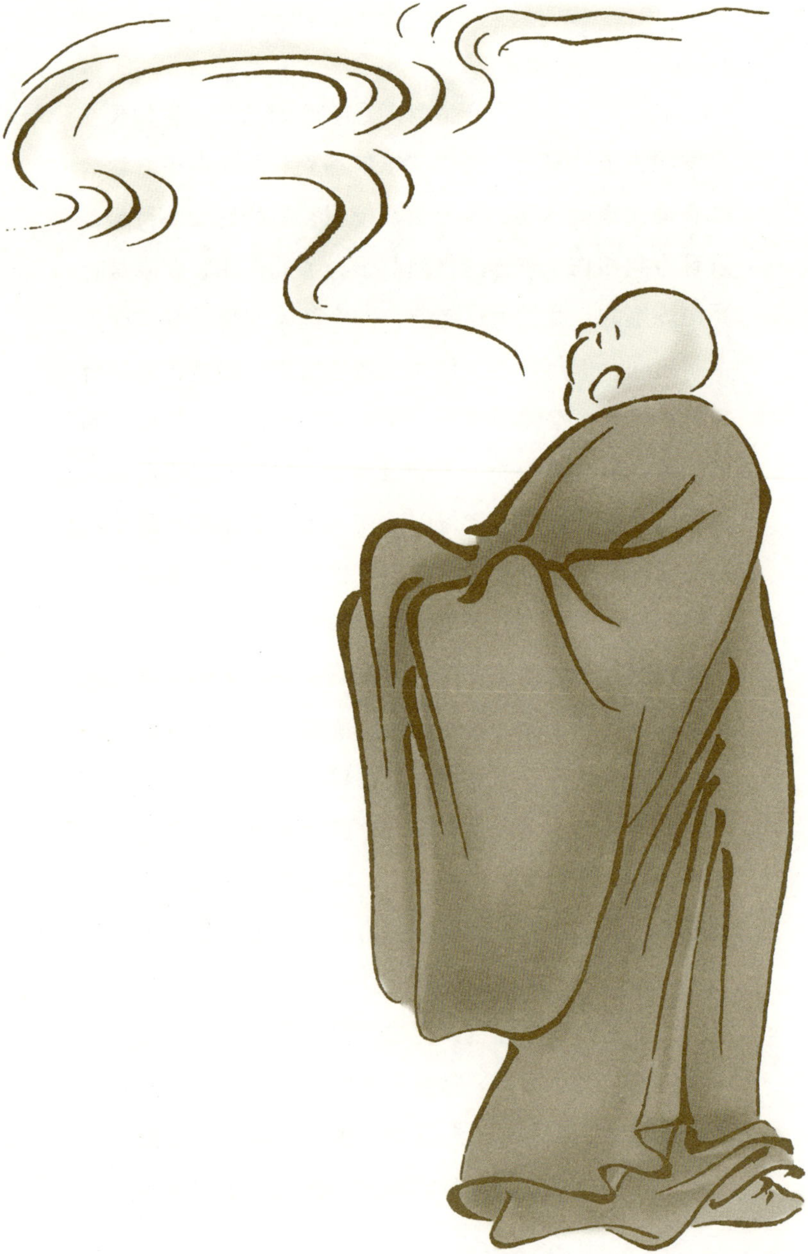

要求修行者在求学中要有知难而进的精神。本节认为修行者如果不能得遇明师指引，只会造成盲修瞎练，以至于"走火入魔，误入歧途"。从这个意义上讲，小乘佛教的"独觉"者，只能从个人长期的修行和摸索中前行，他们想要成功，绝非偶然的机缘所能代替。中国禅宗六祖慧能，如若当初不遇明师，一个不会书写的"南蛮之人"何以得衣钵真传？

中国佛教中对于师资问题，历来都很重视。认为如果能遇明师，全依靠本人福德机缘，于幽隐难察处见人心。师者要贤善柔和，恳切仁厚，兼有淡泊之心；其次能依佛法思维、判断抉择，不仅要守戒遵律，还要身体力行，以身作则，具有令修行者敬重的戒德；并要悉知印度或中国佛教的禅法，以对境炼心，尽除妄尘。此外，还应除去"尽有常圆之月，各怀无价之珍。所以月在云中，虽明而不照。智隐惑内，虽真而不通"（《五灯会元》卷十）之弊。即修证佛理，不仅要学有所得，而且应当能够用语言准确完整地表达出来，记叙传播开来。如果不能清楚地表达思想，则如月在云中，无法朗照，佛门不立文字的心传口授，并非轻文，其本意在于要慎于文字。

【经文】

"善男子，末世众生，将发大心，求善知识，欲修行者，当求一切正知见人①，心不住相②，不著声闻缘觉境界。虽现尘劳③，心恒清净，示有诸过，赞叹梵行，不令众生入不律仪④，求如是人，即得成就阿耨多罗三藐三菩提⑤。

"末世众生，见如是人，应当供养，不惜身命。彼善知识，四威仪中⑥，常现清净，乃至示现种种过患，心无憍慢⑦，况复抟财妻子眷属。若善男子，于彼善友不起恶念，即能究竟成就正觉，心华发明，照十方刹⑧。

"善男子，彼善知识，所证妙法，应离四病。云何四病？

"一者作病⑨。若复有人，作如是言：我于本心，作种种行，欲求圆觉。彼圆觉性，非作得故，说名为病。

"二者任病⑩。若复有人，作如是言：我等今者，不断生死，不求涅槃。生死涅槃，无起灭念，任彼一切，随诸法性，欲求圆觉。彼圆觉性，非任有故，说名为病。

"三者止病⑪。若复有人，作如是言：我今自心，永息诸念，得一切性，寂然平等，欲求圆觉。彼圆觉性，非止合故，说名为病。

"四者灭病⑫。若复有人，作如是言：我今永断一切烦恼，身心毕竟空无所有，何况根尘虚妄境界。一切永寂，欲求圆觉。彼圆觉性，非寂相故，说名为病。

"离四病者，则知清净。作是观者，名为正观。若他观者，名为邪观。

【注释】

①正知见：为"八正道"之一。指对佛教真谛"四谛"学说的正确见解。佛教认为这是由凡入圣，由迷界的此岸进入悟界的彼岸所必须具有的方法和途径。

②心不住相：在心境之中，不留有任何事物的幻有形态，随起随落，随生随灭。

③尘劳：由眼耳鼻舌身意六根对应的六境色声香触味法，所生发的不实虚幻的六尘，幻扰心识，从而烦恼顿生，劳累心力，一生为尘垢困扰，不得解脱。本句指各种幻有形态纷至沓来。

④律仪：律，梵文意译，亦为"偶伏""灭""化度"等，佛教术语。是对比丘（俗称和尚）、比丘尼（俗称尼姑）所制定的禁戒，认为能调心制伏诸恶，律与戒有所不同，是专为出家人制定的法规。"律犹法也"，从而"诠量轻重，分别犯不犯"。本是佛陀生前为约束僧众而定，部派分裂后，所持有所不同。在中国，有四种不同的律流传，以道宣倡导的《四分律》传播最广，并以此形成了中国佛教的一支，名"律宗"。唐天宝十三年（公元754年）鉴真法师把律宗传入日本。仪，仪式。律仪，律法仪式。《大乘义章》卷十有："言律仪者，制恶之法。说名为律，行依律戒，故号律仪。又复内调亦为律，外应真则，目之为仪。"有三种律仪。《俱舍论》卷十四称："一别解脱律仪，谓欲缠戒；二静虑生律仪，谓色缠戒；三道生律义，谓无漏戒。"

⑤阿耨多罗三藐三菩提：佛教专有名词，简称"阿耨三菩提"，梵文音译，意译为"无上正遍觉"，指能够觉悟佛教一切

真谛,能如实认识一切事物。《大智度论》卷八十五称:"唯佛一人智慧为阿耨多罗三藐三菩提。"《金刚经》中反复提示,大乘菩萨行的基本内容,就在于此。本句可译为佛无上的绝对完全的智慧。

⑥四威仪:指佛教徒行、住、坐、卧的规则、相状。《菩萨善戒经》卷五中:"四威仪,一者行,二者住,三者坐,四者卧。菩萨若行若坐,尽夜常调恶业之心。忍行坐苦,非时不卧,非时不住。所住内外,若床、若地、若草、若叶,于此四处常念供养,佛法僧宝。"意谓行为有威德和规则。

⑦憍慢:憍,同骄;慢,佛教名词,意指傲慢自负。《百喻经·以梨打破头喻》中有"如彼人者,憍慢恃力"。

⑧刹:梵文省略的音译。有二义,一为土或田。《法华文句记》卷二称:"刹者应云刹摩,此云田,即一佛所王土也。"其二为佛塔顶部的装饰,即相轮。《洛阳伽蓝记·永宁寺》记有:"中有九层浮图一所,架木为之,举高九十丈;有刹复高十丈;合去地一千尺。"亦指寺前幡杆,因此称佛寺为"佛刹""宝刹""寺刹""梵刹"等。十方刹,一切佛刹,寺刹。

⑨作病:即作犯,于诸恶法,策身口而作之,依于作而犯戒体者,谓之作犯。即放任自身,依妄念而行,作恶业称为作病。在本文非俗解,针对修行者,则指心有所念,有所作为欲求于觉悟,仍归于"有"非空,故为病。

⑩任病:放任,不依戒律,随遇而安,任由心性,一切均无可无不可,有狂放之态,故为病。

⑪止病:即二犯中止犯,于一切善行生厌,不修习,依于休

止而犯戒体，故称为止犯。本文是指修行者而言，谓意欲止心识中妄念，刻意为之，使人成死木一段。

⑫灭病：指心所灭，一切感官、对象都归于寂灭，但由于心有一寂灭的形态，故仍是有，当然此有，是心念寂然，与人世隔离状。

【白话】

"有教养的男信徒，未来世界的人们，要发大愿，追求证悟了圆满智慧的人，要修行佛理，应当追求一切具有正确智慧见解的人，心念中不存在一切现象形态，不执着于闻教而信以及自觉证悟的修习境界。虽然处于世间纷扰劳碌的环境中，心中保持清澄宁静，冷静地分析显示过失，从而更赞许感叹长期修行严格遵守佛门戒律的行为，不使众生灵们进入不按戒律仪式而行的境地。追求这样的明师，就可以得到无上正确的智慧和觉悟。

"未来世界的众生灵，遇见明师这样的人，应供奉养活起来，不惜用生命来保护。那些证悟了圆满觉悟的人，在行、住、坐、卧的生活中有威德和规则，常常呈现出清澄宁静，以至于会明示出修行者的各种错误和过失，心中没有傲慢自负，更不会对财产妻子儿女以及亲属有所计较。倘若有教养的男信徒，在与导师的学习中不起恶念，就能最终成就正确的智慧，心如华光发出光明，映照一切佛土。

"有教养的男信徒，那些证悟了智慧、觉悟圆满的人，所证悟的玄妙法界，应远离四种毛病。何为四种毛病呢？

"一是作的毛病。如果有人这样说道：我在自己心中，产生了各种修行方法，要求得圆满觉悟。这种圆满觉悟的心性，并非是由所作而得到的，因此就称为毛病。

"二是放任的毛病。如果有人这样说道：我们现在不断除生死烦恼，不求于寂静之中。在生死寂灭之中，不起灭度心念，任由各种现象生发，要求得圆满觉悟。但圆满觉悟的心性，并非由任意而具有的，由此称为任意的毛病。

"三是休止的毛病。如果有人这样说道：我现在自己的心念永远止息，得到一切事物的本性，都是寂灭和平等的，要求得圆满觉悟。这圆满觉悟的心性，并非休止完成的，因此称为休止的毛病。

"四是寂灭的毛病。如果有人这样说道：我从今以后永远断除一切烦恼，身体的形态与心识终究是空无一物的，更何况所谓那些感官和现象形态这些本自虚妄的境界。一切都归于寂灭，要证求圆满觉悟。然而圆满觉悟的心性，由于并非是寂灭形态的缘故，这就叫作寂灭的毛病。

"远离这四种毛病的证悟者，才能知道清澄明净。有这样观点的修行者，称为正确的观点。倘若有其他观点的修行者，就称为错误的观点。

【说明】

　　这一节文字分为两个层次。第一个层次是为修行者而言的，第二个层次是针对有成就的证悟者、修大乘佛法的菩萨宣说的。在这两个层次中有一个共同的问题，就是要遵守戒律和仪轨形式，只不过各有所侧重，对修行者谈"律仪",对证悟者讲"威仪"。这是一个涉及佛教史上曾产生过尖锐冲突的,以至于分裂成部派佛教,其影响在今天的佛教界仍然余波未平的问题。其中主要包含两个方面的内容:对修行者来说,究竟应当持守什么?对世人来说,佛教应以什么形态(即相)来反映和展现自身。如果从认识论的哲学角度去考察,则表现为内容与形式的关系问题,即究竟怎么修行,要用什么方式来约束和保证修行,以及用什么方法来宣传佛法,引导信众。

我们知道,在佛陀去世之后,印度佛教曾经举行过若干次大规模的结集,也就是合诵,主要是对戒律和经文进行确认。在第二次结集时,代表传统的长老派制定律法,要求严格遵守。由于他们在教界地位高,故被称为上座部;而许多比丘要求放宽戒律,人数众多,故称为大众部。自此以后,由于对经典的解释不同和持律的分歧,两派内部又各自分裂为众多派别,从而互相诘难。以后佛教在印度渐没无闻,与其未能解决好内容(即经律)和形式(如僧团、道场、资粮等)的问题不无关系。佛教历史上有两大传播路线。在公历纪元前后传入我国,以后在发展和演变中形成了具有中国民族特色的中国佛教,并由中国传向朝鲜、日本、越南诸国,这条传播路线称为北传佛教;另一条传播路线大体上从印度恒河流域一带向斯里兰卡并由此传入缅甸、泰国、柬埔寨、老挝等国,这条传播路线被称为南传佛教。这两条传播路线上的国家或地区，凡是能较好地将佛教的经律与本国的文化传统、民族形式结合的，佛教就扎了根，成为其民族文化的组成部分。

如中国佛教，在戒律上以《四分律》为最普遍，在仪式、形式上极大地创造性地丰富了佛教的文化内涵，形式之多样、力度之大都体现出与民族文化的融会贯通，佛教绘画、经文印刷、寺塔与造像、文学作品、碑石雕刻，蔚为大观。武学功法，其参与者至今仍达数千万人之多。正是因为这种几乎深入到社会的各个领域的佛教文化传播形式，才使其精神与思想内容渗入到民族心态之中。其扬善惩恶的劝诫，也获得了广泛的认同；而广泛的文化传播形式又极大地补充和完善了佛教教义。二者相互促进，这无疑是中国佛教延续至今的重要因素。

【经文】

"善男子，末世众生，欲修行者，应当尽命供养善友，事善知识。彼善知识欲来亲近，应断憍慢；若复远离，应断瞋恨。现逆顺境，犹如虚空。了知身心毕竟平等，与诸众生同体无异。如是修行，方入圆觉。

"善男子，末世众生不得成道，由有无始自他憎爱，一切种子[①]，故未解脱。若复有人，观彼怨家，如己父母，心无有二，即除诸病。于诸法中，自他憎爱，亦复如是。

"善男子，末世众生欲求圆觉，应当发心作如是言：

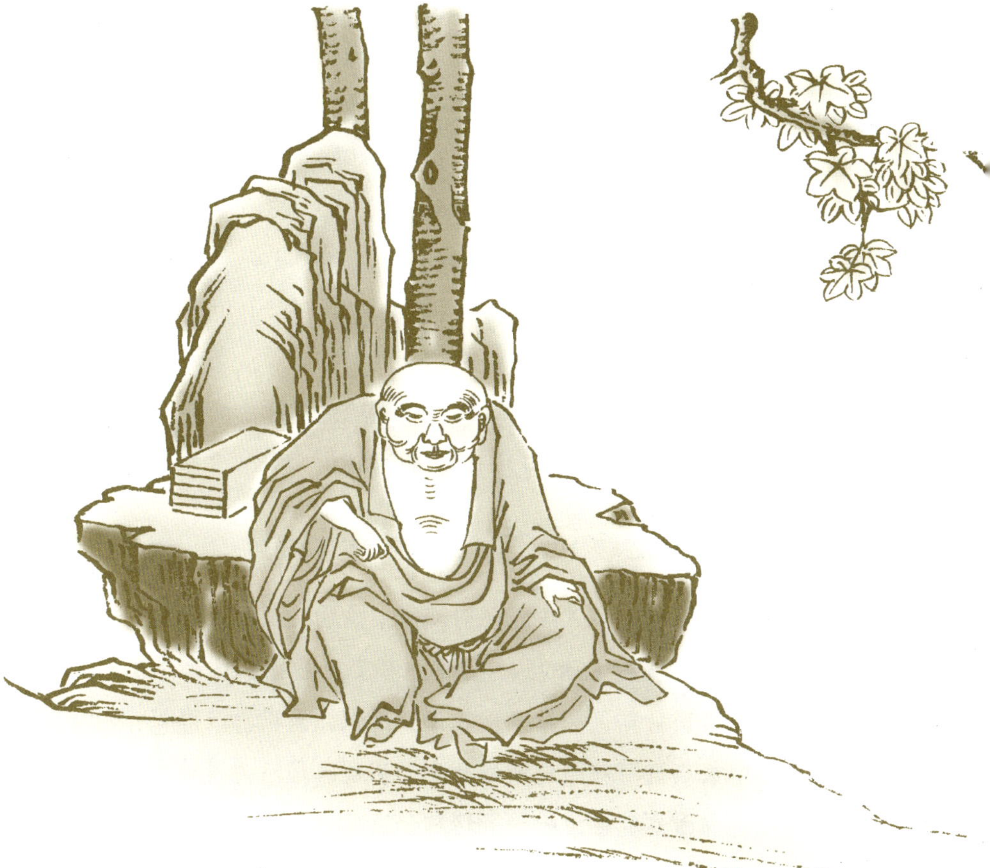

'尽于虚空一切众生，我皆令入究竟圆觉。于圆觉中无取觉者②，除彼我人一切诸相。'如是发心，不堕邪见。"

尔时世尊，欲重宣此义，而说偈言：
　　普觉汝当知，末世诸众生。
　　欲求知识者，应当求正见。
　　心远二乘者，法中除四病。
　　谓作止任灭，亲近无㤭慢。
　　远离无瞋恨，见种种境界。
　　心当生希有，还如佛出世。
　　不犯非律仪，戒根永清净。
　　度一切众生，究竟入圆觉。
　　无彼我人相，当依正智慧。
　　便得超邪见，证觉般涅槃③。

【注释】

①种子：梵文意译，佛教名词。大乘瑜伽行派和法相唯识宗等以植物种子能产生的作用，生根、发芽、开花、结果来譬喻"八识"（眼识、耳识、鼻识、舌识、身识、意识、末那识、阿赖耶识）中第八识阿赖耶包藏着产生一切现象形态的精神或心理因素，把这种因素就称为种子。这种子有两个来源：首先是人本身具有的"本有"说，常用"无始以来"的"妄心"表达；其次为"熏染"，是后天各种外界形态"熏习而有"。种子的分类依其作用分为共相种，即人所共有的客观外界的现象形态，如山河草木等）和自相种（反映每个人之间不同差别的种子）。符合佛

教道德"戒律"的为无漏种，反之为有漏种，其包括人的本能与感觉和认识。《成唯识论》卷二有："诸种子者，谓诸相名分别习气。"种子学说是我国佛教法相宗教义与修行的基础，也是通向现实世界的基本原因。

②无取觉者：无取，不追求与执着。佛教认为，"取"是一切欲望的根本原因，以烦恼为"取"。分为三种：一欲取，即对色声香味触等感官上的贪求；二见取，见即见解，对各种世俗智慧认识的执着；三戒取，取各种与佛教戒律不同的规则等。无取觉者，只有消除一切烦恼，才能觉悟。

③般涅槃：般指圆之意，即圆满的寂灭境界。

【白话】

"有教养的男信徒，未来世界的众生灵，要修行的人们，应当不遗余力地供奉给养向善的友人，追随有成就的觉悟者。如果智慧的明师要亲近你，应当断除傲慢自负之心；倘若又要离去，也应当断除怨恨。无论是在逆境还是处在顺境之中，心胸犹如天空般广阔。明白人们之间身心实际上都是平等的，与众生灵一样皆由因缘构成。像这样修行，才能进入圆满觉悟的境界。

"有教养的男信徒，未来世界的众生灵不能走向有成就的修行之道，是由于从无始以来用自己之心对其他一切事物的憎恶和渴爱来取舍，使一切产生烦恼的种子生生不息，因此不能解脱痛苦。如果还有人能视自己所怨恨的人，好似自己的父母一样，心中并没有不同，这样就可以断除心念中的许多错误。在一切形态之中的妄有上，自己与他人、憎恶与爱欲，都同样要断除。

"有教养的男信徒,未来世界的人们要追求圆满觉悟之心,应当发愿道:'使一切众生灵都全部归于无尽之空寂,我愿一切众生灵都能最终圆满觉悟。在圆满觉悟的境界里并无有所取舍的觉悟者,要断除你、我、一切人、一切事物的表现形态。'发这样的心愿,就不会堕入错误的见解之中。"

这时,佛陀又复述义理,用诗句归纳说:

普觉悟者你应知,
未来世界众生灵。
需要追随觉悟者,
应当有正确见解。
心中远离自悟人,
除去作止任灭病。
一切形态本无取,
亲近明师不傲慢。
远离烦恼无怨恨,
认识顺逆各境界。
心中应生稀有法,
敬师犹如佛在世。
不犯戒律仪态尊,
戒除心妄永清净。
度脱一切众生灵,
终究圆满得觉悟。
无我人众诸形态,
依据正道智慧行。

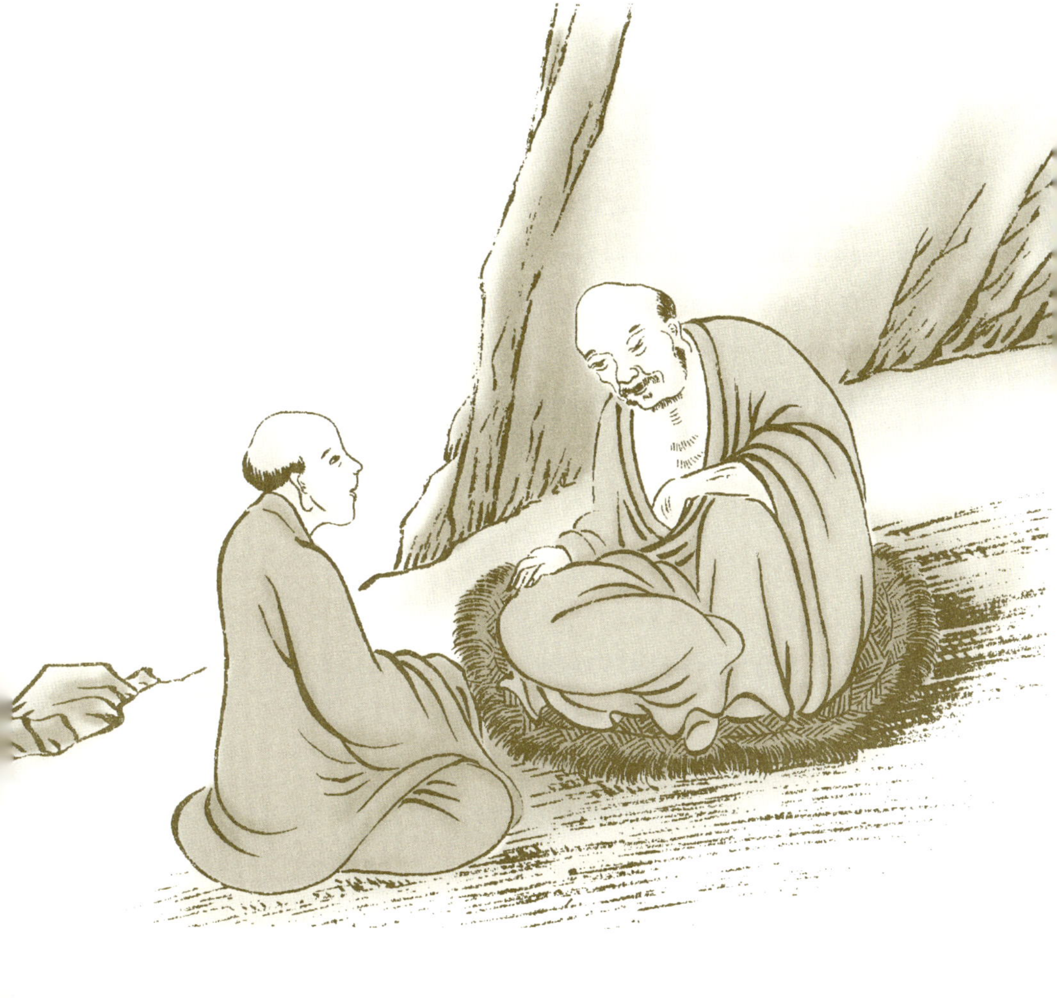

　　　　　超脱错误见解心，
　　　　　证悟圆满涅槃界。

【说明】

　　佛教对于师承关系十分重视，把代代相续称之为传灯，意谓让光明的火炬代有传承，照亮黑暗，度众生于现实苦难的此岸至永射静寂之光的彼岸世界。本章发之于求师，论之以善知识，归之于在未来弘扬佛法的岁月中要视明师如佛陀在世。我们今天常用的导师一词，亦源于佛门。中国佛教尤其重视师徒相授的关系，维护捍卫这种衣钵关系，是不惜以生命为代价的。这种师徒关系往往是不分亲疏、贵贱，旨在弘法利弊上做取舍，对此仅以禅宗六祖慧能求师而获真传来具体说明。

　　岭南修行人慧能，千里迢迢赴湖北黄梅双峰山投东山法门禅宗五祖弘忍大师门下。弘忍时逢花甲，慧能年方二十有四。如果认为这正是"千里因缘师徒间，衣钵传灯一笑然"，那就太幼稚了。慧能得法，通常将其表述为过五关，其惊心动魄绝不逊于沙场搏命。

　　一拜师关。弘忍认徒，视其人根基，一路风尘，不问艰辛，劈头一句："汝何方人？复求何物？"答道："弟子是岭南人，不求余物，唯求作佛。"师责："汝是岭南人，又是獦獠，若堪作佛？"答道："人即有南北，佛性即无南北，獦獠身与和尚不同，佛性有何差别？"师纵有轻慢，生"佛性平等"无半点含糊。

二磨难关。收慧能"随众作务"，因不识字，当伙头做饭，舂米踏碓，为使弱小之躯负重便于踏碓，负石于腰，达八个月之久。

三考偈关。弘忍不传法师弟子神秀，却以公开考核对佛法理解的偈文，以定传承。对于神秀偈文评曰："只到门前，尚未得入。"对慧能请人代写的偈文"得法偈"也深藏不露，当众只称："此亦未得了。"当晚更深之时，授《金刚经》，慧能"即悟"从而"得了"。当然，关于禅宗"付法"以《楞伽经》相授，此属大乘有宗的"真如缘起"，而《金刚经》属大乘空宗，持"性空幻有"。但以南北佛教义理圆融去理解，当为可行，且所谓人有南北之分，佛性无南北，传法无南北，同属大乘，本自一枝。

四脱难关。弘忍说"自古传法，命如悬丝"，且亲自送行，慧能连夜逃离，后又在大庾岭感召欲夺法的三品将军陈惠顺，才回到岭南。

五隐遁关。弘忍告诫慧能"向南""难去"而"在后弘法"，语重心长"若得心开，汝吾无别"，师徒义重，溢于言表。慧能自甘困顿，在广东四会、怀集两县山区隐居达十六年之久，终不负付托之重，重振禅风。后作《坛经》，倡"见性成佛"而彪炳千秋。

佛门师徒之间，又怎是一个情字所能了得的呢？

第十一章　圆觉菩萨

【题解】

《圆觉经》以圆满觉悟的大乘经开宗明义，本章又以圆满觉悟为首的证悟者发问，应当讲，无论从结构，还是从内容上看，都可以称为首尾圆合了。全经至本章结束，正文部分就算收篇了。这是从一般佛经之序、正、流通三分法来讲。从内容上看，由圆觉证悟者所问如何安居修行，三净观以何为首，虽是修行方法，但所揭示的仍然是佛教"幻有""性空"本自"清净"的教义，与第十二章流通分的旨意是一致的，意在总结并加深对本经的理解。在本章，佛陀进一步解说"安居"之目的是"正思惟"作"清净相"，接着从义理上分述止、观、禅，以修行体验启示信众，以不可言说之"心性"空观，假以"言说"。

【经文】

于是圆觉菩萨，在大众中，即从座起，顶礼佛足，右绕三匝，长跪叉手而白佛言："大悲世尊，为我等辈，广说净觉种种方便，令末世众生有大增益。世尊，我等今者已得开悟。若佛灭后，末世众生未得悟者，云何安居[①]，修此圆觉清净境界？此圆觉中三种净观[②]，以何为首？惟愿大悲，为诸大众及末世众生，施大饶益③。作是语已，五体投地，如是三请，终而复始。

尔时，世尊告圆觉菩萨言："善哉，善哉。善男子，汝等乃能问于如来如是方便，以大饶益施诸众生，汝今谛听，当为汝说。"时圆觉菩萨奉教欢喜，及诸大众，默然而听。

【注释】

①安居：佛教名词，《业疏》卷四称为："形心摄静曰安，要期在住曰居。"指佛教信徒在先后两期、共3个月的时间内不外出，而致力于坐禅修学。在印度雨期从5月16日至8月15日，称前安居；或从6月16日开始到9月16日结束，称后安居。可根据情况分别选择。这段时间，由于草木、虫子生长，所以避免外出使之不受伤害。这就称为安居期。在我国，安居期在阴历四月十六日至七月十五日，称为夏安居，或简称为坐夏、夏坐。开始时就称为结夏，结束时就叫作解夏或安居竟。日本与我国同。在南亚、东南亚各国则行雨安居。

②三种净观：指前述奢摩他（即修止），三摩钵提（即修观），禅那（即禅定）。

③施大饶益：施，布施的简称，梵文意译，音译为檀、檀那。为六度（即六种度脱人生苦海的方法）之一。指施与喜舍。布施，不仅指施与财物，而且包括亲切的照顾与语言的慰藉。信徒给僧人财物谓之财施，僧人为信徒说法谓之法施，是互施。为他人造福，而为自己也积以功德的修行方法，通常称之为善行。

小乘认为布施的目的，在破除个人的吝啬和贪心，从而除去在未来世的贫困；大乘则与大悲心的义理联系起来，以超度众生，其所列布施对象及于一切生灵，如鱼类、鸟类、兽类等。全句即施与大的利益。

【白话】

于是代表圆满觉悟的圆觉证悟者，在信徒中间从座位上起来，五体投地俯伏在佛陀脚下叩首后，从右边环绕三周，跪着将两手合掌于胸前对释迦牟尼说："大慈大悲的世之尊者，为我们大家广泛地解说清净觉悟的各种方法，使未来世界的众生灵产生并具有极大的日益增加的利益。世人之尊，我们现在已经得到了开启与觉悟。但若您去世后，未来世界的尚未得到觉悟的修行者们，将如何在三个月静住不出的日子里修学呢？又怎样修行圆满清净的境界呢？在修证圆满觉悟中的止、观、禅这三种清净的观察方法，又应将哪一种置于首位呢？期望怀大悲悯之心的您，为我们与会的人们以及未来世界的众生灵，施以广大丰富的利益。圆觉证悟者问了这些话后，又五体投地，接连三次，恭请佛陀解说。

这时，世人之尊佛陀告诉圆觉证悟者说："问得好，很好。有教养的男信徒，你们能求教于我上述这些修行的方法，以广大丰富的利益施于众生灵。你现在认真听，应当为你解说。"这时圆觉证悟者听佛陀要为他解说教义，十分欢喜，所有到会的人，都安静地聆听。

【说明】

　　佛教三学中，是以戒、定、慧中的戒与定为先导的，并要用一生来躬践实行的。三学也是相互联系的。

　　佛教在一定时间的安居修行，与教义、学术的研究有直接关系。正如一些佛教信徒所持的观点，要正确地理解佛教教义中的真谛，必须要经过"实修"的人生经历。而理论、分析乃至于逻辑推理，都不过是世俗的人类很有限的"比量"的运用罢了，尽管他们也承认学者们"引经据典"的论述，对于佛教理论、经文的认识，有一定的价值，但真正意义上的理解，就要靠"实证"的"唯修相应"了。这是不无道理的，因为佛教不仅仅是历史上存在的信仰，而且也是现实中的信仰；不仅是历史上的信众用生命来付诸的人类的实修、实践活动，而且也是现实世界中许多人毕生的亲证活动。安居这种佛教的修习，其实并不神秘。在中国大陆季风性气候的腹地，夏季十分干旱、炎热，是不便出门的。能够静住一处，修心习典，实在是一种很好的精神与肉体的享受，若能置于水边林下，伴有清风、朗月的环境之中，也算是一种很有品位的"解脱"。当然这只是一种世人的平常心罢了。

　　对待佛教的修行义理与实践，当然是不能以常人之心而论的，不能仅仅从社会现象、文化现象、历史现象的角度去把握，而应当认识到其中所包孕着的宗教内涵。信仰者的真实，在佛教徒们看来，是有限而狭隘的

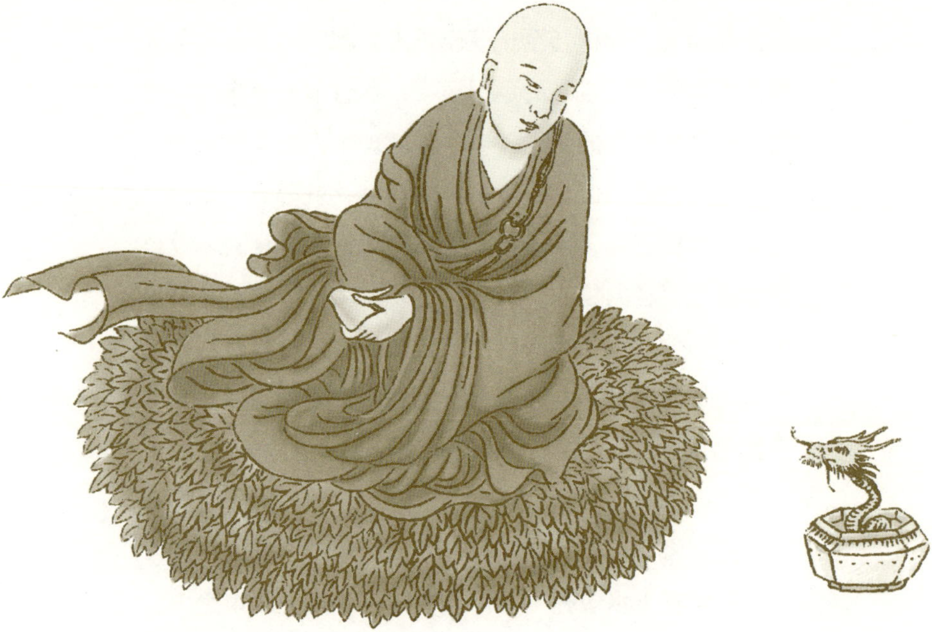

人类经验不能理解和证实的，是不可思议的。而人类的认识，也不过是妄念所动的心识活动。

另外，这一节所问安居、三观的本身虽是方法，但也是建立在现量（即证量）基础上的活动，仍为重在自我的修行证悟。在实际上，佛教到大乘阶段，尽管在禅修上十分推崇顿悟之说，但是在修行实践上，都反对急功近利的见性成佛，所悟也是有着不同层次的，即宋代禅师的"大悟七八次，小悟无其数"。一步到西天，要有殊胜根基、因缘。

【经文】

"善男子，一切众生，若佛住世，若佛灭后，若法末时，有诸众生具大乘性①，信佛秘密大圆觉心②，欲修行者，若在伽蓝安处徒众③，有缘事故随分思察，如我已说。

"若复无有他事因缘，即建道场④，当立期限。若立长期百二十日，中期百日，下期八十日，安置净居。若佛现在，当正思惟。若佛灭后，施设形象⑤，心存目想，生正忆念，还同如来常住之日。悬诸幡华⑥，经三七日，稽首十方诸佛名字⑦，求哀忏悔，遇善境界⑧，得心轻安，过三七日，一向摄念。

"若经夏首⑨，三月安居，当为清净菩萨止住。心离声闻，不假徒从。至安居日，即于佛前作如是言：我比丘⑩、比丘尼⑪、优婆塞⑫、优婆夷某甲⑬，踞菩萨乘，修寂灭行，同入清净实相住持，以大圆觉为我伽蓝。身心安居平等性智，涅槃自性无系属故。我今敬请，不依声闻。当与十方如来，及大菩萨，三月安居。为修菩萨无上妙觉大因缘故，不系徒众。

【注释】

①大乘性：指众生灵成就佛果的本因。即修大乘之法，确立一切众生灵都可以成佛，人之心性本自清澄，因此可成。另外生自可成外，若遇教化，修行佛理，从而成佛果。

②秘密大圆觉心：秘密，不可言传，不可思议，非身修实证者不能体味的广大圆满的觉悟之心。

③伽蓝：梵文音译，又作僧伽蓝、僧伽蓝摩、僧伽罗摩，意译为众园，梵汉并举称之为僧园、僧院，系佛教专有名词。原指修建僧人居住的基地，后又包括土地、建筑物在内，今天是寺院、佛寺、尼庵的总称。《十诵律》卷五十六中有："地法者，佛听受地，为僧伽蓝故，听僧起坊舍故。"

④道场：梵文意译，佛教名词，指佛成圣道之所，即中印度摩揭陀尼连禅河侧的菩提树下，佛陀在树下静虑四十九天，断一切烦恼，称金刚座。《大唐西域记》卷八有："菩提树垣正中有金刚座"，"贤劫千佛坐之而入金刚定，故曰金刚座焉，证圣道所，亦曰道场。"以后又引申出多种含义：一、修行所依据的佛法义理，"三十七品是道场"。二、供佛之处为道场。三、修行学道之处。四、把寺庙称为道场。《佛祖统记》卷三十九中有："隋大业九年，诏改天下寺曰道场。"五、法会的异名，如慈悲道场、水陆道场。

⑤施设形象：指施资财人力制造设置佛的各种身像。通常指雕像、铸像、画像，在《增一阿含经》卷二十八记有雕像与铸像之始，《大唐内典录》卷一记有画像之始。广义的佛像包括菩萨、罗汉、明王、诸天等一切佛教造像。并将佛像称为佛宝，为三宝之佛、法、僧之首，大乘佛教兴起后，产生了一批佛典，宣讲造像、造塔的功德，如《大乘造像功德经》《佛说造塔延命功德经》等。佛像从形式上分为：一、雕塑像。包括锤碟像、鎚碟像、木像、石像、泥塑像、夹纻像、纸泥像、砖像、蜡像等。这其中铸像又分为金像、金银像、银像、金铜像、铁像等。二、画像。包括在绢、纸上的画像，壁画，刺绣像，针织像，印染像等。三、各种姿态像。有立、坐、倚、卧、飞行等各种形象。从高度上分有大佛像，指在一丈六尺以上，与发愿造像者身高相同的等身像。另外，佛像通常是出家男子形象，身穿袈裟，不戴宝冠等饰物；也有裸身的诞生像，传说出生时右手指天，左手指地称"天地之间，唯我独尊"；菩萨像或作男相，或女相，一般都为头戴宝冠和饰物的在家修行的居士形象；罗汉像为出家比丘相，明王像呈现愤怒的相貌，诸天神像人鬼神形不一。佛像、菩萨像的印契（即手势）、持物、身色、衣色，也各有不同，往往有含义或特指。

⑥幡华：幡，物品名称，在高立旗杆上所挂的各色不等、绘有图形的饰物。佛教立幡是表示如来威德，所作庄严，又为祈福而立，如军阵之旌。华，香花，用各种香花供奉，以莲、茉莉、丁香等居多。

⑦稽首：叩首礼拜。

⑧善境界：指于己有益，信佛闻法的境地。

⑨夏首：见前注，指安居修行的开始。

⑩比丘：梵文音译，意为乞食者，旧译为乞士。最初，在古印度婆罗门教中，把处于人生第四期（即遁世期）的遍历四方的修行者称为比丘或行者、游行者、沙门等。佛教兴起后，各种宗教都把托钵行乞的修行者称作比丘。佛教采用了这个名称，通常指出家修行的男性信徒。以后，佛教戒律体系确立后，则专指出家得度受过具足戒，年满二十的男性修行者。

⑪比丘尼：梵文音译，意为乞食的女性修行者。亦称沙门尼、尼姑，专指出家得度受过具足戒的女性修行者。

⑫优婆塞：指男性在家的信徒。此为音译，梵文意译为清信士、近善男，亲近皈依三宝（即佛、法、僧），接受五戒（即不杀生、不偷盗、不邪淫、不妄语、不饮酒）。

⑬优婆夷：梵文音译，意译为近事女、近善女、信女、清信女。佛教指在家接受五戒的女居士，通指一切在家修行的佛教女信众。

【白话】

"有教养的男信徒，一切众生灵，倘若在佛陀活着的时候，或者在佛陀圆寂以后，或者在佛教没落时代，有众生灵们所本自具有的大乘济世的佛性，信仰佛的不可思议的广大圆满觉悟之心，如果要修行，在共同居住的清净处，产生随缘信奉的心愿，相机观察静虑，如我所说过的方法修行。

"如果没有其他的事影响，马上建立修行的场所，应当订立

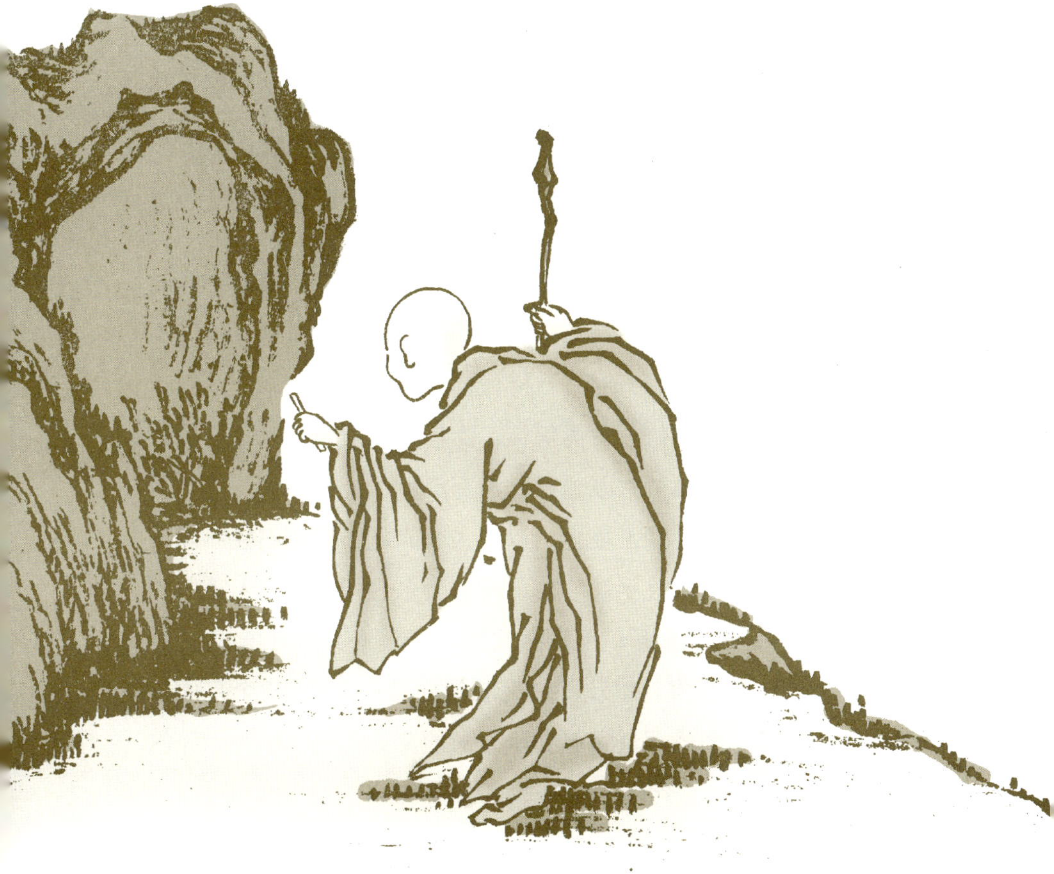

一个期限。如果订立长期的就是120天，中期的100天，短期80天，安置下来清净地居此修证。倘若佛陀在世时，就要闻教正确地思考。倘若佛去世后，就施以财物设置建造佛像，心中念佛观佛像而向往生净土，产生正确的追忆与思念，就如同佛陀在世时一样。在修行场所悬挂旌旗供奉鲜花，经过21天，这期间要顶礼膜拜十方三世一切佛，念诵佛号，求得哀悯并忏悔自己的一切过错，从而进入自觉觉他的美好境地，心里得到轻松安详，再过21天，一心一意净心念佛。

"如果在夏天进行3个月的闭门修行时，应当和清澄宁静的证悟者们一同修行，心中远离只闻教而信，自己觉悟的修行，不依靠其他人。到安居修行时，在佛像前说：我是出家修行的男信徒、女信徒，或在家修行的男信徒、女信徒，要修成就证悟的大悲佛果，修永寂灭净的大乘道行，与有成就的证悟者共同进入清澄明净，本质真实的了无境地，以广大圆满觉悟为我的住所。身心安详，与所居者心性平等智慧，是清寂自性即本质并无束缚的缘故。我现在恭请佛祖，不依据只闻教而信不度众生自觉的修行。应当与十方我佛，以及一切有成就的证悟者，在3个月的日子里潜心修悟。为修悟证悟者无可比拟的美妙觉悟的广大因缘的缘故，不依靠其他修行者。

【说明】

本节讲述佛教信众在安居修证时的基本要求，无论是义理阐述，还是具体做法都很详尽。从地点的选择、时间的安排、环境的布置、参加的人员、所修的内容都一一明示。此处我们注意到大乘佛教在教义上，一再重视和强调人无我、法无我，但是在这里，对人与法（即一切现象形态）的罗列却是应有尽有了。大乘佛教一方面把人类的思维推到了唯心的不可言说的空观之中，另一方面又把"世间"的一切可以用来宣传佛教教义的方法都当作实现其教义的"资粮"和"法门"。特别是佛教造像，大乘佛教从理论到实践并行不悖，中国佛教中的造像艺术已经成为传统文化的组成部分。如我国正定隆兴寺铜铸佛像，铸于宋开宝四年（公元971年）高22米，分7段铸就，外贴金箔，是我国历史最久远，最大的铜佛。上世纪初，在西藏日喀则城西的扎什伦布寺，又建起一座共高26.2米，莲花座为3.8米，身高22.4米的强巴（即弥勒）佛像，用青铜230吨，黄金6700余两，佛身还镶嵌难以计数的珍珠宝石，仅白毫（佛三十二相之中，在眉有白色之毫，右旋转，如日正中，放射光明）就有钻石、珍珠、珊瑚、琥珀、松耳石计1730余颗。其中最大的一颗天然钻石，相当于核桃般大小。无论从哪一个角度去审视，其价值都是难以估量的。此外还有铸于元代的北京卧佛寺的长5米的卧佛像，用铜约250吨，都堪称精美无比的佛教文物。更重要的是佛教造像在中国佛教两千年以来至今延续不绝。1990年，在香港大屿山木鱼峰，又铸巨佛，这座佛陀青铜像高26.4米，重约250吨；1997年在无锡灵山，又铸一巨佛，高88米，铸青铜700余吨，是我国两千年来佛教造像艺术和现代高科技完美结合的当代巅峰之作，笔者欣逢中国佛教两千年国际学术研讨会机缘，于太湖灵山之绿波湾小住，遥看、近观都使人心念感慨，思绪万千。

为纪念中国佛教两千年，中国佛教协会、纪念两千年组织委员会，委托千年古刹广州光孝寺开光的镇寺之宝纯金重千克计200尊绝版金像，工艺水平盖世超群，文化意蕴深厚；此外由另一千年古刹河北柏林寺开光的绝版敬制的吉祥圣物24000枚纯银佛像，也极为精美。正面为佛陀像，背面是佛足印。上有法轮、金刚杵、莲花，下有菩提叶，象征佛陀足迹踏遍大千世界，走过两千年的中国历程，表示法运、法力、慈悲、智慧四吉祥俱足；24000枚，象征两千年之两万四千月。其意蕴、工艺、收藏亦俱足圆融，昭示中国佛教造像艺术源远流长。

【经文】

"善男子，此名菩萨示现安居，过三期日[1]，随往无碍。

"善男子，若彼末世修行众生，求菩萨道入三期者，非彼所闻一切境界，终不可取。

"善男子，若诸众生修奢摩他，先取至静，不起思念，静极便觉。如是初静，从于一身至一世界，觉亦如是。

"善男子，若觉遍满一世界者，一世界中有一众生起一念者，皆悉能知。百千世界，亦复如是。非彼所闻一切境界，终不可取。

"善男子，若诸众生修三摩钵提，先当忆想十方如来，十方世界一切菩萨。依种种门，渐次修行勤苦三昧，广发大愿，自熏成种。非彼所闻一切境界，终不可取。

"善男子，若诸众生修于禅那，先取数门②，心中了知生住灭念，分剂头数③。如是周遍四威仪中，分别念数无不了知。渐次增进，乃至得知百千世界一滴之雨，犹如目睹所受用物。非彼所闻一切境界，终不可取。

"是名三观初首方便。

【注释】

①三期日：指经过三种长短不同的修行日期，即一百二十天、一百天、八十天的长、中、短三种日期。

②数门：指观心的方法，中国佛教天台宗所立观心之法有三种：历事观，各种现象形态一一入于心中，于实理成观，意即知万法皆自空幻之观。附法观，从内心观悟四谛、十二因缘的佛门义理。约行观，又称直达观，一念之心，定为所观之境，在心性观其为"即空即假即中"，意即万境虽殊，形态万千有别，但本质是空，是幻有，非真，要不落于"二边"（即"常有"与"中断"），一切无常，且念念相续。此外还有菩萨六观法。分别为：住观、行观、向观、地观、无相观、一切种智差别观。《观无量寿经》还有自净土境界至往生之人，分为十六种观想以及四种观行。总之，都是佛教观察妄惑的一切形态，洞察人我法皆空的智慧。

③分剂头数：对所观想形态分别加以厘清，念生念落，随有随无，一一认识清楚，本自于幻，但善恶因果皆有分别。

【白话】

"有教养的男信徒，这就称为有成就的证悟者表现出的安居潜心修行，经过了这3个月左右的修悟，清净之心就能随机产生与寂灭，没有障碍了。

"有教养的男信徒，如果在未来世界修行的众生灵，要求有所成就和证据，在进入3个月左右的修行时，你们所感受认识的一切形态形象，都不能以为是实有可取的。

"有教养的男信徒，如果众生灵要修习止的方法，首先使心识归于极为寂静的状态，不产生任何意念，静到极致处就是觉悟。这就是初静的境地，从自身到世界，圆融无二，也就是觉悟。

"有教养的男信徒，倘若觉悟遍布充满世界，这人世间有一个人产生任何一个心念，你都能全部洞察。一切世界中的形态现象，也同样能够知道。你们所感知的一切现象形态，都并非是实有可取的。

"有教养的男信徒，如果众生灵要修习观的方法，首先应当追忆缅想一切佛，一切有成就的证悟者。依据各种不同的观想方法，逐渐修行、勤奋刻苦、正心行处、端正思想，广泛生发弘大的心愿，用自己的心念生发清澄世界的玄妙形态。但并非你们所感知的一切现象形态，都是实有可取的。

"有教养的男信徒，如果众生灵要修习禅定的方法，首先应当认识事观、行观、法规等方法，在心中认识了事物形态产生、存在、消失的状况都是虚幻不实的，对所观想的对象都一一分辨了然。这样在行、住、坐、卧的状态中，都能认识一切形态的本质是幻有。逐渐增益进步，以至于认识一切世界之中的一滴雨水，好比眼睛所见到、自己所使用的东西一样清楚。但并非你们所感知的一切现象形态，都是实有可取的。

"这就称为修行止、观、禅定的最初和首先采用的方法。

【说明】

大乘空观，一切皆幻，本质无实，始终是《圆觉经》所阐发的义理。本节讲修习安居的功课，谈修止、观、禅定的方法，但所修内容，都不出一个寂静，落入一个空观。一切所观想，所认识，都本于幻有，都不能执着，都不能在心识或认识中产生有的心念，既重视一切现象界，一切形态，但又不能认为是真实的，都不能取，要随有随无，随取随舍；既看到有，又要认识无，更要不落于有与无之中，不执着于有无，大乘的辩证思维很值得人们借鉴。这一节虽言及修持，但所述之理，仍在一切皆为"虚幻"之中。

观想是大乘心识智慧学说的最基础的修行方法。通过静虑凝神的观察与思考了知一切形态的真实本质，从而思其过，悔其行，净其心，脱离一切世事的约束、远离一切烦恼。三观中的观不过于行、事、法，在此对观想的对象主要是什么，做一扼要的说明。

首先，佛教止观多提及的是白骨观法。佛教对人

239

生与社会的观察，首先是从对自身的观察乃至彻悟开始的，谓之调心，要认识一切现象界，要先从自身开始，当年佛陀的"成道"。也是在通过了六年苦行并无所得的情况下，经过四十九天的"反观内照"证悟人生的。所谓白骨观法，涉及一个自然规律问题，这就是"死"对每一个人都是必然的，无论人生是多么苦难或是多么美好，最终也会一堆白骨，化作尘埃。越是留恋，也就愈发悲哀。用纯粹自然的观点，去透析自己乃至身边的人，好比在电子扫描仪CT之中，人人皆为一副骨架。面对一副副骨架，观想一堆堆白骨，对人生归宿的了然于心，自然也就淡化了对死的意识。试想当一个人眼里的俊男靓妹都不过是白骨一架的时候，欲望与渴求也会打个折扣的。所谓一腔欲火，化作红莲。原始的人的本能"食色"也由于"向上一行"，由欲化为智慧、理性乃至于宁静。此法为依据自然法规的心理活动。

不净观，这也是从自身、他身的细微处着眼，对现象进行解构。一是局部观，即凝神于局部，或人身的任何一部分，观想其不洁之处，如头部，有头皮、油垢、眼屎、鼻涕、耳屎、痰、唾液、口臭；二是内外观，将人身由内到外或由外至内观察，内为白骨一堆，外为皱皮一张，内包肉、筋、大小便、污垢、秽物；三为放大观，如置于显微镜下，无处不是由各种细菌附着、包裹，无一是处，无一可留恋。人常讲的洁癖，就包含有这种心理机制，这种观法最终都是以心识代替了客观。

【经文】

"若诸众生遍修三种，勤行精进，即名如来出现于世。若后末世钝根众生，心欲求道不得成就，由昔业障[①]。当勤忏悔，常起希望，先断憎爱、嫉妒、谄曲，求胜上心[②]。三种净观，随学一事。此观不得，复习彼观，心不放舍，渐次求证。"

尔时世尊，欲重宣此义，而说偈言：

圆觉汝当知，一切诸众生，
欲求无上道，先当结三期，
忏悔无始业。经于三七日，
然后正思惟，非彼所闻境，
毕竟不可取。奢摩他至静，
三摩正忆持，禅那明数门，
是名三净观。若能勤修习，
是名佛出世。钝根未成者，
常当勤心忏。无始一切罪，
诸障若消灭，佛境便现前。

【注释】

①由昔业障：由于先世所作之恶因，导致今世所得之恶果。业障，由恶业力而生发的苦果带来的烦恼。

②胜上心：修悟殊胜之行的心愿，佛教名词。

【白话】

"倘若有人普遍修行止、观、禅定，勤奋修行精进不已，这就称作佛陀出现于人世间。如果以后未来世界的根基迟钝的人们，心中要求得到证悟，这样是不能成就的，这由于前世所作恶业障阻的缘故。应当勤勉忏悔一切过失，常在心中升起希望，先要断除憎恶、渴爱、嫉妒、谄谀、歪曲，追求殊胜的上进之心。在止、观、禅三种修行方法中，随便修学一种。如果修习这种方法而不得要领，就再修习另一种，专心致志不放松舍弃，逐渐求证。"

这时佛陀，又复述义理，用诗句归纳说：

　　圆觉悟者你应知，
　　一切世间众生灵，
　　要想求得觉悟道，
　　修行长中短时期，
　　忏悔无始恶业因。
　　经过二十一日整，
　　然后正确去思维，
　　对于心念所见闻，
　　究其根本不可取。
　　修止由此至清净，
　　修观正路想佛祖，
　　禅定指明智慧路，

称为三净止观禅。
如能勤奋来修习,
可叫佛陀出世间。
迟钝之根未证人,
常应勤修心忏悔。
无始所作一切罪,
障碍如若能除灭,
清澄佛地在眼前。

【说明】

佛门修行止、观、禅,都是从现实世界的形态出发,根据一切皆由因缘和合,本自不实,只是一种虚幻的妄有形态,一切形态都处于变化之中,此生彼灭,生灭相续不绝,从而一切无常、不实、我、有皆如梦中事,镜中像,空中花。经过一定时间的静虑一心,观想自身的虚幻妄有,察辨心念的妄生妄灭,认识人生的一切痛苦、烦恼都源于心念的有无、多少。观于一切事物形态,从而知其如幻;察于一切行为知其枉自徒劳,永无休止,永不满足;觉于佛法,一切性空幻有,变幻无常,形态万千,终归于心动、性起,人间万象,不过于利禄功名、酒色财气,生不带来,死不带去,因缘尽时终须净,未尽尚待缘尽时。因此要惜时奋进勤修求证,以断除恶业,以结善缘。尽管从方法论上看,是以心代物,以主观意念代万物催生,但如果理解成消极避世,

243

退隐偏安，苟且以偷生，寂寞以混世，那么就失之于偏颇了。也许正是由于强调心识的智慧，因此知一切心，知一切事，察一切物，度一切人，也就成为大乘佛教入世法的理论基础。

本节对安居修行的几种方法做了总结，这里我们有必要进一步介绍止、观、禅修法的现实意义。我们对佛教修行观法的厌世法门、脱离烦恼的观修有了初步的了解，那么对于世俗的人来说，这种修法是否只是一种信仰主义者，佛教徒所独具的方法呢？回答是否定的。止与观法还可以用来调养身心，扶正祛邪。当然不掌握一定的方法盲修、瞎练，也会适得其反的。

修止祛病法，将心念专注于病处，对于疾病，有消除化解的功效，但须意守丹田，经久而不散。其义理在于，止到定处，意念专注，人我法皆置之度外，人且已空，况病乎？当然，如果用中医理论来看，本来佛教中的"医方明"就是治病的专门职业，其气沉丹田、打通气脉的手段，使全身放松，血液通畅，对于有些疾病有一定疗效，当是可信的。如果佛门少林功法可强身，那么可除病也同此理。本来强身健体与去病防疾就是一个问题的两个侧面，是相互联系，取向一致的。

假想观治病，如患有某处疾病，观想此处得到治愈，运心力、气力于此处，专注不移，久而久之，能产生意想不到的疗效。近来屡有报道，谈意念治疗法、保请，终而复始。

尔时，世尊告贤善首菩萨言："善哉，善哉。善男子，汝等乃能为诸菩萨及末世众生，问于如来，如是经教，功德名字。汝今谛听，当为汝说。"时贤善首菩萨奉教欢喜，及诸大众，默然而听。

"善男子，是经百千万亿恒河沙诸佛所说，三世如来之所守护，十方菩萨之所归依②，十二部经清净眼目③。是经名《大方广圆觉陀罗尼》④，亦名《修多罗了义》⑤，亦名《秘密王三昧》⑥，亦名《如来决定境界》⑦，亦名《如来藏自性差别》⑧，汝当奉持。

【注释】

①功德：功指做善事、善行；德指得到的福报。一般指念佛、诵经、布施等，佛教宣扬由此可得到善报。《大乘义章》卷九有："言功德者，功谓功能，善有资润福利之功，故名为功。此功是其善行家德，名为功德。"《胜鬘经宝窟》卷上称："恶尽言功，善满曰德，又德者得也，修功所得，故名功德也。"

②归依：梵文意译，佛教名词。又译为皈依，与信奉同义。信奉三宝（即佛、法、僧），就称之为三归依。

③十二部经：是佛教一切经典在体例上的十二种分类。又称十二分教。根据《大智度论》卷三十三所述，依次为：一、修多罗，又叫契经，是经典中直接说明法义的长行文字。所言契经是指契于理，契于机的经典。二、祇夜，译为应颂或重颂，与长行文字的经文对应，复述义理且有一定字数的文体，简称

为颂。三、和伽罗那，意译为授记，是佛给菩萨预言将成佛的经文。四、伽陀，译作讽颂或孤起颂，不依文句，直接用诗体的偈文即偈颂，如《法句经》。五、优陀那，又译为自说，无人发问，由佛陀自己向信众所讲的经文，如《阿弥陀经》。六、尼陀那，汉语意译为因缘，是经中记叙佛陀说法教化的原因及地点，如诸经中的序分即序文部分。七、阿婆陀那，意译为譬喻，经文中的比喻部分。八、伊提目多伽，汉语意译为本事，是佛陀解说弟子过去世因缘的经文，如《法华经·药王菩萨本事品》。九、阇陀伽，汉语意译为本生，是佛陀讲说自己过去世因缘的经文。十、毗佛略，意译为方广，即解说方正广大真理的经文。十一要、阿浮陀达磨，意译为未曾有，记叙佛陀所表现出来的各种神通力量以及不可思议事情的经文。十二、优波提舍，意译为论议，以佛教法理论义问答为内容的经文。在十二部经的分类中，修多罗（即散文）、祇夜（即复颂）、伽陀（即偈文），是佛经中最基本的表达文体，其余则是或依内容、或依表达方法而定。

④《大方广圆觉陀罗尼》：这一名称是着眼于《圆觉经》的根本作用而命名的，意谓广大方正广泛而圆满觉悟的纲领性经典。

⑤《修多罗了义》：此名针对本经的性质而称谓，是指完整体现了佛教义理的经典，修多罗即经藏。

⑥《秘密王三昧》：秘密王，不可思议的言说之王；三昧，佛智、智慧。意谓统领不可思议的智慧经典。

⑦《如来决定境界》：意谓这是决定着一切修行者能否进入

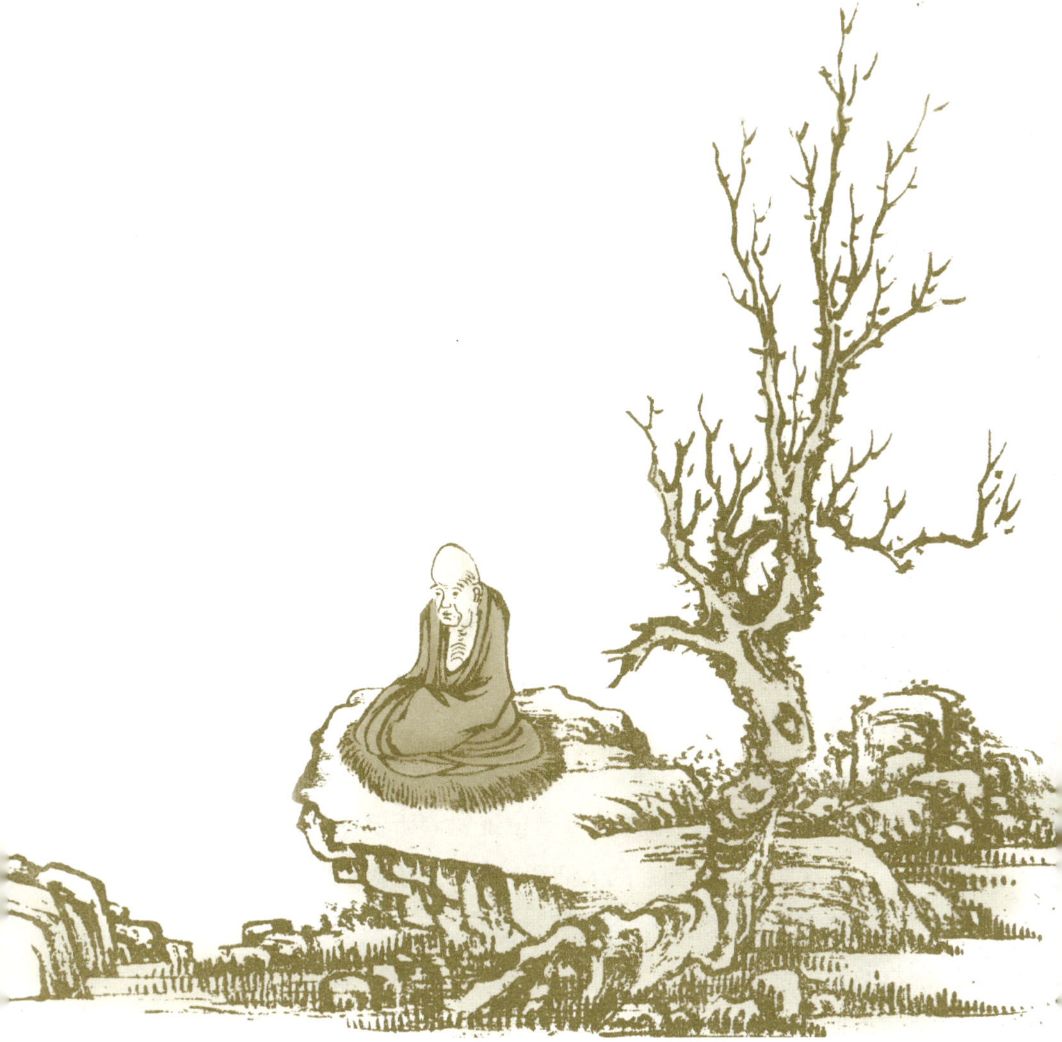

无上圣明智慧境界的经典。

⑧《如来藏自性差别》：意指如实而来的心性与个人心性证悟业力差别的经典。

【白话】

于是代表贤德善行，是十二名为首的证悟者之一的贤善首证悟者，在信徒中间从座位上起来，五体投地俯伏在佛陀脚下叩首后，从右边环绕三周，跪着将两手合掌于胸前对释迦牟尼说："大慈大悲的世之尊者，广泛地为我们以及未来世界的众生灵，开启觉悟这样不可思议的圆满境界。世人之尊，这部大乘经典，叫什么名字？我们如何供奉并依教义而修行？未来众生灵依此修行会有什么善果福报？我们又怎样保护信奉这部经典而修行的人，并使本经流传下去？使之传到哪里？"贤善首菩萨问了这些话后，又五体投地，接连三次，恭请佛陀解说。

这时，佛陀对贤善首证悟者说道："问得好，很好。有教养的男信徒，你们能为有成就的证悟者以及未来世界的众生灵，求教我这部经典教义的名称，依经行善以得福报。你现在认真听，应当为你解说。"这时贤善首这位证悟者听佛陀要为他解说教义，十分欢喜，所有到会的人们和生灵，都安静地聆听。

"有教养的男信徒，这部经是百亿、千亿、万亿如恒河沙粒那样数量的佛所说过的。是过去、现在、未来一切佛所守护的经典，也是一切有成就的证悟者归依之经典，是十二部分佛典中指导走向清净境界的双眼。这部经叫作《大方广圆觉陀罗尼经》，亦称《修多罗了义经》，也叫《秘密王三昧经》，也称《如来决定境界经》，又称为《如来藏自性差别经》，你们应当按这些名称来供奉、修习。

【说明】

这一节所问及所答，都是有关《圆觉经》的流传。从名称的多角度的命名来看，也反映出一个问题，即佛经翻译所应把握的基本标准。佛教要想在其他民族和地区得到传播，必须解决语言文字的翻译障碍。中国的语言翻译古已有之，在周代就有掌管四方语言沟通的官吏：在东方的称为寄；在南方的称为象；西方叫作狄鞮；北方就叫作译。自汉代，多与北方各民族交往，而翻译者都往往兼通西方语言。因此宋释法云在《翻译名义集》卷一中有："故摩腾始至，而译四十二章，因称译也。"汉明帝永平十年（公元67年）摄摩腾和竺法兰至洛阳白马寺，两人合译《四十二章经》，虽学界对此尚有疑论，但佛经翻译与佛教传入中国汉地的时间从道理上讲，也应当趋于同步。从文献记载上被学界确认的首位来华译经的是安世高，据晋代道安编写的《众经目录》的记载，安世高所译经典共35种，41卷，今存22种，26卷之多。如有关修持的《大安般守意经》详尽地介绍了数息、止、观、随、逐、净等6种法门，为后来天台宗传授的止观所用，安世高的译经活动具有开创性的意义。

佛教徒为了使其教义得到广泛传播，十分重视文字的传译工作，这是与佛陀的大力提倡，以毕生的精力致力于佛教思想的宣传有着密切关系。以后大乘经的流传，也仰仗着信众们的不懈努力。佛经在中国汉地的传译也成为世界文化思想交流史上的奇观，其历史之久远、数量之巨大、保存之完好，同样也是人类文明史的奇观。自东汉至北宋的一千余年中，可查的译师达数百人之多，其中印度在华的高僧就有71人，共译出佛教三藏经、律、论，现在仍然保存下来的，达5700余卷，仅日本所编《大正新修大藏经》所收录汉语佛教典籍就有13520卷之多。佛典翻译中"精通华梵"是必备条件。由于交通阻隔，往来僧人"去人成百归无十"，从事译经的高僧在中外文化交流史、佛教发展史上做出了杰出贡献。

　　如西晋僧人竺法护，月氏人，八岁出家，成年后发愤弘法，游历西域，通晓多种文字。他一生以长安为中心，从事译经最为专注，唐《开元释教录》刊定有91部，208卷。主要译本包括西域几乎所有流行的典籍。他所译的《正法华经》是《妙法莲华经》的全本初译，他一生弘扬佛法并赴各地随处译经，为以后中国佛教史上大兴"译场"做了准备，也为他之后的著名佛经翻译家鸠摩罗什新译佛经的广泛流传做了前期工作，译经是千百年来数以百千计的高僧大德毕生从事的事业。

【经文】

"善男子,是经唯显如来境界,唯佛如来能尽宣说,若诸菩萨及末世众生,依此修行,渐次增进,至于佛地。

"善男子,是经名为《顿教大乘》①,顿机众生从此开悟。亦摄渐修一切群品②。譬如大海,不让小流,乃至蚊虻及阿修罗③,饮其水者,皆得充满。

"善男子,假使有人,纯以七宝④,积满三千大千世界,以用布施,不如有人,闻此经名及一句义。

"善男子,假使有人,教百恒河沙众生得阿罗汉果,不如有人,宣说此经,分别半偈。

"善男子,若复有人,闻此经名信心不惑。当知是人,非于一佛二佛种诸福慧⑤,如是乃至尽恒河沙一切佛所,种诸善根,闻此经教。

"汝善男子,当护末世是修行者,无令恶魔及诸外道⑥,恼其身心,令生退屈。"

【注释】

①顿教大乘:是大乘佛教的顿悟法门。

②群品:许多的众生灵。品,品类之义;明义各异,故称为别。群品,意指众多的不同根机的修行者。

③阿修罗:梵文音译,意译为不端正、非天等。原为古印度神话传说中的恶神,与正直的天神作战,后沿用来指战神或借指战场。

④七宝:佛教文献中异说很多,大体上为:一、金、银、琉

253

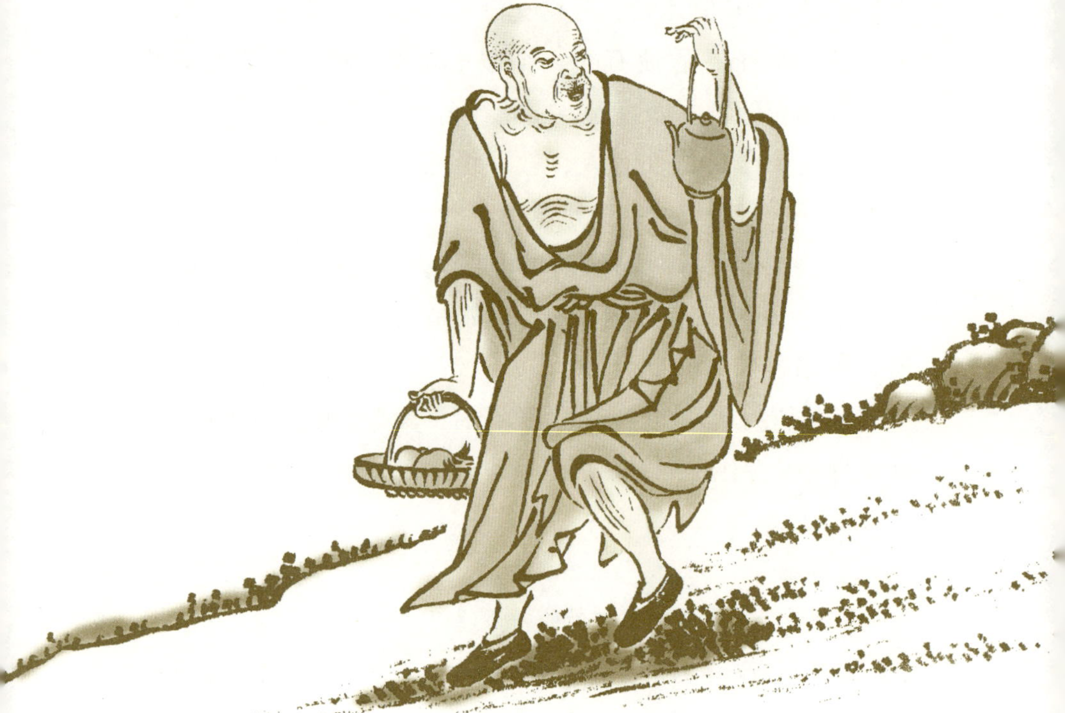

璃、水晶、砗磲、赤珠、玛瑙；二、金、银、珊瑚、琥珀、砗磲、明月珠、摩尼珠。此外还有转轮圣王所具备的七宝，即：金轮宝、白象宝、绀马宝、神珠宝、玉女宝、主藏臣、主兵臣。

⑤非于一佛句：指不止在一个佛或者两个佛面前由前世种下了福报的根苗，因而能听到《圆觉经》从而产生觉悟和智慧。慧，意谓由"正定"，即修观、禅定而产生的觉悟之心。

⑥无令恶魔及诸外道：佛教典籍之中对于一切与佛教教义持不同认识的世俗、现实的思想认识，都认为是魔；对于不同的宗教、教派以及古代印度的其他哲学思想都斥之为外道。在几乎所有的经典中，特别是在大乘佛教的经文中，几乎是部部经籍，指斥外道，人间世态，皆为恶魔。魔与外道都是实有所指的思想和其他教派。魔，佛教术语，是梵语音译魔罗的简称，意为夺命、障碍、破坏。《婆沙论》卷四十二中有："断慧命故名魔；复次常行放逸害自身故名魔。"《智度论》卷五称："除诸法实相，余残一切法，尽名为魔。""夺慧命，坏道法功德善本，是故名为魔"。具体讲有"十魔"：一、蕴魔，即色、受、想、行、识等五蕴，佛教认为这是众恶之渊源，障蔽正道，迫害智慧之根机。二、烦恼魔，由贪而起的欲望永无满足，永远使人处心积虑，迷痴于世事义理，从而碍正道，夺慧根。三、业魔，杀害一切生灵等业障，杀之业力，杀之心亦碍正道，害命。四、心魔，持我有，实我之心，傲慢自负，不谙佛理，亦碍正，害慧根。五、死魔，人生寿命有限，从而妨碍修证佛理。六、天魔，欲界六天王，用各种诱惑，防止人修行，以害慧命。七、善根魔，有各种善行之人，执着自身所得之善根，不愿进一步修证佛理，再

结善缘。以上七种魔是以世俗之人为对象的,以下三种皆系对出家的修行者而言。八、三昧魔,即修行禅定的人,执着于所得的静止智慧,不求进一步修悟,从而碍正道而害慧命者。九、善知识魔,悭吝于法,不能以其所悟开导启发众生灵而碍正道修行,妨害慧命者。十、菩提法智魔,即对于觉悟的法门,产生执着的认识,佛教认为对一切事物既要知于此,更要了于此。诸外道,指佛教以外自立宗教"不受佛化,别行邪法"。大体上指古代印度的各派哲学思想。大致计有:一、"三外道"即因中有果论;因中无果论;因中亦有果亦无果论。二、"六师外道"即为:1.一切智六师外道,见邪真理,发邪智而辩,才无碍者;2.神通六师外道,得世间之禅定,而发五神通之人;3.韦陀六师外道,即文字外道,博学多闻,知世间吉凶之事,天文地理、鸟兽鱼虫、医方卜相,无所不知者。三、六种苦行外道,分别是:1.自饿外道,节饮食而忍饥饿者。佛陀未成道前,亦曾修此行。2.投渊外道,投身于深渊而亡者。3.赴火外道,常以五热炙身者。4.自座外道,常为裸形,不拘天寒酷暑,坐于露天高地者。5.寂默外道,以林间墓冢之地为居住场所,常寂默不语者。6.牛狗外道,持牛、狗戒,尊牛敬狗者。四、数种以观点加以区分的外道,主要有十三外道、二十种外道、三十种外道以至于九十五种与九十六种外道。《华严演义》卷九将各种不同的认识分为十一类,依次归纳为:1.数论师,古代印度的数论派哲学,有二十五谛学说,以神我为主,常住不坏,是万物之因为基本观点。2.卫世师,昼避声色,匿迹于山林之中,夜绝视听,游方乞食,获五种神通,有论偈十万颂,以证菩提即智慧。主要论点有六个方面：一为实即一切事物为实有。二是德即道德实有不虚。三为业即产生作用。四是地水火风四大实有。五为四大各有同异。六和合，一切事物相互融合。3.涂灰，人名，认为自在天产生万物。4.围陀论师，认为计那罗天即神产生了各种不同地位的人。5.安荼论师，认为世间初有大水，这时有大安荼出生，形如鸡卵，后为两段，上为天，下为地，中间生一梵天，能产生一切有命无命之物，因此梵天是万物之主。6.时散外道，认为一切事物都是从时间中产生的，如草木开花结果，随时间枯荣。7.方论师，认为四方生人，人生天地，灭后随入于四方。8.顺世派，认为人的认识，都来源于地水风火之中的原子，事物无常，但极微之原子不变。9.口力论师，认为由虚空生风，由风生火，由火生暖，由暖生水，由水生冻，作为坚实的大地，地生五谷，五谷产生了生命，命终则还归于虚空。10.宿作论，认为一切众生所受苦乐之果报，皆随宿世即前世所造业，如果能持戒精进，身心受苦，则能破坏前世所造苦业。苦业既灭，则众苦亦灭，众苦灭则得到永远静寂的涅槃境地。因此其认为前世所作，是今生一切的根本原因。11.无因论师，认为一切事物若无因则无缘，一切都是从自然中产生的，也是在自然里消失的。

【白话】

"有教养的男信徒，这本经是显示佛境界的，只有佛才能详尽地宣讲和解说，如果有成就的证悟者以及未来世界的众生灵，能够按照本经修行，逐渐会有所增益进步，以至于进入佛的境地。

"有教养的男信徒，这本经称为《顿教大乘》，有顿悟机缘的人们可以从中得到觉悟。也包括逐渐修行才能逐步觉悟的一切灵性的生命。就譬如大海不拒绝接纳细流一样，以至于蚊子、牛虻这样微小的生命及其天魔这样有力量的生命，都可以因为喝了海水而得到充分的满足。

"有教养的男信徒，假如有人单纯地用金、银、琉璃、水晶、砗磲、赤珠、玛瑙等七种珍宝堆积充满三千大千世界，以此用来布施，也不比有人听到这部经的名称或者其中一句话更有意义。

"有教养的男信徒，假如有人教导了如恒河沙数量的人们得到了小乘佛教修行的最高境地，阿罗汉果位，也不如有人宣传解说本经，理解了半句诗句的作用。

"有教养的男信徒，假如还有人听到这部经的名称后，产生信念而不迷惑。应当知道这样的人，在前世得到了不止一个或两个佛的福报及觉悟的智慧，而是得到了如恒河沙数量那样多的一切佛的教诲和福报，种下了各种善的根苗，才能听到这部《圆觉经》。

"你们有教养的男信徒，应当爱护未来世界依此经修行的人，不要让丑恶的现实思想以及各种错误的认识使其身心遭受烦恼的侵蚀，使他们产生在错误面前退让和屈服的心念。"

【说明】

这一部分主要针对《圆觉经》的重要性以及流传该经的功德进行了讨论。认为这部经典是有所成就者必须修习的，要顿机、开悟就要解读圆觉的义理；至于根机"浅"的"群品"们，也可以通过渐修，最终取得进步。因此说，《圆觉经》是顿渐双修的完备经典。

　　正基于上述原因，在"流通分"的这一节，佛陀以"假设论门"，用三个段落，分别论述了持经、学经的"善根"，这种论法，气势夺人，但是信仰主义的宗教，是以信奉为前提的，它对信徒的要求最大的特点是"信"。所以如果我们加以严格意义上的界定，那么其义理中宣说的成分占主导，思辨的因素就悄然退居后排。因为"假说"必须要面对现实社会，也必须要能够面对冷静而认真的人们。如果"假说"其本身更多的只是渲染，那么其理论意义也就失去了应有的价值。当然，运用比喻来表达思想，无疑是通向理解的一条便捷小道，但终究既不能代替科学的抽象，也不能代替现实生活的实践证明。如果前提是现实中不存在的，那么结论也同样应当是不存在的；假设如果是不存在的，是无法证明的，那么假设的结果也应当是不存在的，也同样无法证明。作为一位信徒，只能无条件地信奉；作为一名学者，则必须把问题尽量搞清楚。这也许就是佛教和佛学的区别。前者需要热忱地终身奉献的"信"心，若信必无疑；后者则更需要毕生的精力与"疑"心。逢疑而务求其解，这是一位科学工作者的原则。

　　在本节的最后一段中，透露出了一个信息，那些有"根机"的修行者，对佛教如果产生了退缩，以至于在其他哲学思想的压力下产生屈服和屈从,那么产生这种情况的原因是"恶魔",即各种现实世界中的物质引诱,以及由人的生理本能而产生的"有"的认识,这主要是指"诸外道"的作用。如果从哲学史或思想史的立场去考察,印度婆罗门教的各派哲学和其他各派学说,都为佛教学说的构建提供了坚实的基础。具体地说,佛教在产生时,借助了许多哲学派别的理论成果,佛陀的无我论就来源于数论派哲学,这一点我们可以从佛陀主张五阴组成人身的说法与数论派的比较中得到证明。如"五阴"即"五蕴"中的色相当于数论派的"五大"(即地、水、火、风、空);受相当于"五唯"(即色、声、香、味、触);想相对于"五知根"(即耳、皮、眼、舌、鼻);行也相对于"五作根"(即舌、手、脚、男女、大遗);识相当于"心根"。佛教传入我国后,也曾与儒、道学说相互冲突,自唐以来,以"圆融"为主导。

【经文】

尔时会中有火首金刚[①]、摧碎金刚、尼蓝婆金刚等八万金刚[②],并其眷属,即从座起,顶礼佛足,右绕三匝而白佛言:"世尊,若后末世一切众生,有能持此决定大乘,我当守护,如护眼目。乃至道场所修行处,我等金刚自领徒众,晨夕守护,令不退转。其家乃至永无灾障,疫病消灭,财宝丰足,常不乏少。"

尔时大梵王③，二十八天王，并须弥山王，护国天王等，即从座起，顶礼佛足，右绕三匝而白佛言："世尊，我亦守护是持经者，常令安隐，心不退转。"

尔时有大力鬼王④，名吉槃茶，与十万鬼王，即从座起，顶礼佛足，右绕三匝而白佛言："世尊，我亦守护是持经人，朝夕侍卫，令不退屈。其人所居一由旬内，若有鬼神侵其境界，我当使其碎如微尘。"

佛说此经已，一切菩萨、天龙鬼神⑤、八部眷属⑥，及诸天王、梵王等一切大众，闻佛所说，皆大欢喜，信受奉行。

【注释】

①火首金刚：火首亦称火头，有转不净为清净之德，《楞严经》卷五有："从是诸佛皆呼召我，名为火头。我以火光三昧力故。成阿罗汉，心发大愿，诸佛成道，我为大力，亲伏魔怨。"金刚，梵文意译。有金中最为刚强坚硬之意，用来譬喻坚固、锐利，能摧毁一切邪恶的意思，金刚是金刚力士的简称，通常手执金刚杵（即兵器），是佛教中守护佛法的天神。

②尼蓝婆金刚：尼蓝婆译为青，即青金刚，有静虑之意，即能摧毁一切干扰而静虑入定。八万金刚：言其多，指一切金刚力士。

③大梵王：梵文意译，亦称大梵王、大梵天王、原人等。是印度婆罗门教、印度教的创造之神。大梵王、湿婆、毗湿奴合称婆罗门教与印度教的三大神，他们认为世界上的一切事物都

是由大梵王所创造的，因此被称为始祖。《摩奴法典》中记有梵天出自"金胎"，并把卵壳分成两截，上为天，下为地，随之又创造了十个"生主"，由他们完成其他的创造工作。大梵王原有五个头，被湿婆砍去一个，剩下的四个头分别面向东南西北四个方向。有四只手，分别拿着法典、莲花、匙子、钵或念珠。一般常坐在莲花座上。坐骑是一只天鹅或是由七只鹅拉的一辆车。由于一切灾难，以至于魔鬼也都是由这位创造神产生出来的，所以崇拜者很少，供奉的神庙几乎没有。佛教产生以后，把他作为护法神之一，为佛陀的右胁侍，手持白佛，同时也是佛教三界之色界初禅天之王。

④大力鬼王：本处即鬼神，《金光明经》有"鬼者威也，能令他畏其威也；神者能也，大力者能移山填海，小力者能隐显变化"。《最胜王经》卷三称"诸天药叉护持品"，诸天药叉即鬼神，也保护修行佛果的人。

⑤天龙鬼神：为诸天、龙神、鬼神。天龙鬼神亦称天龙夜叉。

⑥八部眷属：八部又称"天龙八部"，以天龙为首，依次为：一天、二龙、三夜叉（即鬼神）、四乾闼婆（即香神或乐神）、五阿修罗（即战争之神）、六迦楼罗（即金翅鸟）、七紧那罗（即歌神）、八摩睺罗迦（即大蟒神）。其中以天、龙神通最殊，故合称天龙。天龙眷属，天龙八部和亲属。

【白话】

这时，在参加大会的中间有化污为净的光头金刚、摧毁一切烦恼的摧碎金刚、澄明的青金刚，以及一切金刚大力士们和他们的所有亲属，立即从座位上起来，五体投地俯伏在佛陀脚下叩首后，从右边环绕三周后对释迦牟尼说："世之尊者，如果以后的未来世界的一切众生灵，有能够修持这根本性的大乘方法，我们应当守护他们，就像保护自己的眼睛一样。以至于在他们修行的场所和一切地方，我们能摧毁一切邪恶的金刚，会亲自带领随从早晚守护着他们，使他们不至于退缩。使他们的家里永远没有灾难，各种疾病消失，财富充足，总不缺乏。"

这时，梵天王、二十八位天王、世界中心的须弥山王、保护国土的天王等，也都立即从座位上站起来，五体投地俯伏在佛陀脚下，从右边环绕三周后对佛陀说："世之尊者，我们也守卫和保护修持《圆觉经》的人们，使他们保持安详沉静，心中不产生退缩。"

这时，有一位大力的鬼神，叫吉槃茶，他和十万鬼神，立即从座位上起来，五体投地俯伏在佛陀脚下，从右边环绕三周后对释迦牟尼说："世人之尊，我们也守卫保护修持《圆觉经》的人们，从早到晚护卫他们，使之不产生退缩和受到委屈。在他们居住的30里以内，倘若有恶鬼邪神侵犯他们的修行境界，我们当即把其打得粉碎，化作尘埃。"

佛陀说完了这部经以后，一切有成就的证悟者，佛教护法的以诸天、诸龙为首的八部分天神、鬼神以及他们的亲属，还有各位天王，佛陀右边护卫梵王，还有所有到会的一切众生灵，都为聆听了佛陀所解说的义理，充满了欢乐，信奉接受并按此进行修行。

【说明】

《圆觉经》至此就全部结束了。这一章没有偈颂，在形式上与前十一章略有区别。从代表智慧的文殊，到广大善行的普贤；从洞察一切的普眼至摧毁烦恼的金刚藏。这一部分着重阐发大乘佛教佛性真如，万法唯于心识，从四谛、八正道、十二因缘，广为宣讲，义理玄深，非反复阅读、思考，不能深入。从弥勒大悲心的发问到清澄的清净慧，以至于威德自在与法音精妙的辩音菩萨，这四证悟者之所问，佛陀之所答，都是以修行的方法为主要内容。这一部分涉及不少佛教修行的常识、具体内容和方法，也是学者和一般读者缺乏亲身体验和比较陌生的一种生活境界。这其中概括了千百年来，众多的出家人和信徒的修习生活。第三部分由除一切业障的净诸业障菩萨到代表普遍开示人们的普觉；从圆满觉悟而清净的圆觉至贤善，这四位发问的菩萨构成。这四章的问答内容包括讲渐修顿悟与说心性本静，真如法性并重，并对顿悟与渐悟给予了双重肯定。既肯定了有根机的顿悟者；也讲解了渐修中应注意的问题。从这个意义上讲，也体现了这部经的圆满之处。从整体上看全经构思完整，十二章内容既各有侧重，也相互呼应；既合中有分，亦分中见合。同时从形式上序、正文、结尾一应俱全，是大乘"菩萨行"的根本性经典，其圆觉三观，止、观、禅那及其25种渐修方法，论述详尽，且首尾圆合，不着于相。

《圆觉经》从内容上看，完整地体现了大乘的人法皆幻的思想，表现得十分彻底，以至于一切心识、意念都要随机而灭，了无一境。一切事物，任何现象形态、山河大地、草木虫鱼，皆为幻有形态，都是由地水火风依因缘而聚合，聚之时亦散之时，一无常住。而人身心亦由缘合，从无始以来，集业而妄尘生，由六根触六境，即从感官到对外界事物的反映。从而这一过程就是"染"的开始，人一起念，就是"妄有"，有则计著、执着，而欲望之垢顿起，烦恼亦随之而来，从而周而复始，在生死轮回中不得解脱。因此一切妄有源自于心识，心中之妄念的灭除，也是清澄境地的展现。清心除妄的法门就是三观，观就是观心之妄生妄灭，悟就是本性真如，没有所谓有与无。

"修"这一部分，不能简单地理解为不生或无，而应是寂静。寂静不等于枯禅，一段死木，一个呆人，而是平实看一切形态，洞察万有，了知弘大与细微。因此，从认识的角度看，是一种智者的思维方法，"修"是信仰教义者的一种独特的实践活动。

后　记

　　《圆觉经》的注译工作始于前年春天，开始不久，为了按时完成古籍社约写的《白话楞伽经》，就搁置下来了。时隔一年，在去年3月份的玄奘国际学术会期间，又旧话重提，从而会议结束后就接着写下去。光阴如箭，转眼又是一个盛夏时节，完成最后一章的修订时，我感到从未有过的轻松。

　　在写作期间，总有一种莫名的沉重和负债感，总觉得有人在不断地督促着我，不能松懈，哪怕一天未能与子夜的星辰相伴，就觉得寝食难安。幸喜古城长安的夏夜，清爽怡人，凉风习习，也使本经的工作显得十分顺利，颇有圆满灵觉的意味。书稿完成后，搁置了一段时日后，又加以订正，待送交出版时，已是第三个长安夏日了，颇有时不我待之感，故记之。

　　陕西省教育学院中文系教授邵之茜为本书的文字梳理做了许多具体的工作，谨以致谢。本书在出版过程中，得到了太白文艺出版社同人的热心相助，值本书付梓之机，谨致诚挚的敬意。

作　者
2000年夏

图书在版编目（CIP）数据

圆觉经新解/荆三隆著. —西安：太白文艺出版社，2017.9
（三隆讲经堂/荆三隆主编）
ISBN 978-7-5513-0984-4

Ⅰ.①圆… Ⅱ.①荆… Ⅲ.①大乘-佛经②《圆觉经》-研究 Ⅳ.①B942.1

中国版本图书馆CIP数据核字（2017）第186547号

圆觉经新解
YUANJUEJING XINJIE

作　　者	荆三隆
责任编辑	陈昕
特约编辑	苏雪莹
整体设计	灵动视线
出版发行	陕西新华出版传媒集团
	太 白 文 艺 出 版 社（西安北大街147号　710003）
	太白文艺出版社发行：029-87277748
经　　销	新华书店
印　　刷	北京旭丰源印刷技术有限公司
开　　本	960mm×640mm　1/16
字　　数	210千字
印　　张	18.25
版　　次	2017年9月第1版　2017年9月第1次印刷
书　　号	ISBN 978-7-5513-0984-4
定　　价	39.80元

版权所有　翻印必究
如有印装质量问题，可寄出版社印制部调换
联系电话：029-87250869